中国社会科学院
经济研究所
INSTITUTE OF ECONOMICS

经济所人文库

梁方仲集

中国社会科学院经济研究所学术委员会 组编

中国社会科学出版社

图书在版编目（CIP）数据

梁方仲集/中国社会科学院经济研究所学术委员会组编.
—北京：中国社会科学出版社，2020.10
（经济所人文库）
ISBN 978 - 7 - 5203 - 3496 - 9

Ⅰ.①梁…　Ⅱ.①中…　Ⅲ.①经济学—文集
Ⅳ.①F0 - 53

中国版本图书馆 CIP 数据核字（2018）第 251467 号

出 版 人	赵剑英
责任编辑	王　曦
责任校对	冯英爽
责任印制	戴　宽

出　　版	中国社会科学出版社
社　　址	北京鼓楼西大街甲 158 号
邮　　编	100720
网　　址	http://www.csspw.cn
发 行 部	010 - 84083685
门 市 部	010 - 84029450
经　　销	新华书店及其他书店

印刷装订	北京君升印刷有限公司
版　　次	2020 年 10 月第 1 版
印　　次	2020 年 10 月第 1 次印刷

开　　本	710×1000　1/16
印　　张	21.5
字　　数	290 千字
定　　价	118.00 元

凡购买中国社会科学出版社图书，如有质量问题请与本社营销中心联系调换
电话：010 - 84083683

总　序

作为中国近代以来最早成立的国家级经济研究机构，中国社会科学院经济研究所的历史，至少可上溯至 1929 年于北平组建的社会调查所。1934 年，社会调查所与中央研究院社会科学研究所合并，称社会科学研究所，所址分居南京、北平两地。1937 年，随着抗战全面爆发，社会科学研究所辗转于广西桂林、四川李庄等地，抗战胜利后返回南京。1950 年，社会科学研究所由中国科学院接收，更名为中国科学院社会研究所。1952 年，所址迁往北京。1953 年，更名为中国科学院经济研究所，简称"经济所"。1977 年，作为中国社会科学院成立之初的 14 家研究单位之一，更名为中国社会科学院经济研究所，仍沿用"经济所"简称。

从 1929 年算起，迄今经济所已经走过了 90 年的风雨历程，先后跨越了中央研究院、中国科学院、中国社会科学院三个发展时期。经过 90 年的探索和实践，今天的经济所，已经发展成为以重大经济理论和现实问题为主攻方向、以"两学—两史"（理论经济学、应用经济学和经济史、经济思想史）为主要研究领域的综合性经济学研究机构。

90 年来，我们一直最为看重并引为自豪的一点是，几代经济所人孜孜以求、薪火相传，在为国家经济建设和经济理论发展作出了杰出贡献的同时，也涌现出一大批富有重要影响力的著名学者。他们始终坚持为人民做学问的坚定立场，始终坚持求真务实、脚踏实地的优良学风，始终坚持慎独自励、言必有据的学术品格。他们是经济所人的突出代表，他们的学术成就和治学经验是经济所最宝贵的财富。

抚今怀昔，述往思来，在经济所迎来建所90周年之际，我们编选出版《经济所人文库》（以下简称《文库》），既是对历代经济所人的纪念和致敬，也是对当代经济所人的鞭策和勉励。

《文库》的编选，由中国社会科学院经济研究所学术委员会负总责，在多方征求意见、反复讨论的基础上，最终确定入选作者和编选方案。

《文库》第一辑凡40种，所选作者包括历史上的中央研究院院士，中华人民共和国成立后的中国科学院学部委员、中国社会科学院学部委员、中国社会科学院荣誉学部委员、历任经济所所长以及其他学界公认的学术泰斗和资深学者。在坚持学术标准的前提下，同时考虑他们与经济所的关联。入选作者中的绝大部分，都在经济所度过了其学术生涯最重要的阶段。

《文库》所选文章，皆为入选作者最具代表性的论著。选文以论文为主，适当兼顾个人专著中的重要篇章。选文尽量侧重作者在经济所工作期间发表的学术成果，对于少数在中华人民共和国成立之前已成名的学者，以及调离经济所后又有大量论著发表的学者，选择范围适度放宽。为好中选优，每部文集控制在30万字以内。此外，考虑到编选体例的统一和阅读的便利，所选文章皆为中文著述，未收入以外文发表的作品。

《文库》每部文集的编选者，大部分为经济所各学科领域的中青年学者，其中很多都是作者的学生或再传弟子，也有部分系作者本人。这样的安排，有助于确保所选文章更准确地体现作者的理论贡献和学术观点。对编选者而言，这既是一次重温经济所所史、领略前辈学人风范的宝贵机会，也是激励自己踵武先贤、在学术研究道路上砥砺前行的强大动力。

《文库》选文涉及多个历史时期，时间跨度较大，因而立意、观点、视野等难免具有时代烙印和历史局限性。以现在的眼光来看，某些文章的理论观点或许已经过时，研究范式和研究方法或许已经陈旧，但为尊重作者、尊重历史起见，选入《文库》时仍保持原貌而未加改动。

《文库》的编选工作还将继续。随着时间的推移，我们还会将更多经济所人的优秀成果呈现给读者。

尽管我们为《文库》的编选付出了巨大努力，但由于时间紧迫，工作量浩繁，加之编选者个人的学术旨趣、偏好各不相同，《文库》在选文取舍上难免存在不妥之处，敬祈读者见谅。

入选《文库》的作者，有不少都曾出版过个人文集、选集甚至全集，这为我们此次编选提供了重要的选文来源和参考资料。《文库》能够顺利出版，离不开中国社会科学出版社领导和编辑人员的鼎力襄助。在此一并致谢！

一部经济所史，就是一部经济所人以自己的研究成果报效祖国和人民的历史，也是一部中国经济学人和中国经济学成长与发展历史的缩影。《文库》标示着经济所90年来曾经达到的学术高度。站在巨人的肩膀上，才能看得更远，走得更稳。借此机会，希望每一位经济所人在感受经济所90年荣光的同时，将《文库》作为继续前行的新起点和铺路石，为新时代的中国经济建设和中国经济学发展作出新的更大的贡献！

是为序。

于 2019 年元月

编者说明

《经济所人文库》所选文章时间跨度较大，其间，由于我国的语言文字发展变化较大，致使不同历史时期作者发表的文章，在语言文字规范方面存在较大差异。为了尽可能地保持作者个人的语言习惯、尊重历史，因此有必要声明以下几点编辑原则：

一、除对明显的错别字加以改正外，异形字、通假字等尽量保持原貌。

二、引文与原文不完全相符者，保持作者引文原貌。

三、原文引用的参考文献版本、年份等不详者，除能够明确考证的版本、年份予以补全外，其他文献保持原貌。

四、对外文译名与今译名不同者，保持原文用法。

五、对原文中数据可能有误的，除明显的错误且能够考证或重新计算者予以改正外，一律保持原貌。

六、对个别文字因原书刊印刷原因，无法辨认者，以方围号□表示。

作者小传

梁方仲，男，1908 年 8 月生于北京，1934 年 2 月进入社会调查所（中国社会科学院经济研究所前身）工作。

梁方仲原名梁嘉官，广东番禺黄埔乡（现属广州市）人，是我国著名经济史学家、明清史学家，毕生致力于中国社会经济史研究，尤致力于明代社会经济史研究，系中国社会经济史学奠基人之一。

他于 1926 年考入清华大学，1930 年毕业于经济系，同年入清华研究院，主修财政学，专攻明代田赋史。1933 年冬毕业，获硕士学位，毕业论文题目为"明代田赋制度概要"。清华期间发表《明代鱼鳞图册考》等三篇论文，《明代鱼鳞图册考》发表后不久即被日本学者引用并誉为此方面研究之代表作。

在中央研究院社会科学研究所期间，梁方仲与汤象龙一起组织人员抄录军机处和内阁档案中有关近代社会经济资料 10 余万件，开创了我国史学研究最早大量发掘和利用清宫廷档案的先例，又与吴晗、汤象龙、罗尔纲、罗玉东等人发起组织"史学研究会"，创办和推广我国第一份有关中国社会经济史的专业刊物《中国社会经济史集刊》。

1936 年，梁氏发表《一条鞭法》，此为其代表作之一。次年被日本方面译为日文在《历史研究》杂志上连载。

1937 年 6 月，受中央研究院社会科学研究所所长陶孟和派遣，梁方仲赴日考察学术，会晤日本汉学界诸多精英。因"七七"事变爆发，毅然中断原定的 1—2 年考察计划，于 8 月初提前返国。返国后，跟随社会科学研究所由南京迁长沙，转桂林，转昆明，1940 年迁至四川南溪县李庄镇。

梁方仲 1942 年升任研究员，1943 年获哈佛燕京学社研究奖金。1944 年发表论文《释一条鞭法》，同年受中央研究院派遣，赴美学术考察，被哈佛大学经济系聘为研究员，任期两年。1946 年 9 月离美赴英，入伦敦大学政治经济学院从事研究工作。在这期间，梁方仲逐步形成一整套研究中国社会经济史的独特看法。他认为，社会经济史发展的总趋势是：一方面分工越来越细；另一方面各学科间互相渗透，需要进行多学科的综合研究，才能发现社会经济发展的规律。他后来研究中国社会经济史，虽着眼于某一具体经济史专题，却是把历史学、经济学、社会学、统计学等融为一体，进行综合的多学科的研究。

1947 年 4 月回国后，他继续担任中央研究院社会科学研究所专任研究员。1948 年，因所长陶孟和患病，代其主持所务。

1949 年 2 月至 1952 年，因母亲病，梁方仲回穗侍亲，后应聘岭南大学经济商学系教授兼主任，并开办岭南大学经济研究所，招收研究生。1952 年全国高校院系调整后，应聘为中山大学经济系（后为历史系）教授，讲授中国经济史课程，继续科研工作，兼任中山大学校务委员会委员和广州市政协委员。

1956 年，《一条鞭法》和《释一条鞭法》被合并译为英文，列为《哈佛东亚丛刊》第一种（Harvard East Asian Monographs, No. 1），由哈佛大学出版社出版，费正清为英译本作序，高度评价该项成果的奠基性贡献。

1957 年，《明代粮长制度》一书由上海人民出版社出版。1958—1964 年，完成《中国历代户口、田地、田赋统计》等著作的撰写。

1970 年 5 月 18 日，因罹患肝癌，梁方仲于广州中山大学寓所辞世，享年 62 岁。

1980 年，梁氏遗作《中国历代户口、田地、田赋统计》一书由上海人民出版社出版。此书系我国自西汉迄清末两千一百多年间历代人口、田地、田赋的大型历史统计专书。作者从我国正史、政书、方志、文集、笔记和档案等两百多部文献史料中，搜剔出历代大量户口、田地、田赋数据，加以科学的考核测算，综合编辑制成二百一十六个统计表、二十份"表说"和六个统计图。书稿于 1962 年完成，交付上海人民出版社，后因"文化大革命"，延至 1980 年才正式出版，此后获国内外学界高度评价，被认为是中国社会经济计量化研究以及人口史等研究的奠基著作。

梁方仲一生共撰著经济史论文七十余篇，一百二十余万字；专著两部，约八十七万字。

20 世纪 80 年代以来，梁氏旧作及遗稿多有结集，以《梁方仲经济史论文集》《梁方仲经济史论文集补编》《梁方仲经济史论文集集遗》之名，由多家出版社陆续出版。近年来，亦有多卷本《梁方仲文集》《梁方仲遗稿》编纂问世。

目　　录

一条鞭法

从公元16世纪，我国明代嘉靖万历年间开始施行的一条鞭法，为田赋史上一绝大枢纽。它的设立，可以说是现代田赋制度的开始。自从一条鞭法施行以后，田赋的缴纳才以白银为主体，打破两三千年来的实物田赋制度。这里包含的意义，不仅限于田赋制度本身，其实乃代表一般社会经济状况的各方面。明代自16世纪初年正德以后，国内的农工业的生产方法及生产关系，虽然没有重大的变化，但因历史上的机缘，如西洋航海术的进步等，使中国与外国的贸易逐渐兴盛起来，国内的社会经济情形也逐渐从自然经济时代发展到货币经济阶段。一条鞭法用银缴纳，不过是当时大潮流中的一条旁支。但除去用银一点足令我们注意以外，一条鞭法还有种种在赋法与役法上的变迁，与一向的田赋制度不同。从此便形成了近代以至现代田赋制度上的主要的结构。但一条鞭法实际上只是一个笼统的名称，它是一种发展，它在各地施行，时间先后不一，所以内容也有精粗深浅的不同。本文的主旨，即在探求一条鞭法最主要的内容，并阐明其制度所以成立的直接原因。至于一条鞭法在各地推行的历史，将另文发表。

甲　导论

Ⅰ. 一条鞭法以前明代的赋法与役法①

所谓赋役：赋为对田地的税，役为对人口或人户之税。明代在一条鞭法前的田赋制度，是沿袭唐宋以来两税法之旧。明代所谓两税，就是夏税与秋粮。凡在夏季开始征收的叫作夏税，在秋季开征的叫作秋粮。夏秋两税的征收，各地各有详细的定期。违限者有罚。两税的课税方法，是根据土地的面积，再参以土地的等级为标准。土地的分类，除了田地山塘等的自然区分外，普通主要的分类是依土地占有关系而分为官、民两大类。官田，是公家占有的田地。起初的来源，为自宋元时已经没入于官的田地。其后又有还官田（即拨赐公侯宗室诸项田地之因事故归还于官者），没官田（民间及公侯宗室犯法没收归公的田地），断入官田（因争讼不明或户口断绝而归官的田地），及屯田、皇庄、庄田、牧马草场、百官职田等，名目甚多，皆属于公家，通称官田。屯田及庄田的额数甚巨，但皆为特殊的官田，与一般的官田不同。其管理方法及税法与后者亦异。故应另述。一般的官田，是指直接属于官，而分佃于人民耕种的田地。民田，则为人民私有的田地，得自由买卖者。普通来说，官田比民田的税率为重。官田和民田，通常又各按土地的肥瘠，有等则（如五等、九等，或三等九则）之分。税率亦随之高低。往往一县的田地的税率，有多至百数十则者。缴纳的物品，夏

---

① 本节及以下第二、第三两节系由拙著《明代田赋制度》（第一部）各章撮要而成，故不详注出处及其论据。

税以小麦为主体，秋粮以米为主体，米麦通称"本色"。但得行"改折"，即得以他物如丝、绢、钱、钞或银等物替代米麦，谓之"折色"。以上本折各项的名称，亦颇为纷歧繁杂。如米一项，有白熟粳米、白熟糯米、本色米种种的分别；绢一项有农桑丝折绢、丝绵折绢、税丝折绢、人丁丝折绢、本色绢的分别；布一项有苎布、绵布、阔白绵布种种的区别。在一条鞭法通行以前，缴纳田赋是以米麦为标准物品，其他物品多半是折合米麦的价值而缴纳的。及一条鞭法通行以后，白银逐渐取得米麦的地位，变为最主要的支付手段。但不是在一条鞭法以前，以白银缴纳的事例并没有过，其实以银折纳米麦的事件已发生过不少次，但只限于某一时间及某几处地方，尚未十分普遍罢了。田赋正项是与各杂项钱粮一同解运的。各项钱粮，皆有其指定的输送地点，又大概皆有指定的用途。明代仓库，遍设于南北两直隶及十三布政使司（即现今的"省"）以至边镇卫所诸处。某项税粮应送某仓库，皆有规定。这些仓库有所谓轻重之分：送纳轻仓口的税粮，多为距离较近者，实际所出（正项加耗合计）较少；送纳重仓口的税粮，多为距离较远者，所出较重。又因用途的缓急，以定田赋起解的先后。大约急项税粮尽先起运，缓项依次起解。征收解运事宜皆由民间自行办理，如粮长里长即为管理此项事务的人。以上为赋法的主要规定：但我们讨论赋法，不能撇去役法不谈。

对户口所课的役，大约可分为三种：一、里甲；二、均徭；三、杂泛。明代的户，按照它们的职业的区分，主要计有三种，即民户、军户、匠户。军户应兵役，匠户应工役，以上两者皆为特殊的役。至于一般的役，即里甲均徭等，则以民户为主体去应当。户通常分为三等（上中下）九则（上上、上中、上下、中上、中中、中下、下上、下中、下下），亦有分三则或五则者。因户则的高下，以定役的轻重。丁，按照年龄可分两种：男子初生时即登记其姓名于户口册籍内，曰不成丁。年十六曰成丁。成丁始有役，至六十岁便免役。丁亦分等则，随户则而定，如上上户的丁为上上丁，余类推。从应役的客体观察，以户计的名曰"里甲"；以丁计的名曰"均徭"；① 其他一切公家差遣不以时者，统叫作"杂泛"或"杂役"。所谓"里甲"，是半官式的人民自治的行政组织和供应赋役的单位，这是一切役法中的主干，其法以地域相邻接的一百一十户为一"里"，一里之中，推丁及资产（资产多亦简称为"粮"，粮即指所纳的钱粮）最多者十户为长，名曰"里长"。其余一百户分为十甲，每甲十户，每十户之内，各有长一人，名曰"甲首"。每年由里长一名甲首一名率领一甲应役。这样，每十年之中每里长甲首与每甲皆轮流应役一次，当年者名曰现役，轮当者名曰排年。十年以后，查算各户的丁粮的消长重新编审里甲，仍各以丁粮多寡为先后，如前循环挨次应役。此所谓"十年一周，周而复始"是也。里甲之役，在管领和应办一里一甲的事务，如督催税粮，追摄公事（其后凡朝会、燕享、养贤、畜孤诸项大典大礼之费用亦皆出于此）。凡里甲人户，皆开载于赋役黄册内（详后），每里编为一册。遇有差役，凭册佥定。但鳏寡孤独，及无田产不任役者带管于一百一十户之外，而列于册后，名曰畸零。由此可见里甲之役，并非纯粹对户所课的役，因为凡无田产不任役的人是不必应此役的。"均徭"为服务于官府的有经常性的杂役的统称。凡自里甲粮长②等正役之外，其他执役于官府者，通通叫作均徭。如自京师以下至省府州县衙门里的皂隶等杂色差役或其代价，均是从均徭项下支应。故均徭大别可分为两类：一、力差；二、银差。凡以身亲充役者，叫作力差（但其后亦得由人户自行雇募，以代亲当）；入银于官，由官招募他人应役者，叫作银差。力差多输于近地，银差则多输远地。银力两差内的项目，名称繁多，各地不同。最常见的力差项目，如皂隶、狱卒、书手、库子、门子、斗

---

　　① 按夏税秋粮相当于唐代的租，均徭相当于唐代的庸，里甲相当于唐代的调。所以有人说明代的赋役制度，寓租庸调于两税，甚为有见。

　　② 关于粮长一役，请参看拙著《明代粮长制度》（天津《益世报》"史学双周刊"第三期）。

级、长夫、殷实、祗候、马夫、巡拦、铺司兵、驿馆夫等，俱用人应役。银差内常见的名目，如牌坊、岁贡、盘缠、马丁、草料、工食、富户、柴薪、表笺、日历及富户、斋夫、膳夫等项的代价，俱征银解给公家。以上银力各差，皆按项按款派征，丝分缕析，后来发生流弊，遂大为民扰。各差负担的轻重，亦不一致。普通来说，力差较银差为重。而力差中如库子、斗级两役，在各州县里都颇重，巡拦、狱卒等役则较轻。均徭的编金，以人户的丁田为根据；大都依照在里甲里所编定的户则，通融金派。户则高者派重差，低者派轻差。故力差多派归富户，银差则多派下户。例如力差中的库子、斗级，其职务在掌管税粮，故必以殷实大户充之，所以防在税粮短少亏空时，易于追究；若银差则不必定以大户充当。均徭编审的期间，各地不同，在许多地方（如浙江福建等地），都是十年编审一次，与里甲同时编定。人户每十年内，应役均徭一次，于里甲正役歇后五年充当，所以如此规定者，其用意在使民力稍有休息。此外五年编审一次的亦甚多，亦有每年每二年或三年或若干年一编的。均徭以外，一切非经常的杂役，均名杂泛。这些都是因事临时编金的，每年有损益，其范围与重要均远不如里甲与均徭两项。杂泛的名目，例如斫薪、抬柴、修河、修仓、运料、接递、站铺、闸浅夫之类是。

除了上述对于户口所课的一般的役以外，还有两种特殊的役，应当附带说明：其一为驿传，其二为民壮。驿传的职务，在于备办各驿站的舟车夫马，专司传递军机重务以至大小公文诸项事宜。此外又迎送过境有关符的使客，及供办使客与其仆从人等的食宿等项。明代自京师达于四方，设有驿传。在京曰会同馆，在外曰水驿、马驿并递运所。马驿设置马驴不等，以马驿夫领之；水驿设船不等，以水夫领之；递运所设置船只或车辆不等，以水夫人夫等领之。皆所以便公差人员之往来。其间有军情重务，必给符验以防诈伪。至于公文递送，又置铺舍，以免稽迟。驿传金编的方法，各时各地微有不同；然皆以丁粮多的户充之。初制，各地或随粮金充夫役（如逃民户纳粮数及百石者为马户，出夫应役）；或随田编派马匹车辆船只（如令占田四十顷以上者出上马一匹）。

明代兵制，于州县设有民壮，亦名曰"民兵"，各有定额，所以补卫所官军之不足。民壮的组成，系以乡民为之。其初洪武时是由官府简选，其后正统时改为招募，弘治时又改为按里佥点，随一州县内所包括之里数之多寡，以定每里各出若干名。州县之里数愈多者，所出人数愈多；里数愈少者，出人愈少。十年编审一次。例皆由一里内丁多田多家道殷实之户内佥选，或由此种人户负责总其出办之事宜。

以上里甲、均徭、驿传、民壮四者，合名曰"四差"。[①] 除里甲为"正役"外，其他三者，亦皆叫作"杂役"。

我们应当注意：各种差役的佥编，皆以一户内之丁及资产的总数为根据；纯粹以丁或户为课税的对象者是绝少见的。但在当时农业经济社会的时期里，田地一项当然占去了资产中最重要的部分。所以各役中实际上有一部分是田地之赋。

由上所述，可知明代赋役之法，甚为复杂繁重。施行起来，非有详尽正确的记录作根据不可。是的，明代这方面的设置，确是完备得很。我们说到明代的赋役制度，定不会忘记那最著名的黄册与鱼鳞图册。黄册亦名赋役册，这是一种最重要的册籍，人民以此定其籍贯，官府按此课派赋役的。其编制以一里为单位，每里一百一十户编为一册，凡一里内各户的丁（男）口（女）老幼及其所有资产（如田地、山塘、房屋、车船、牲畜等）之数，皆详载无遗。每户赋役的等则与额数，即附载于上开人丁资产各项之下。因为里甲之役，十年一周，故黄册亦每十年一大造。有司根据十年内各户的丁口资产的增耗，而为户口赋役等则上之升降，重新造报。一呈户部，其余省、府、州县各存一本。故黄册除里册以外，尚有四本。鱼鳞图册就是土地的登记图册，凡田形之方圆形状，均绘图以

---

① 关于四差名称的来源，请参看崇祯江西《清江县志》卷四《赋役志·四差说》。

表出之，至于丈尺四至及业户之姓名与其或官或民，以及土地之性质如山荡、原陂、下隰、沃瘠、沙卤种种的分别，亦一一登记下来。黄册所重在户，以人为经，以田（即资产的一部分）为纬，田各归其领业之户，一切户口内的新旧变迁，离居析爨的情形，皆具载册内，遇赋役之征，则取以稽考。故黄册所载，是以人为转移的。鱼鳞图所重在田，以田为经，以人为纬，田各归其本区（鱼鳞册以"都"或"鄙"为区的单位），区内田土的形状各项，各以邻界挨次造成图册，遇有土地上的争论，以是为据。故鱼鳞图册所载是不以人为转移的。①　明代开国之初，对于以上两种图籍，便已经过一番努力的擘画，规制甚为详尽。所以明代的田赋制度亦比前代更为详备。

II. 赋役制度的崩溃

但其后因为种种原因，特别是因为攒造图册的里长、甲首、粮长，与州县衙门里誊写图册的书手、算手，及督造图册的官吏人等串通作弊，将黄册与鱼鳞图册洗抹涂改，甚至故意毁灭，以致与人户田地的实际情形毫不相符，于是百弊丛生，或则诡寄田地而飞洒税粮，或则隐瞒丁口而脱免差役，或者改变户籍而挪移人户应役的次序，亦有于开写过割田产时索取赃物者。黄册至此，只成具文，有司征税编役，往往自为一册，名曰"白册"，赋役情形便不可问了。

里甲吏胥变乱图籍的行为，又多半是受了仕宦豪强之家的贿赂与请托而发生的。强家剥削农民最酷烈的方式，为侵夺田地，及直接榨取劳动力，如虐使农民工作，等等。至于对国家赋役的负担，他们又得转移于农民的身上。他们向里胥行使贿赂，以求逃免或减轻赋役的负担，所缺的赋役之额，即由增加贫民下户的负担以补足之。此外他们又常滥用享有的特权，如优免赋役的权利，去破坏赋役制度的完整，以致旧日赋役制度，一败而不可收拾。总体来说，

---

① 参看拙著《明代鱼鳞图册考》，《地政月刊》第一卷第八期。

豪强大族的暴虐奸诈，里甲吏胥的贪婪舞弊，是败坏赋役制度的最直接的因子。这两种恶势力的勾结，更加速破坏的进程。除此以外，如社会经济上的变迁，使里甲十年一编的制度根本无法维持；又如国际贸易的发达种种，以及整个政治的黑暗，以致人民经济上的破产，财政上负担的加重，则为一条鞭法发生的远因。

当时赋役混乱的情形，先说赋一方面：例如关于田土的分类，官田与民田，起初是划然区分，不相混乱的。但在后来，一方面因为宗室王公大臣内官军士与豪强等对于民田的侵占，一方面因为田土的买卖，如贵族及军士等因事故（如贵族不愿自己经营耕种，军士生计困苦，无法营种，等等）自动地将田土转让与民户，或民田卖与官军等户，更加以里甲、书算手、官吏人等，与豪强宦族互相勾结，变乱图册，以致官田与民田的区分，后来竟弄至无可究诘。或则民田亦得享受官田的特别待遇（如优免赋役等），或则官田的佃户亦得将用地转相典卖，与民田无异。兼以"投献""花分""诡寄"和"寄庄"诸弊盛行，① 使田籍更无法清理，田额亦亏耗不堪，税率当亦更为不均了。

故如官田税率，本比民田税率为重，但或则以官田而出民田较

---

① 明代仕宦及有科名之家，是享有优免赋役（至少一部分）的权利的。但最初规定只免役不免赋，而且免役亦只限于杂役的部分，里甲正役例无优免。但这个特权，到了后来日被滥用。以致田粮里甲，皆得优免。并且豪宦又得招揽贫户，使后者的田地寄于自己的名下，在贫民由此可以减免赋役一部分的负担，故亦时常请托绅衿豪宦冒认为他们名下的产业。这种行为，在贫民方面说来，叫作"投献"；在宦室方面说，就叫作"受献"。所谓"诡寄"，就是以自己的产业寄于他人的名下。它与投献的不同之点：投献是下层阶级对上层阶级的请托的行为，诡寄则为上层阶级对下层阶级侵欺的行为。投献是双方面都知道的，诡寄则往往为被损害的人所不知。如果诡寄的行为得到了对方的谅解，则被诡寄者即称为"受寄"之家。诡寄的目的，是在企图避免或减轻本人赋役上的负担。例如明明是自己的田地，却暗中寄于他人名下，使代出这田地之赋；或暗寄于逃绝户内，使官府无法向其征收赋役；或则捏开造户名，以管领逾县之田地，使得出较轻之赋役。"花分"，其实就是诡寄之一种。即将田产零星附于亲邻佃仆之户，以避免重税及徭役。"寄庄"是指不属于本地户籍之户，在本地占有田土。在当时有很多人利用这种名义企图私脱赋役之负担。又有所谓"移丘换段"，即将自己的田地中的某丘某段，冒作他人的丘段。或则以熟地报荒地，或则以上田报下田。种种非法行为，无非欲避免或减轻赋役的负担。以上种种弊病，皆指明代已流行的而言。到了今日，这些名称所包括的内容，又有些改变了。

轻的税，或则以民田而出官田较重的税，甚至有有田而无赋的，有无田而有赋的。赋的负担既不公平，赋额亦亏耗不堪。又如田产买卖之际，卖者欲求卖价之高，往往卖田而留税，于是产去税存；买者亦利于赋额不由自己负担，于是宁愿多出较高的代价，以求有田而无税。凡此种种，使田赋的科则更加淆乱。加以各地科则繁多，有一县多至千则以上者。又如税物的缴纳，在用米麦时则多收耗折，在用折色时则任意提高折价，如在平时法定以银一两折纳米二石五斗，但遇米的市价昂贵时，则又规定仍收米本色，可是又限定还以银折算去缴纳。此外管守仓库的吏役与负责征收解运的粮长里甲人等又复上下其手，额外多索馈赠等项或手续耗折搬运等费。且折色物品太繁，有时多至数十种。彼此间折纳的比率，更极复杂之能事，即问吏胥等辈亦不知之，但由彼辈任意索取。小民无知，一任其欺。至于各项税粮之为缓为急，及其应输仓口之或远或近或重或轻，在初年本皆有详尽的规定，但因豪富与官吏粮里人等的勾结，或则缓急轻重移置，急者怠惄不前，而缓者反先收解。或则贫民之应派近仓轻粮者，今则派以远仓重粮，而富者反得近仓轻粮之利，使贫人的负担反重于富人。① 再则征收期限纷出，小民迄无宁日，又或趱前挪后，移新补旧。或行带征的办法，并追旧欠于新粮；或立预借的名义，今年就预征了明年的税。（以上偏重于官方征收上的弊病而言，至于负责直接向粮户征收，以解运之于官府的粮里长的弊害，我们留在后面详细地说。）所以到了嘉靖年间，田赋不但是负担不均，弊窦诸多，而且每年积逋之数，动以百数十万计，连财政的目的都达不到。至于农民租税负担的苦痛，那又是问题的另一面。我们但观于农民户口逃亡之惨，便可知了。

关于役法方面：其混乱的情形比之赋法有过之而无不及。其实一条鞭法之产生，它的最直接的原因还是因为要改革役法。一条鞭

① 参看拙著《田赋输纳的方式与道路远近的关系》（天津《益世报》二十五年一月二十一日“史学双周刊”）。

法施行后的结果，变动最剧者是役法而不是赋法。役法比赋法更易混乱，原因有二：赋法是对田地科征的，田地位置有定，荒熟可稽，吏胥作弊，尚有所顾忌。至役之轻重，则纯视户则的高下而定，户则的高下虽说以财产为根据，但编派某户为某则之权，则完全操之于官吏里胥辈手中。各人户间的负担公平与否，彼此谁都不甚相知。故自易于作弊。再则每县的赋额有定数，税率亦不能任意提高，官吏里胥辈只能借耗折转运或手续等项名目多收，但终究有些限制。非若差役的人数及其工食费用等项，都可多可少。况且役法往往因事编派，临时可以增加，限制既不容易，侵吞剥削的机会与程度，当然也要深广得多了。例如，里甲之役，我们在前面已说过，是由黄册编定。户则的高下，与应役的次序，皆以每户丁口资产的多寡为根据。但在后来，弊端百出，如黄册的书算手人等，多系里长的户丁并奸民豪户营充，通同官吏里长作弊。其间有隐瞒丁口而脱免差徭的，有将里甲挪前移后应当的，有遣放大户而勾取贫难下户以应役的，更有擅改户籍，捏甲作乙，以有为无，以无为有，以军户作民户、以民户作军户的。其结果贫者负担愈重，富者反轻。贫户支持不住，乃举家逃窜，以避徭役。但役额是一定的（指经常额而言）。贫户逃亡之后，甲虽不及十户，但役额仍由剩余之三四五八或七八九户分摊，或则由里长甲首代为补足。差役愈重，贫民愈不能堪，则致整个甲的逃亡，其在里中空下的役额便由剩余的九甲均摊补足。九甲益不支，则又相率逃亡，只由剩余之四五六七八甲摊认。到后来一里之中，十甲人户与甲首以至里长无不逃亡净尽。演成了空前的"逃亡"历史。再则里甲之役，其初本古人"庶民往役"之意，自催办粮差及勾摄公事之外，本无他事。其后官府不加体恤，凡祭祀、宴飨、造作、馈送、夫马一切公私所需，及各种供应如岁办物料等，皆责令里长营办，虽或给值，亦仅为里长所出的百之一二，甚至毫无所给。里长坐派于甲首，甲首又坐派人户，于是里甲人户都疲累不堪。其间里长甲首亦有从中取利，以一科十者，人户受害更大。

又如均徭，止凭州县旧册任意审编，官无定例，吏缘为奸。有应编差役而故行遗漏者；有不应编而妄行增添者；故如银差力差各项，有合用银数多而编少，又从银色加征者；有合用银少而编多，任从官史浪费者；有同一事而银数有加减者；有同一差而名数有多寡者；有擅加编派银两者；有冒金差役者；有差役本已革去，但其工食费用仍然存在者；又有假借文移，虚称互换，以重役换轻役者。官吏里胥肆为侵渔，但无法防范，贫难下户阴受祸害，亦不自知。故均徭亦败坏不堪。至于杂泛，乃是临时编金，完全由于官府的意旨为增减，既无定制，亦无定额，弊孔之多，那更是不用说的了。

关于驿传与民壮之弊：驿传之设，本以报军机重务，及供命使之往来。但兵部滥发勘合，致有有发出而无缴入之叹。又士绅递相假借，一纸而洗补再四。兼以中官人等，每以常事泛滥给驿，又妄作威福，鱼肉驿夫。以致驿传疲累不能支。又如民壮之设，初意本在征守。但后来民壮与守御全无关系，只在官府供迎送小差遣，及勾摄公事与投递文移等。老吏黠胥，相缘为奸，乃或派之私衙，以为领薪水之役，亦有一人而包当数役者，无非志在中饱。甚至如军户随田附籍者，亦复编为民壮，是既当军役，又充民壮，即为服两重的兵役了。总之驿传与民壮，至后来都已失去设立的本意，且又征收繁重，民不能堪。

Ⅲ　赋役的改革

上节里所说的赋役制度的混乱情形，到了明代中叶正德年间（1506—1521）越发来得严重。原来的赋役制度的致命伤，就是过于复杂琐碎。因为执行不得其人，同时纳赋役的小民的监督权利过于微弱，所以法律愈定得细密，舞弊的机会亦愈多。因此进行改革的人们，多从赋役制度的简单化下手。

比如关于田地的分类及其税率，在起初或者尚与实际的情形相符——如官田所出确是比民田为重，上则田又确是比下则田重。但经过种种的破坏，原定的田地分类与税则便与实际毫无关系了——如以民田而反出官田之赋，上则田暗改为下则田。要整顿这些积弊，最善的方法，莫过于彻底清查，如举行清丈，重新攒造赋役册与鱼鳞图册等。但这些措置，所需费用甚大，时间亦长。兼以议行清丈，则有豪强世族的反对与阻挠，及至履亩踏勘，编造图册，县官又势难亲与其役，即使亲与其役，亦往往为吏胥里书人等所欺骗而不知。谈到中国过去的政治，我们不能忽视这两种恶势力：地方上的豪强和衙门里的胥吏。这两种势力的联合，即使有贤明的行政长官，欲行任何改革，亦无能为力的。所以谋改革者势不能不迁就事实，承认现象。一条鞭法以前的改革，甚至一条鞭法，莫不是在这样的状态下产生的。它们并不要求去改正一向造下来的赋役的不平均，它们只要求从现在起赋役的状况不要更坏下去。所以都趋向于制度的简单化，从防止舞弊的办法上设置。

由于这种简单化的要求，在各地普遍地发生了两种一致的现象。其一，赋役内各项的合并运动；其二，赋役各项皆用银折纳。先说田赋内的合并趋势：第一，田地的种类及科则上的区分，逐渐合并，化繁为简。如当时各州县所行的"均粮"或"均则"运动，便是最好的例证。所谓"均粮"，就是将田地的种类及其科则简单化，换言之，即合并起来。如往日一县内的田地，既有官民肥劣等种类上之分，复有税粮科则上之别。今乃将这些的分别或弛缓或取消之；或将科则减少，由百数十则减为两三则；或直截了当地将各种田地总归为一类，即所有税率通均为一则，但按同一的面积征收同一的税率。这样一来，但凭册籍上所载，向现存的田地，按亩均摊额赋，则向来官吏里书之抑贫佑富，以官田作民田、以上则作下则、以有作无、以少报多等弊病，皆可为之少减。比较公平，亦可达到。更有实行一次清丈，然后均粮者，其法更精，流弊亦更少。均粮运动，在正德年间便风行各地，直至万历年间仍在进行之中，与一条鞭法共同发展。事实上行一条鞭法的无不先行均粮，均粮就是一条鞭法中的主要办法的一种。关于各地的均粮的历史，这里为篇幅所限，不能细述。

第二，田赋内各税项的合并。如在有些地方，夏税起初是混入秋粮内带征；其后便只存秋粮一项名目，连夏税的名目亦根本取消。此外还有田赋以外的正杂课税亦归并到田赋里去，如各地的农桑丝、绵、绢、马草等项，本来都是独立的税项，与田赋无关，但至正德嘉靖年间，它们亦多数随田额或随粮数摊派，归入于夏税与秋粮中，变成田赋的一部分。且亦与田赋同时征收。

关于合并的趋势，在役法上亦是如此。例如里甲、均徭等役，大体上虽皆以人户的丁及资产为编役的根据，可是它们的性质与编金的方法及其期间都各有不同。但至嘉庆万历年间有好些地方，里甲亦并入均徭内编派。又如杂役是与均徭有分别的，但在后来它们亦多编入均徭。再如均徭项下原分为银差、力差两大类。银差与力差的分别，我们在前面已说过，是根据种种原则而定的。如力差以殷实大户充之，银差则可以不必。又力差是输于当地或近地的役，银差则输于远地。但嘉靖以后，银力差的区别已逐渐消灭，力差内各项纷纷归并于银差之内，一律改为银差，两差于是不分。由上可见役法亦是在化繁为简。

不但如此，役与赋在一条鞭法前亦已有合并为一的趋势。比如驿传、民壮本皆为对里甲人户的特殊课役，但正德嘉靖以后，各地多将它们改为随粮带征。如驿传一役，有些地方定为凡缴纳民米一石，即抽四斗五升以入驿站支应。民壮在正德嘉靖以后，多亦派入粮中。其他如均徭杂役等项亦是这样。

除了赋役的合并的趋势，我们还应当指出赋役各项都用银缴纳的趋势。我们在前面已说过，折纳上最困难的问题：第一各项折纳的物品过于繁杂；第二折纳的比率变动无定。但至后来，各项税物差不多都规定了以银折纳，且又有了法定的折合的银价（如每农桑折绢一疋，以银一两折纳）。于是折纳的问题亦简单得多。而且银的折价，经过了法律的制定，在长期内变动亦甚少。所以经过了一段相当的时间，政府和纳税者都很逻辑地将折纳的本意忘掉，于是但照依法定的银数征收或缴纳，此时银价也许与实际的交换比率根本不发生关系，于是纳税者事实上是以银子去缴纳而非折纳了。

除去田赋内各项正杂税粮普遍地用银缴纳或折纳以外，在役一方面亦是如此。在前面已说过，力差各项，逐渐一一变为银差。此外如里甲、驿传、民壮等正杂役，至嘉靖以后，亦皆先后编银。劳动力的提供，至是最大部分是以货币的方式出之。至若其他赋税收入，如：盐课、茶课、鱼课、商税种种，以及一般支出如官俸、兵饷、宗藩禄米，等等，以至民间的买卖，自宣德（1426—1435）正统（1436—1449）以来亦莫不先后征银或折银。总之，自正德嘉靖以后，无论政府或社会上的用银事例都甚普遍了。

以上所述的两种趋势——各项赋役的合并与用银折纳，皆以简单化为出发点，互相维系着在同时进展。在一条鞭法以前的各种赋役改革差不多都是带有这两种趋势的，虽然有程度上深浅不同——如有些是赋役合并了，但尚未折银；又有些只合并了一部分，但未全部合并。这些改革虽不以一条鞭的名称出现，事实上就是一条鞭的办法。我们或者可以这样说，一条鞭就是要集合这些趋势的大成，将它们更为深刻化与普遍化。

乙　一条鞭法本论

在讨论一条鞭法的内容以前，我们要先简单地讨论一条鞭法与以前赋役制度不同之点。关于役法方面，我们发现最重要的是一条鞭法以"丁"为编审徭役的根据，与昔日以户为根据的制度不同。关于赋法方面，我们发现了自一条鞭法后，田赋的内容更为复杂，掺进了许多与田赋原本不相干的因素。原来在一条鞭法以前，旧日的役法，以里甲制度为主体，均徭等项杂役皆以里甲为根据。而里甲的制度，又以审编户则为先决条件。编户成甲，积甲成里。按照户的等则，以定役的轻重。这是里甲的制度。户则的高低，定于两个重要的因子：一为人丁，一为资产。① 但这两个因子所占的分

---

① 这是最简单的说法。在北方是分为门、丁、事、产四项。

量，并不相等。在北方以人丁为重，在南方则以田产为重。一般说来，资产比人丁所占的分量重些。比如丁少产多的户，例得编入上则，但丁多产少的户，则多数编入下则。由此我们可知丁与户则的关系：即丁的本身，不能决定户则，它必须在与资产联合的关系上才能决定户则的高下。所以丁多的户并不一定是上户；但上户的丁必为上丁（如丁亦分等则）。这是以前审户的方法，但因里甲十年一编，时间太长，与实际社会经济情形的变动，无法适合。除此内在的缺点以外，再加以外来的种种直接的恶势力，如豪强与官府的勾结，里长与胥役的串通，以致户则的编审，无法得实。种种弊窦，我们在前面已为详尽地阐明。一条鞭法为避免编审上的弊端，故多索性不编户则，只以丁田两项去定差役。因为这两项比较难以隐匿。① 从此"丁"取了昔日"户"的地位而代之。户反觉得不重要了。

　　再就"资产"一项去分析，旧日"资产"并不专限于田地一项，凡一家内的一般财产，如资财、房屋及其他产业如牲畜车船之类，都计算在内。所以富商巨贾的人家，即无田地，亦编入上等人户。自行条鞭法后，各处通常都以田地为唯一的资产，役的轻重大半以田为准，无田者得不出役，田地在法律上的赋役负担，亦随之加重。再则以前的编审制度，所注重的在户，以田随户，依户以定赋役的多寡；自行条鞭法后，所注重的在田，以丁随田，赋役皆从田起。从这一点看来，田赋似乎是从对人税（personal tax）改为对物税（real tax）。② 但从另一方面说，往日的制度，以赋定役，赋

————————

① 如万历二十二年鸡泽知县白起旦传云："先是户口编征，用三等九则例，富影贫差，产废徭存，丛害滋甚……乃革除当事者，丁止征银一钱，余尽摊入地亩。……至今称便"云云，可作一个恰当的例证。又在这个例子里，我们应当注意丁地分摊役银的方法，是丁所出的有定，地所出的无定。（清光绪北直隶《广平府志》卷四四《宦绩中》引《鸡泽志稿》。）又参看万历《舒城县志》卷三《食货志》。

② 田赋从对人税改为对物税，又可从另一方面去证明。如昔日寄庄的地亩（即外籍人户在本地所置的地亩），是由田主在原籍充应徭役；自行条鞭法后，便于田土所在地出役银充当了。

多则山役亦多，赋与役还不过是维持一种间接的关系，自行条鞭后，以役定赋，用一州县内额定的役摊之于赋中，役重则赋亦重，役转居于积极的及决定的地位。所以以前的田赋还是纯粹的独立的；自条鞭后，田赋中必然地包括各项差徭在内，它的内容亦为之复杂得多了。

现在我们可以分析一条鞭法的内容了。

从字面上的意义说来，"一条鞭"便是将赋役内各条款总编为一条，故"鞭"字亦多写作"编"字。我以为"编"字才是正字，"鞭"字乃俗写。亦有写作"边"字者，当亦系俗写无疑。当时人又常常将"一"字省去，简称"条编"或"条鞭"或"条边"。① 在文移册籍内，又常将"鞭"字省去，简称"一条法"。此外还有种种稍微不同的称呼，如"总编""类编""明编"等。又有"小条鞭"指条鞭以外的加派，即所谓"条鞭之外，更有条鞭"或"条外有条，鞭外有鞭"之意。"两条鞭"指两种不同的编派方法。此外更有"均平需鞭""十段条鞭"，亦是条鞭法一类的东西。总之条鞭法并不限于编为一条，赋役各项合编为数条者亦名条鞭。又应注意，往往有了条鞭法的内容，而不称作条鞭者。亦有在当时并不称为条鞭，至后人才给予条鞭的名称者。②

再从内容上探讨，一条鞭法必定包括赋内或役内的各款项的合并，或役与赋的合并。合并的程度，或为部分的，或为全部的。合并的范围，或只限于编派的方法上，或只限于科则上，或只限于征收的手续及其期限上，或总括以上各方面而言。又赋役各项一律征收银两，亦名一条鞭。今将一条鞭法在各地实施的状况作详细具体的说明，并加以分析如下。

---

① 文中"条编""条鞭""条边"混用，"条编法""一条编法""一条法"混用不作统一。全书同。——编者注

② 关于条鞭的名称，请参看拙著《一条鞭的名称》一文（《中央日报》"史学"第七期）。

I. 合并编派

一 各项差役的合并

1. 合并编派的方法（及其实例与原则）

我们先研究一条鞭法对于役的合并，因为一条鞭的名称，最先是由于改革里甲均徭而得来的。我们先讨论役的合并编派的方法。所谓一条编派者，即往日不是根据同一原则或同一客体所编派的各项差役，今用同一的原则或同一的客体去编派之。如里甲本来是对户所课的役，均徭则本意是对丁所课的役。又均徭中的力差最初是劳动力的提取，多派于大户；银差则用银缴纳，甚富货币的意味，且多金派于下户。今将这些区别取消了，用同一的方法课税。

举山东东昌府为例，以作一般的说明。东昌府自万历年间（1573—1619）行条编法后，其役法上的主要变迁如下：其一，里甲合并于均徭。旧日里甲旧制，十年一轮，管催办税粮勾摄公文诸事，但至嘉靖年间（1522—1566），一切供应取给，都责之里甲，百姓苦累，后奉文改为征银。及行条编后，又改十年轮差制为每年编派，并入均徭银差两项内支应。其二，均徭内的力差各项，合并于银差。按府属在正德（1506—1521）以前，力差每年编铺兵、闸溜、捞浅、门禁、皂壮等役。金派的方法，是以某户坐派某项名目。至万历初又加编仓夫、监夫、灯夫、解夫、阴阳生等。自行条编后，俱征银入官，由官支给，变为银差。其三，银差从按户征银之制，改为丁地兼派。府属在天顺（1457—1464）以前，银差每年征收解部料价、京班皂隶、柴薪、祭祀、斋膳夫等项。正德嘉靖间，加编蓟镇民兵、分巡道、马步兵工食，本府各衙门兵、夫、快、壮、巡拦工食。万历二十年（1592）加编临清守备马步兵工食。以上各项，一向按广则征银，自行条编后，不再审编户则，但以丁地兼派。[1]

以上的转变，有种种值得注意之点：其一，里甲由十年一编，

---

[1] 万历《东昌府志》卷一二《户役志》。

改为每年 编，证明了编役期限的缩短；其二，里甲编银、力差亦用银，表明用银的普遍化；其三，原本是对户所课的里甲，今并入本意课于人丁的均徭；又均徭中必须论户金编的力差，改为不必论户金编的银差；又旧日银差是按户征银，今改为丁地兼派，都证明了役法的编金，以"丁"替代了昔日"户"的地位。① 关于前两点，我们他日将另撰专文讨论，今先专就末一点发挥，因为从役法的构造上看来，末一点尤为重要。我们在前面已详细地说过，一条鞭法不编户则，只以丁田两项去定差役，为的是要免去编审上的弊病。但是更准确的说法，不是以丁田去定差役，而是以有定额的差役摊征于有记载的丁田。摊役于丁田的办法，可举嘉靖十六年南直隶常州知府应槚所立的"通编里甲均徭法"作说明。其详细的办法：里甲与均徭一体编派，丁额以黄册所载为定，田粮以嘉靖十六年实征数为定。通计一县丁田，除优免外，又因官田地的粮太重，滩荡的利太微，俱免派差徭，故只论民田地与丁，计银数摊派。例如得丁万丁，民田地万顷，里徭岁用共银万两，每丁一律编银五分，每亩分则编银不等②。从上例我们应当注意两事：一为就黄册原载的丁额编派，一为人丁不分等则地编派。头一点不过是权宜的办法。后一点尤值得注意，因为其用意亦在杜塞编则上的等级纷歧的弊端。均丁则的措置，在其他各地，亦甚普遍地采用。如山东青州府莒州自万历二十一二年行条鞭法以后，徭役以丁地兼编，省去旧日九则之名，并为一则。③ 又如北直隶河间府交河县自万历十八

---

① 又如北直隶顺天府霸州文安县自万历十二年已初行一条鞭法。但编派力差，仍分为由丁银与门银两项共同出办。至崇祯初年又推广一条鞭法，将门银并入丁银。如原额下下门则，即定为一丁；下中门则，分为二丁；下上分为三丁。每年每丁出力差经费银二钱五分。（崇祯《文安县志》卷四《贡赋志》。）

② 万历《常州府志》卷六《钱谷》。

③ 见万历《青州府志》卷五《徭役》。《府志》又云："小民畏则；甚于畏差；畏则之虚名，尤甚于畏差之实祸。虽差由则迁，有差无则，计一了差则帖然；若有则无差，以为重则之压身，不知何日可去，而寝食有不安者，择患宁轻，故条鞭为便也。"可说是将小民畏则的心理剖视得十分透彻。又如山东沂州于万历二十四年，申准条编，人丁不分等则，每丁派银一钱二分（万历《沂州志》卷三《田赋》）。

年遵行条鞭法后，原额人丁通折下下丁，每丁一律征银若干。① 这种均则的趋势，是值得我们留意的。

关于各项差役合并编派的方法，再举隆庆四年（1570）题准在江西省所属府州县以力差归入银差的条编法作说明，其法先将州县内银力各项差役，逐一较量轻重：凡系力差者，则计其应出雇募银及工食费用若干，因各差之劳逸，而量为增减；系银差者，则计其扛解交纳之费用若干，因各项之难易，而加以增损。通计一年内银力两差共该用银若干。然后总计一州县内除优免以外，实在的丁额田额各若干，即将上述一年内合用的银数，均派于丁田之中。② 至于以丁田分派差银的办法，留待下面再为详述。

银力两差合并以后，原来所编的各项名目，在官厅的记录上仍然保留着，但向民间征收时，则不再细分名目，皆合称银差。③ 如在嘉靖四十五年（1566）闰十月十五日批准在湖广布政司永州府施行的总会粮差的办法将力差中皂隶、门子、禁子、库子、支应库子、铺夫、铺陈库子、弓兵、铺兵、渡夫等项，俱照原定数目，编入银差项下，然后与银差中柴薪、马夫、斋膳、祭祀、乡饮等各项银两，查算总数，摊入本府州县内应编人户的实在丁粮中。俱以一条鞭征收银两，再不许如前分派某户编定某项差银名色。因为"既无编定名目可寻，即募役虽欲多索而不可得"云。以上各项银两由州县掌印官先将其通融编定，勒为期限，总追完足在官，然后碎分某衙门某役该银若干，及某项银若干，俱各散分，在包封上写明白。应起解者起解，应存留者存留。各项差役，俱官为支给雇

---

① 万历《交河县志》卷三《赋役志》。
② 参看《万历会典》卷二〇《赋役》。
③ 征收时不细分役名，即如海瑞：《兴国县八议》所云"银止总数，役无指名"（见《皇明经世文编》卷三四〇）。至于官府仍保留原目各项名称的原因，万历《原武志》卷上《田赋》所言，可为参考："里甲……我明列圣之旧制，海内遵行久矣，近年议革科扰之弊，变而为条鞭，徭赋总征其银，而官自雇役，法良便矣。然非里甲名号，则户口钱粮无以提絜纲维，故仅存其名耳。"

募。此即所谓"总收分解"之法。①

我们还要附带地说及，赋役各项的编入条鞭与否，是根据一种原则而定的，凡有经常性的赋役，即每年派征有定额而不常变动的赋役，才可以编入条鞭；否则是不编入的。② 如浙江绍兴府会稽县隆庆初年将税粮本折各项派入条鞭，但均平、均差、兵饷三项另为一则，不入条鞭之内。这因为均平、均差两项每年有官吏生监优免的不同，兵饷银两每年派征亦有增减之不一，故不能与有固定性的税粮各项一同征派。由此我们又可知条鞭各项是有经常性的。③

2. 合并的程度

役的合并情形，又可依其程度分为两种：其一，部分的合并；其二，全体的合并。部分的合并如均徭项内的力差一部分地归入于银差之中。例如刚刚说过在湖广布政司永州府施行的总会粮差的办法，是力差中所有皂隶、门子、禁子……渡夫等项俱编入银差项内。但各仓斗级仍照旧编入力差。④ 又北直隶河间府景州故城县的预备仓斗级一名，原在上则人丁编金，免本身均徭，亦不编入条鞭。⑤ 又如南直隶凤阳府泗州，其里甲、均徭、驿传、民兵四差银两，向系人丁均派，自万历二十七年行条鞭法以后，改为由丁粮分派。但差马、灯夫等项，因未议妥，故不入条鞭。⑥ 又如浙江衢州府常山县在万历三年（1575）奉命在本府其他各县之先，将里甲归入条鞭，但当时均徭并未编入。至万历十一年始并以均徭入鞭，于是诸县亦概行之。可见条鞭的范围是随时间逐渐推展的。⑦

所谓全部合并，如陕西西安府华州华阴县自万历二十年始，总

---

① 隆庆《永州府志》卷九《元字册·食货志》。
② 万历北直隶《沧州志》卷三《田赋志》云："如条鞭类经久可遵守者，著令甲为定例，不朝改而夕更；如均徭类随时为高下者，按登耗为低昂。"
③ 万历《会稽县志》卷七《户书三·徭役下》。
④ 隆庆《永州府志》卷九《元字册·食货志》。
⑤ 万历《故城县志》卷一《贡赋·户口类五》。
⑥ 万历《帝乡纪略》卷五《政治志·条鞭》。
⑦ 万历《常山县志》卷八《赋役志》。

里甲银差力差各项一切通派输银在官。① 又如南直隶徽州府祁门县万历十一年阖县里甲各项改行条鞭派征，共分为三大类：一，物料，二，徭费岁用，三，岁役。② 皆为全体的合并。

二　各项税粮(即"赋"一方面)的合并

可分以下两方面去讨论：第一，将税粮所引为根据的田地的种类及其科则，化繁为简，一律均派。第二，税粮本身的合并。今分别述之：

1. 田地种类及其科则的合并

田粮上的均则运动，比人丁的均则运动更为普遍。且其发生的历史，一般说来亦较后者为早。田粮均则，在条鞭法以前，已颇流行，人丁均则，则在条鞭以后才盛行的。所以特以一节叙述条鞭法内关于田粮均则的处置。例如浙江绍兴府会稽县在未行条鞭以前，县内的土地，共分三十三"都"。其中由第一都起至第二十都止，及在城两隅的土地，皆名曰水都；由第二十一都起至第三十三都止，名曰山都、海都、乡都不等。各都以内又有民田、患田（即被灾的田）、灶田（即产盐地方的灶户的田）种种的分别。田地的科则，在名义上是一律的，但有本色与折色、优免与不优免的差别待遇，实际上税率并不平均。比如以秋粮而论，本来是不论山、海、水、乡各都，阖县一则均派，每亩科米一斗一升七合九勺。但至派征本折时，则因田地的上下，而有轻重之分。水都地土肥些，故凡本色粮米及南存（留），改备（折）等项"重折"，③ 尽派于水都分内；但其中第七、第八、第十二、第十三、第十四都共五都，则因边海荒丘田土，每亩派以北折（色）二三四五七升不等。至于山、海、乡等都分，地土较瘠，故每亩只纳"轻赍'北折米九升七合九勺，及备折米二升，全不派征本色。又第二十四都民户患田六千六百余亩，水乡水夫马价三项，俱免不派。以上的规定，

---

① 万历《华阴县志》卷四《食货·条鞭规》。
② 万历《祁门县志》卷四《赋税》。
③ 即重则的折色。

是根据田土的肥瘠，以定折纳的轻重，尚无可非议。其流弊最大者，乃是灶田与民田的差别待遇。例如南本（色）一项，每石征银七钱，在绍兴府内其他各县是不分民田或灶田，一概派征的。[①]但会稽县的灶户毫不必承纳，且又田无加耗。此外关于优免方面，更不公平。如水乡荡价一项，内外职官及各灶户俱有优免，止派于民户。又如随田地出办的水夫工食、驿站马价等项，原来只限于京省职官查照钦例品级优免，灶户本应与民间一体派征；但第七、第八、第十三、第十四、第十七、第三十一、第三十二都共七都内的灶田，每亩免银四厘，比之各都灶田又异。以致冒籍诡寄之弊盛行，灶田日增，民田日少。至隆庆初年知县傅良谏议行一条鞭法，将民田与灶田的差别待遇取消，不分民田灶田，但照亩数科派夏秋各项税粮。但仍保留往日以本色粮米及南存改备等折分派于水都，以北折备折等项分派于山海乡等都的办法。其法查出山海乡等都内的田地若干，照旧派以轻赍北折及备折等项的原额；然后将税率算出，凡每田一亩，该银若干；每地一亩，该银若干。关于水都田地，亦照旧派以本色粮米及南存，改备等折的原额，再计算每田一亩，该银若干，该米若干；每地一亩，该银若干，该米若干。各揭一总数。至于水乡水夫马价三项，共计每田一亩，该出银七厘，不分官民灶户及减免灶田，俱按亩征收，并无优免。然后再将上述三项价银，与前揭税粮内科银之数，合为一则，总计每田一亩，该出银若干。以上银米之数，皆制为定额。银入条鞭，依照限期投柜，米照常规，派运各处。[②]

　　上述的办法，只合并民田与灶田为一，但仍旧保留水都与山海等都的区分，故仅为各种田地一部分的合并，而非全体合并。但在

---

　　① 起运用折色。如南北折输于南北两京。扣折、备折、海折等输于军门。存留为本色，输于本府州县的仓。其存折、备折等项，以供官吏军伍的俸饷，及饥年赈济之用。（参看万历《绍兴府志》卷一五《田赋志二》。）

　　② 万历《会稽县志》卷七《户书三·徭役下》。关于田地条鞭则例，又可参看崇祯《江浦县志·田赋》。

别处亦多有将各种的田地，全体合并为一者。再则田地合并了以后，往日各种不同的名称往往亦随之合并为一，或消去一部分的名称。如北直隶广平府广平县在先有官民马站等地的名称，又有大地小地的分别（即以小地若干亩折大地一亩）；至其秋夏杂征，其间先后亦不一致。到万历间一切变为条鞭，于是不论大地小地、官地民地、马地站地、草场屯地，凡一切夏税秋粮、马草、驿传、盐课均照亩数起派。各种田地，于是根本毫无区别。①

2. 税粮的合并编派

一条鞭法将各项税粮总为一条或数条编派。这又可分两方面去说，首先，每一项税粮内各条款的合并编派。如北直隶顺天府固安县在未行条鞭法前，夏税秋粮与马草等项下各分起运与存留两部，两者折银则例，各不相同：起运折重，存留折轻。但自行条鞭法后，各项下不分起运存留，通融一条鞭派，每项每石各折银若干。② 其次，各项税粮的合并编派，今举浙江绍兴府余姚县的情形为例。余姚县在隆庆元年以前，因早日赋制趋于紊乱，夏税秋粮及"三办"内纤悉名色不下三四十项。所谓三办，是指供应户礼工三部的物科，及备边粮银，与协济他州县等项而言。其第一类为额办，是每年派有定额的；第二类为坐办，乃额外的坐派；第三类为杂办，乃指不时的坐派。三办皆由里甲供应，与田粮一同征解。以上三四十项的税粮，每项由官府给一条示，载明某件一石，抽银几钱几分；某件一亩，派银几厘几毫。名目纷繁，在官者或能抄记，至乡落小民则无由识其要领。以致奸猾设计巧算，以小呼大，以无捏有，倚项数之多，逐件科敛，增耗一入手，则

_____

① 康熙《广平县志·土地卷之一·地亩》。又如同治重修北直隶真定府《灵寿县志》卷四《田赋志上》云："又按府志有夏田秋田之别，自定条鞭后，俱不复分别，但黄册犹存其名（按以上言明制）。查康熙初年黄册每户下有夏税地若干，折征麦若干；秋粮地若干，折征粟若干，草若干；农桑地若干，折征丝若干，花绒若干。考其额，则俱是一钱二分有奇。盖特以此等名色，计亩均派于各户，而民间之地，实无此分别。自停造黄册，则并不复知有此种名色矣。"可与上引相证明。

② 崇祯《固安县志》卷三《食货志·田赋》。

浪费无存。至隆庆元年知县邓村乔（《县志》作邓林乔，今从万历《绍兴府志》），始议行一条鞭法，将各色额税，并为一条征之。派征的方法：将该征夏税秋粮盐米等攒为一总数，内除去本色米麦某项某价照旧上纳以外，其折色某项某项各若干，每石该折银若干，通计折色银若干，然后查算全县田地若干，即将以上总数摊派于全县田地内，求得每亩的税率，该实征银若干。编派已定，每户填给由帖，开载承办额数及交纳期限等，人户依照由帖所载，交纳税粮。①

税粮的并归条鞭，往往仅为一部分的。如北直隶河间府景州故城县的钱粮项下，其中一项给爵子粒银，存于本爵官地内征解；一项牧地子粒，并新增牧地子粒银，系于牧地草场内征解；一项河道银，在于临河淤地内征解；一项班匠价银，在于各匠名下办纳。以上各项，均为不入条鞭钱粮。②

税粮经过了合并编派或混合征收以后，旧日各项名称亦随而陆续归并与统一。如万历山西省山西府泽州，夏税秋粮项下原有桑钞两项名目，自行条鞭法后，桑派于粮，钞派于丁，二项名目遂不复存。③ 又如南直隶常州府《无锡县志》所载："桑丝绵绢，后俱并入秋粮夏麦内征收，最后则惟存秋粮平米一项，而不复有夏麦名色矣。"④ 广东广州府《顺德县志》亦说到秋租钞名称的消失经过：

秋租钞出于地田，惟官租有之（意即谓惟官租田有秋租钞），粤无此。岂初折米带秋粮以征，后遂泯其名乎？如夏税米初尚二石四斗有奇，至弘治仅存三升，粮（指秋粮）岁增亦不觉其（指夏税）亡矣。⑤

----

① 康熙《新修余姚县志》卷六《食货志》。
② 万历《故城县志》卷一《贡赋·户口类五》。
③ 万历《泽州志》卷七《籍赋志》。
④ 万历《无锡县志》卷七《食货志一·田赋》。
⑤ 万历《顺德县志》卷三《赋役志第三》。

由上可知有许多税项在初时不过是与秋粮一同征收，但到后来便归入秋粮项下，与秋粮一同编派，甚至连本来的名目亦失掉了。①

三　役与赋的合并

1. 役与赋合并编派的实例

关于赋役合并编派的情形，我们先举浙江绍兴府一府八县作例。我们在前面说到在隆庆元年余姚县所议行的税粮条鞭法，是将该征夏税秋粮盐米等攒为一总，内除去本色米麦某项某价照旧上纳以外，其各项折色各若干，每石该折银若干，通计银若干，再计算阖县田地若干，每亩实该摊派银若干，随亩编派。至其对于役的方面，亦是将所有均徭、里甲等攒为一总，先计算每项各该银若干，再通计各项共该银若干，然后通查阖县田地及山若干，人丁除例该应免外，现在实有丁数若干。即将役额分摊于丁田等项之内，计每田地山一亩该出银若干，每丁该出银若干，丁田共该出银若干。最后将赋役两总数应征银两，相加起来，再计算每田地山一亩，该银若干，每丁该银若干。这种派征的方法，就是以全县的田地仍出办全县的赋额，又以全县的丁与田地，承办全县的役额。总之，每田地一亩，必有役的担任。这个办法，是隆庆元年正月十九日余姚知县邓材乔初议行的。因行之有成效，其后诸暨、会稽、山阴、萧山、上虞、新昌、嵊县七县纷纷请求一体遵行，亦得到抚院的批准。②

2. 合并编派的方法

以役摊入赋内承办，其结果无异于在田赋项内增加了一种或一种以上的附加税。摊派的办法，分为以下数种：

a. 随田地面积摊派役银

即每一个单位的田派役银若干。这是在各州县一种通用的方

① 参看拙著《明代两税税目》（《中国近代经济史研究集刊》第三卷第一期）。
② 万历《绍兴府志》卷一五《田赋志二》，万历《会稽县志》卷七《户书三·徭赋下》，及康熙《余姚县志》卷六《食货志》。

法。摊派的单位，多以亩计算，有时也以顷计算。① 这是根据于州县内一般地土的沃瘠而定的，如州县地土肥美，则摊派的单位，可以用亩计算；如地土瘠劣，则以用较大的单位为便。但有时用较大的面积起役，与土地的沃度并无关系，而仅为租税政策的一种。如万历间应天巡抚朱鸿谟，以吴中苏州等府徭役不均，令一以田为准，不及百亩者无役。② 这种办法的目的，无非在稍优待贫民。即以田一顷为起税点，有田一顷或一顷以上的人家，才有徭役的负担。至于一顷以上按亩或按顷分摊，我们不得而知。其后本省巡抚徐民式又改定为民田十亩二十亩以下，不得编金差役。③ 再则瘦瘠及新垦的田地，往往不派差役。如广东罗定州西宁县万历十年通县清丈以后，上中下三则田各每百亩科粮若干，每粮一石编银若干，每石连丁纳银若干。但狼獞开垦深山僻谷田每百亩只纳粮银若干，不派人丁。④ 此外又有"折亩"及"以丁准田"的办法。"折亩"的办法，在条鞭法以前已有行之者，即将较低级的土地若干亩折作较高级的土地一亩计算，按亩起科同一的税率。如福建汀州府宁化县于万历六年清丈，实行条鞭法，将全县田地塘三项中"官"与"民"的区别取消，官民均为一体科粮。但因丈出亩数比原额溢出甚多，故于田地塘三项中各酌分上中下三则，以求折合原额之数。在田，上则以一亩为亩，中则以一亩四分，下则以二亩五分；在地，上则以二亩一分，中则以六亩，下则以八亩；在塘，上则以二亩五分，中则以三亩四分，下则以六亩，各为一亩，抵足旧日亩额。⑤ 以丁准田的办法自行条鞭法后，甚为普遍。如南直隶池州府旧日田地山塘原有官民二则，自遵应天巡抚海瑞条鞭事例，于万历九年丈量之后，人丁田地山塘定为一则，原额人丁三万一百二十丁，每丁准

---

① 以顷计算的，例如河南开封府杞县（乾隆《杞县志》卷七《田赋志》）。
② 《明史》卷二二七本传。
③ 《皇明经世文编》卷五〇三《黄廷鹄役法原疏（松江赋役）》。
④ 道光《西宁县志》卷六《经政第三上・田赋》引《万历十年丁粮碑》。
⑤ 万历《宁化县志》（崇祯重修本）卷二《田粮》，参看《日知录》卷十"地亩大小"条。

田五亩算派条编。① 万历年间常州府武进县则以每丁准田二亩。② 但亦有以田若干亩折人一丁者，如浙江宁波府。③ 以上以丁准田或以田折丁的办法，无非要免去科则烦琐，以求计算上的便利。④

　　b. 随粮额摊派役银

　　这亦是一种通行的方法。或随粮每一石派银若干。例如万历初年福建福宁府宁德县所行条鞭新法，总计本县一年内额征纲银均徭之数，撒之于通县丁粮内分摊：除每人一丁各派以纲银若干，均徭银若干外，又凡每米一石，各派"纲银"五分五厘五毫有奇，"均徭"银一钱五分九厘五毫有奇。⑤ 又或随粮每若干石派银若干，如陕西西安府同州韩城县因邑人以役银编累人丁为言，故以粮石协助丁役。凡民户粮每二石输一丁的役银，军户粮每三石输一丁的役银。⑥

　　随粮或随亩摊派孰为较便，由两个原则决定，即：一，如该州县的地土肥美，亩的对租税的负担能力亦较大，则随亩起派为便；否则以随粮为便。二，如该州县的地籍不清，地亩数无法调查，则以随粮额起派为便。⑦

　　我们在前一节里说到有以丁准田的办法，那就当然亦有以丁准粮米的办法。是的，例如浙江衢州府常山县以二丁当田米一石。⑧ 隆庆间江西巡抚刘光济奏行的条鞭法，是以里甲一丁当粮一石，均徭三丁，驿传或民壮四丁当粮一石。⑨ 以丁折米，固然是便于计

---

① 万历《池州府志》卷三《食货》。

② 万历《武进县志》卷三《钱谷一·户口》。

③ 嘉靖《宁波府志》卷一三《徭役》。

④ 有时又因户口逃绝，故以田若干亩准一丁，以补足原定的役额。

⑤ 万历《宁德县志》卷二《食货志·年例》。

⑥ 万历《韩城县志》卷二《赋役》。

⑦ (明)陈继儒：《白石樵真稿》卷一二《查加派从粮不从亩之故》云："隆庆二年……丈得松江三县上乡算平米一石，准共田二亩七分三厘九毫；中乡平米一石，准共田三亩一分二厘五毫；下乡平米一石，准共田三亩六分二厘。凡有不时钱粮加派……无分上中下三乡，一概论粮加耗……若从平米上每石加派，则所派轻；从田上每亩加派则所派重。……盖粮额之轻重易见，而田数之多寡难明矣……"可以为证。

⑧ 万历《常山县志》卷八《赋役表》。

⑨ (清)王原：《学庵类稿·明食货志·赋役》。

算，但亦必须在差役已从力差改为雇役时才可行此法。

以粮石派银，亦有关于优待贫民的办法。如万历间湖广省长沙府攸县知县董志毅定每粮五石兼出一丁之银，这个办法虽然因有阻力未得实行，但该县丁银一项却从此废去了。①

c. 随粮银摊派役银

因为在后来大部分的税粮都已改折银两，所以从随粮摊派转为随银摊派，那是一件最自然不过的事。从历史上的发展看来，亦是随粮摊派的方法在先，随银摊派的方法在后。如浙江衢州府解运钱粮的盘费，在万历十八年（1590）知府易仿之创立十段册法时，是随粮出办的：每米一石出银若干。至天启二年（1622）兵道张邦冀乃改为随银出办，每条鞭银一两，出银若干。②又如万历末年的辽饷，是按亩加派的。天启元年给事中甄淑上疏言其只加派于田亩上，易致不均。因为"天下户口有户口之银，人丁有人丁之银，田土有田土之银，有司征收，总曰银额按银加派，则其数不漏"。所以应以所加饷额，按银数分派。到了崇祯八年（1635）因军兴饷绌，总督卢象昇等议加兵饷，乃于赋银每两加征一钱名曰助饷。③可说是甄淑的意见被采用了。

应当注意，以上所说的随面积随粮或随银摊派的方法，有时颇不易分别清楚的。即如前所引广东罗定州西宁县的编役方法，原本是规定上中下三则田每百亩各编人丁若干丁，又各科税粮若干石。但人丁与税粮皆折银缴纳，即每丁编银若干，每石编银若干，丁银粮银一同缴纳，每石共纳银若干。④由此可知在立法的原则上，丁银是随面积科派的，但在缴纳的形式上便为随粮石科派了。

3. 合并编派的程度

今再就各地役摊于赋的情形考察，得按照其摊入赋内的程度，

① 光绪《湘潭县志·赋役六》。
② 天启《衢州府志》卷八《国计》。
③ 《明史》卷七八《食货志》，及《明史》卷二六五《王家彦传》。
④ 道光《西宁县志》卷六《经政第三上·田赋》引《万历十年丁粮碑》。

分为以下两项去叙述：其一，役的负担完全摊派于赋内；其二，役的负担，分别摊派于丁田两项。换言之，即役的负担仅有一部分摊入赋内承办。今先从后一种情形说起。

　　a. 役部分的摊入赋内

　　在这里又有两种不同会计的方法：其一，在固定的役额内，先以丁承受其一部分固定的负担，其余不足的数，再于田地摊派。其二，丁田同时依一定的比率，以分配役额。关于第一种的例子，如万历二十二年北直隶鸡泽知县白起旦定编征徭役，每丁只征银一钱，余尽摊入地亩。① 又如南直隶霍丘县先于万历元年将里甲均徭驿传民壮四差，分派银两，并作一条鞭法。至万历二十二年又议将夏秋税粮马草马价折色等银一总改入条鞭，逐分款目，悉照通县丁出均派，共审条鞭银一万八千七百九十七两余。以上四差及两税马草等项银两分派于丁田的方法：人丁除优免外，实在人丁每丁一例编派五分，共银一千七百二十一点二两外，余银一万七千七十五点九两余，尽派于民亩之上。

　　第二种会计的方法是以丁田两项同时去分配役的负担。因为丁田在摊派上的分配，是同时制定的，所以他们在最初便有一定的比率可寻。计有三种不同的方式：其一，以丁为主以田助之，其二，以田为主，以丁助之；其三，丁田平均分摊。

　　我们说编役以丁为主或以田为主，是依怎样的标准而定呢？这应当分三方面去观察：第一，依税率的高低而定，如每人一丁出银若干，每田一亩出银若干，丁银较多便是以丁为主，田税较多便是以田为主。但税率的高低，与税额没有多大关系。比如一县内人丁甚少，田地数多，则每丁所出的税率，虽比每单位的田所出的为高，但人丁所出的总数，有时反不如田地所出的总数大。第二，依税额分配上的多寡而定，如全县役银一万两，丁出六千，田出四千，丁出较多，便是以丁为主，但这仅就税额数而言，若一县内人

_____

　　① 光绪《广平府志》卷四四《宦绩中》。

丁的数比田地的数多，则每丁所出的税率或者比之每单位的田所出的税率为低，亦未可知。第三，依每一个单位的役银内丁田各占成数的多少而定。即依每役银一两内，丁出若干钱，田出若干钱而定为主从。以上三种情形，各有不同。我们为材料所限，所以以下所说的或仅指以上任何一种的情形而言。请读者自己去辨别。

编役以丁为主，以田为助的办法，如陕西西安府同州，自万历二十二年行条鞭法后，银力两差，以地协助十分之二。① 这大约是指税额上的分配而言。又如同州所属白水县在万历年间所行的条鞭法，对于徭役的分配，是采用"丁六粮四"的办法。凡民壮工食银两，括一县的民户的丁粮而派之；徭役（共分银差与力差两类）银两，则括军户匠户及民户的丁粮而派之。除优免丁粮不派外，每条鞭银一钱，丁派六分，粮派四分。② 在这个例子中，我们还应注意，就是民壮只派于民户的丁粮上，银差力差则分派于军匠民等户的丁粮上。

以田为主，以丁为助的办法。例如河南南阳府邓州新野县均徭银力二差，以"丁一粮三"四分一条鞭通融均派。新野县在万历元年奉文审丁，共分为三等九则，每则丁各征银数不等（由下下则每丁四分以至上上则每丁三钱），通计九则人丁共征银若干，以充均徭的四分之一，其余四分之三，计亩编派。③ 又如北直隶顺天府香河县阖县一应岁办支解钱粮，丁地通融派征，其经费银两系按丁四地六的比例出办。但若征解京粮，每年有增减，及别有其他加增，总在地亩内均派。④ 丁四粮六的办法，行之于福建等地者，名曰纲银法。纲银始于正德十五年（1520），时御史沈灼议将一县的里甲费用，分为正杂两纲，以丁四粮六法科派。嘉靖末年抚按两院令各县取消正杂的名称，只称纲银，以一年应用通计实数，只据现年丁粮多寡，每户征银若干，审定规则，先一月征收在官，以应后

① 天启《同州志》卷五《食货》。
② 万历《白水县志》卷二《赋役》。
③ 乾隆《新野县志》卷六《赋役》。
④ 万历《香河县志·田赋志》卷四。

一个月的支用。既而因倭寇，御史汪道昆议加派军饷，改为丁四粮八，即粮所出多于丁的一倍。至万历五六年间都御史庞尚鹏奏行一条鞭法，纲银亦入条鞭之内。[①] 我们其实可以将纲银法认作条鞭法的一种。如福宁府宁德县在万历年间遵行条鞭法以后，纲银的名目仍然存在，它的编派方法，为每人一丁派银二分一厘五毫三丝八忽，米一石派银五分五厘五毫八丝六忽。[②] 丁与粮的分配，快要改到一与三的比例了。

丁田平均分配的办法，如山东兖州府滕县自万历丈量以后，行一条编法，徭归于地者为十之五。[③] 又如南直隶应天府上元县在巡抚周忱任内，即宣德五年至景泰二年（1430—1451），始以粮补助丁，但当时仅为十分之二三。至巡抚欧阳铎（嘉靖十五年至十八年，1536—1539）乃改为均徭法，役银由粮米与人丁平均编派。及至巡抚海瑞（隆庆元年至四年，1567—1570）改行条鞭法以后，编派差役至仅以人丁居其四分之一，而粮石所占增到四分之三。[④] 以上大都是指税额上的分配而言。由此可知丁粮两项所分担的徭役的比例，是随时变动的。即如上面所说的滕县，在初行条鞭法时，徭归于地的不过为十之二三，到了后来才加到十分之五的。

丁粮对于徭役的负担的比例，在同一州内各县的办法，往往不一致。如凤阳府内泗州所领泗州一州，盱眙、天长二县，所有里甲、均徭、驿传、民壮四差银两总数，逐年加减不一，到了后来才改为定额。泗州条总项下四差银两一向系人丁均派，至万历二十七年知府王陞见富家大族皆以计脱大丁，乃议自地亩粮每石带银一钱三分，共征银四千一百四十七两。人丁实编七千六十六点二两有余。丁粮共银一万一千二百一十三两有余。盱眙县条总项下，至万历二十七年由府酌定四差共一万六百一十一点七两，五则人丁共编银六千五百三十一点九两，

<hr>

① （明）何乔远：《闽书》卷三九《版籍志》。
② 万历《宁德县志》卷二《食货志·年例》。
③ 《天下郡国利病书》卷三八《山东四·滕县志·赋役志》。
④ 万历《上元县志》卷一二《艺文志·姚汝循丁粮议》。

地粮每石带条银四钱九分五厘三毫，共带征银四十二白零七点四两余。以上丁粮两项合征之数，比额数多出银一百二十六两有余，照数在粮条内减征。天长条总项下，至万历二十七年由府酌定四差共八千五百三十两有余，人丁九则编二千一百九十八两有余，田粮每石带条银二两一钱余，共带银六千三百三十一两有余①。由上例可知泗州与盱眙县所编四差银两皆为丁所出的总额，大于田粮所出的总额；但天长县则丁额小于粮额。我们虽不知道在每一两"四差银两"内，丁所出的占多少，粮又占多少，但泗州粮每石仅带征银一钱三分，盱眙每石四钱九分余，而天长则每石至二两一钱余，专从这一点看来，亦可知道以上三地的粮石附加银的轻重悬殊了。故如河南开封府《封丘县志》论本府各县间徭役编派不均说道："然条鞭不止鞭派一邑（县），必且鞭定合郡（府），而无推诿坐派不均之失，法行始为无弊。"② 由此言之，条鞭的观念，不但光限于各州县里的编派，而且可以应用到各州县间的编派的情形的。

　　各地编役，丁粮两项在分配比例上的多寡，乃视各地的丁粮的情形而定。地土肥饶的州县，其田地对于负担租税的能力较大，故差徭多从田地起派，而但以人丁补助；地土瘠薄的州县，其田地的负担租税能力有限，故差徭多论丁起派，而以田地协助之。所以南方编派差役，多以田粮为主，北方则以人丁为主。③ 但有时州县本非尽因地土瘦瘠，而只因户单薄，故差徭亦归于地亩内起派。如河南归德府考城县在嘉靖末年编户仅十一里，户口寡少丁不足恃，故派差不得不借重于地亩。④

---

① 《帝乡纪略》卷五《政治志·条鞭》。
② 顺治《封邱县志》卷三《民土》。
③ 如隆庆初户部尚书葛守礼反对北方行条鞭法，上《宽农民以重根本疏》云："夫江南以地科差，盖田之收入既多，又十年始一应差，故论地亦便。若河之南北，山之东西，地多瘦薄沙碱，每亩收入，不过数斗，而寸草不生者亦有之，又年年应差，并之于地，无怪农民之失所也"（《葛端肃公文集》卷三）。可见南北赋役情形的不同，及条鞭先行于南方的原因。又参看《帝乡纪略》卷五《政治志·户口》。
④ 康熙《考城县志》卷一《赋役》页七十。又如天启《同州志》卷五《食货》云："赋出于丁者有银力二差，今以差多丁寡，令地协十分之二。于是丁轻而地愈重矣。"

b. 役全部的摊入赋内

这里要分别两种形态：第一是某一项役全部摊派于田，这一类的事例比较普遍。如驿传一役，在广东福建等地多以田粮独编；[①]至若民壮一役，亦多随粮带征，例如湖南宝庆府新化县的民壮，在洪武年间乃从民间拣选，至嘉靖九年奉例以一县的丁粮通融编佥，二十四年又专以一县之粮编佥。[②] 第二，一切的役全部摊入田内，这种事例，较为少见。虽然我们常常看见类似："一切徭役悉派丁田"的记载，[③] 但我们对于这些记载要打折扣的。因为明代自行一条鞭法，虽以境内之役，均于境内之田，折办于官，但犹分征"丁银"，[④] 未得说是全部的役都归入赋内。但其后亦有"丁银"亦摊入田赋之内的，如浙江台州府黄岩县自万历初年御史谢廷杰议将里甲额办、坐办、杂办、驿传课税祇应等银，一概均入田地，定额科征，谓之一条鞭法。至明末更将丁银口米并入田内派征，自此丁课亦归入田地，[⑤] 便与清代丁完全归入地中的条鞭法完全相同了。又山西平阳府绛州稷山县在万历二十六年始行条鞭，但丁归于地则在明末。[⑥]

以上依据役摊入赋内的程度，以讨论役摊入赋内种种不同的情形。但田地的种类不一，丁亦有门户（如民户、军户等）等则的分别。所以在未将丁田的种类合并的地方，有许多是以各项不同的徭役，分别派于各种不同的丁田上。如北直隶顺德府内丘县夏税、秋粮、马草、驿站、马价、草料六项，系正供钱粮，在地亩内派

---

① 例如，参看万历广东《顺德县志》卷三，《天下郡国利病书》卷九三《福建三·四差》。

② 嘉靖《新化县志》卷四《户口》。

③ 如万历《扬州府志》卷十《秩官志下·泰兴知县许希孟传》云："……嘉靖四十五年任……仿古户役法，一切徭役悉均派于田，著为令。"

④ 参看清道光河南开封府《淮宁县志》卷五《籍赋志》。又如隆庆四年题准江西布政司所属府州县行的一条鞭法，其编户的办法是："有丁无粮者，编为下户，仍纳丁银；有丁有粮者编为中户；及粮多丁少，与丁粮俱多者编为上户，俱照丁粮并纳"（《万历会典》卷二○《赋役》）。可知丁银是必须纳的。

⑤ 光绪《黄岩县志》卷六《版籍·徭役》。

⑥ 同治《稷山县志》卷二《田赋志·丁徭》："按明季户口消耗，徭银丁不能办，遂以此丁赋加入地亩，代丁兴差，名曰地差，至今未能归款。"

征，均徭银力听二差，里甲额待杂三支共八项，系杂小钱粮，除优免外，于丁地兼派；兵饷银一项，除优免地亩并与差人丁不派外，在于行差寄庄地亩内派征。① 又如南直隶池州府所属六县，其中贵池青阳两县只于人丁与田起派条编；铜陵石埭二县则人丁、田，并地、山、基地、塘、池等项，俱准折田起派条编；建德东流二县则人丁田并地准折田起派条编。② 又如隆庆间南直隶常州府知府李幼孜议，力差因赔费颇重，应从田起；银差纳官颇便，应从丁起。但田不及二十五亩的人户，亦编银差。③ 后半部的规定，用意在稍优待田少的户。又如陕西西安府同州白水县所行的条鞭法，民壮银两只派于民户的丁粮上，银差力差则派于民户及军户匠户的丁粮上。④

4. 一条鞭的会计方法

无论摊派的方法，是以丁为主，或以田为主，或丁田均分，亦无论是随亩或随粮，或随银加派，以上种种的方法，都有一共同点，即以固定的支出摊派于丁田两项上。按照定额，征收于官府，遇有应用时，官府再为支解。可见一条鞭法实是一种量出为入的制度，与唐代两税法"凡百役之费，先度其数而赋于人"的"量出制入"的会计制度相同。

关于一条鞭的会计制度，应当在此说明一下。所谓会计，约略相当于现代所用的"预算"一名词。一条鞭的预算制度，据王鸿绪《明史稿》所载，是十甲丁粮，总于一里，各里丁粮总于一州一县，州县总于一府，各府总于布政司，布政司通计一省丁粮，均派一省徭役。⑤ 但据我们看来，条鞭法的预算，是以一县为单位。这因为一省以内的各府，一府以内的各州县其奉行一条鞭法的时间各有先后不一。《明史稿》所说"布政司通计一省丁

---

① 崇祯《内丘县志》卷五《丁粮》。
② 万历《池州府志》卷三《食货志》。
③ 万历《武进县志》卷三《钱谷》。
④ 万历《白水县志》卷二《赋役》。
⑤ 《明史稿·志六十》。

粮均派"的制度，恐怕只是指全省内各府州县皆已奉行后的情形而言。

州县的预算，以哪一年的支出作根据呢？有些是悬一推定的数目，如以本年派过银数作下年实征的标准①；有些以某一期间内若干年的平均数作标准，如隆庆元年巡抚刘光济奏行于江西的条鞭法，以隆庆前六年的平均数编派②；亦有些是通计任何十年内的平均数作标准③。此外便为实行编审的制度，或每年一编④，或每三年一编⑤，或五年一编不等⑥。关于一条鞭会计方面，当时颇成为一难解决的问题。因为夏税秋粮等项，为田地的常赋，当不难预算；惟其余赋役杂项如里甲均徭等四差银两，则每年增减不一，难以制为定额。定得太宽，则官府易于侵吞，而民间受害；若定得太严，民力虽或可少宽，但官府卒然不时之需，以及水旱灾伤的蠲免，皆无以应付。关于这方面的处置，当时人多主张定额稍宽以为伸缩的余地。⑦

Ⅱ. 合并征收

除了合并编派以外，多数的一条鞭法同时采用合并征收的办法。并且有时一条鞭法就是只指合并征收而言。合并征收，包括两方面：一为征收期限上的合并，一为征收管理上的合并。为什么要合并征收呢？因为期限与管理的统一，则手续比较简单，责任亦比较集中，可以减少作弊的机会。征收期限愈多，愈易于掩人耳目；

① 万历《邯郸县志》卷四《田赋志·条编》。关于编造预算的日期，《县志》云："本府仍于每年十月终旬计算下年应征钱粮数目，具册申呈两院详允发征。"

② （明）朱健：《古今治平略·明朝户役》："以隆庆初尽六年为率。"

③ （明）章潢：《图书编》卷九〇《一条鞭法》。

④ 万历《武进县志》卷三《里徭》。

⑤ 万历《霍丘县志》第四册《食货》。

⑥ 万历《帝乡纪略》卷五《政治志·条鞭》。

⑦ 例如，参看《天下郡国利病书》卷四二《山东八·安丘县》，同书卷八〇《江西二·吉安府志》，（明）徐渭：《徐文长集》卷十《会稽县志·徭赋论》，（明）张栋：《可庵书牍》卷一，《上刘峨山抚院》，《皇明经世文编》卷四三八《张栋琐拾民情乞赐采纳以隆治安疏》，及（清）孙承泽：《春明梦余录》卷三五。

管理的人愈众，纳税者被剥削的程度愈深。故以合开为是。[1]

一　征收期限的合并

1. 役的合并征收

以河南汝宁府信阳州罗山县为例。罗山县在隆庆以前，银差分别各项征收，力差则以审户而定。当时今日催此项役钱，明日催彼项役钱，应差人又讨工食等钱，追呼几无宁日。并且有一番追呼，便有追呼人一番科敛，故小民困苦不堪。其后知县应存初创立一条鞭法，以各项银差并力差工食合为一处，总计银数若干，然后照丁高下，粮多寡，以分派之。一时总收银数于官，不复分别各项催征。官府征银既毕，遇需用时，即将存银分别支解，力差与银差各项，皆由官府出银雇募。百姓完银以后，更无一事，是以人皆称便。[2]

2. 赋的合并征收

可举嘉靖四十五年南直隶常州府武进县知县谢师严所立的征粮一条鞭法，作例证。在条鞭法以前，武进县的夏税秋粮派征款项繁多。除米麦本色外，有金花，义役，谷草，公侯俸禄，本折布疋，起运扬州淮安寿亳等州盐钞，及马役等银。其以时加增的，则又有练兵，大工，贴役等项名目。皆由粮长负征收解运之责。自隆庆（1567—1572）以前，各以分数派之于粮长。总十分为率，如金花居十分之几，各项各居十分之几，无论粮长所收多少，皆依以上，比率分派，以十分之几为金花，几为各项。上面所说分派分数于粮长的责任，起初是州县有司主持的，其后因税粮数目浩大，乃设"县总"主持分派事宜。但朝廷所需有缓急，故州县有司起解有迟速。于是"县总"阴操盈缩迟速之数，与各粮长通同作弊。粮长之奸狡与其相通者，则所派的税粮，可缓者常多，当急者常少，甚

---

① 如万历《镇江府志》卷七云："条数多则易于掩人耳目，可以作弊，每石每丁每次加以分毫之间，则所得不赀矣。如兵饷归之一科，又征一次；均摇归之一科，又征一次；驿传归之一科，又征一次；备用马价归之一科，又征一次；四司料价归之工房，又征一次；供应物料，归之礼房。又征一次；是以一羊而饲群虎也。……"

② 《天下郡国利病书》卷五三《河南四·罗山县》。

至全不派急项者有之。粮长之纯实而不与县总通者，则税粮之当急者常多，可缓者常少，甚至全不派缓项者有之。派急项多及全不派缓项的粮长，其所收常不足充其所解，于是不得不出己资以补当解之数，往往因而破产倾家。派缓项多以及全不派急项的粮长，其所收常不必立即上解，于是挪移侵吞公款的事，得以恣意为之，国课亦因而亏蚀。自谢师严立一条鞭法后尽革"县总"之分派，不问税粮之何项为缓，何项为急，一例混征之于粮长，贮之于官库。有急用则解，缓则贮官库以俟。这种征收的方法，即所谓"一概混征，一时总征"是。①

　　3. 役与赋的合并征收

　　a. 合并征收的原因及其实例

　　何以要赋役合并征收呢？观于以下各例当可明白：《松江府志》查一条鞭之故云："往时夏税秋粮，及丁银，兵银，役银，贴役银，种种名色不一，或分时而征，或分额而征，上不胜其头绪之碎烦，下不胜其追呼之杂沓，自嘉靖四十年侍御庞公尚鹏按浙，改作一条鞭法，最称简便直捷……"② 这里已将一条鞭合并征收赋役的原因指出来。今再举两例，以作说明：如北直隶顺天府霸州文安县先年催征次序，遵依本府明文，先征地亩，次站银，次夏税，次秋粮及马草。前项未完，后项复征，分派催督，讫无少宁之日。以故小民在官应役的时多，而在田耕种的时少。至万历十二年改行条鞭征解，将前五项钱粮总计一处。查照每亩征银若干，某人原地若干，征银若干，一条鞭派，仍分四限陆续交纳，俱限十月终通完。③ 又如南直隶常州府武进县旧日粮徭旧例，征收期间各别：粮期本年十一月为始，徭期次年二月开征。但未至腊月底，各役工食仰给嗷嗷；未至新正，各营兵饷，奉文守取。所以往往不得已暂借

_____

　　① 万历《武进县志》卷四《钱谷》。

　　② （明）陈继儒：《白石樵真稿》卷一二《田赋八故》，或《天下郡国利病书》卷二一《江南九·松江府志》，又参看万历《青城县志》卷一《税粮》。

　　③ 崇祯《文安县志》卷四《贡赋志》。

粮银解发。但到了粮银起解，又侍征徭银补达。于是遇征收粮时，则常常借口已在徭项内借支给过；及至征徭时，又借口已在粮项内"透完"。项项不清，弊窦日盛，追补甚难。至知县桑学夔始议，自万历二十一年为始，粮徭一齐会计，依限同征。这是在一条鞭法行了已经二十年后的事情了。[1]

b. 一条鞭法所立的征收期限

条鞭以后所立的征收赋役期限，各地不同。有一年两限者，如河南河南府新安县。[2] 有一年三限者，如山西太原府榆次县粮差合并征收，以十分为率，春夏各完纳二分，秋完四分。[3] 有四限者，如北直隶河间府交河县自万历十八年行条鞭法，定正供杂办等银，分四季完纳：春夏各征银二分，秋冬各征银三分。[4] 又本府邯郸县丁地二项银两，亦分四季征收，春夏冬三季各征二分，秋季征四分。[5] 又如山西平阳府绛州稷山县于万历二十六年初行条鞭，夏秋均徭站银合派征收，每银一两，每季征银二钱五分。至万历三十四年邑民乔应试告称不便，议准每银一两，春季征收一钱四分，夏季征收一钱九分，秋季三钱七分，冬季三钱。[6] 由上各例，可以推出每季征银多少，是根据于农民收入的旺淡。因为在秋收时农民入息多些，故亦多征些。但因为粮徭各项都征收银两，故征收期限，得较为划一，无须如往日依于各项性质的不同不得不多立征收的期限了。此外亦有一年分六限征收者。[7] 至如福建延平府大田县催征钱

① 万历《常州府志》卷六《钱谷》。
② （明）孟化鲤：《条鞭法记》（见《古今图书集成·经济汇编·食货典》卷一五一《赋役部·艺文四》）。
③ 万历《榆次县志》卷三《赋役志》。又参看（明）霍韬《渭崖文集》卷九《吏部公行·应诏陈言以裨圣政以回天变事》。
④ 万历《交河县志》卷三《赋役志》。又如北直隶广平府广平县条鞭银两亦为春夏两季各收二分，秋冬各收三分（万历《广平县志》卷二《人民志·赋役》）。
⑤ 万历《邯郸县志》卷四《山赋志》。
⑥ 同治《稷山县志》卷二《田赋志》。
⑦ （明）朱健：《古今治平略·明代山赋》，及（明）章潢：《图书编》卷九〇《一条鞭法》。

粮,则分为"七限"。例如征银一两则前三卯每次催征二钱,后四卯每次催征一钱。① 云南大理府邓川州为一年十限:凡夏税秋粮折色,银力二差公费,加编土官民皂工食,地亩练饷,总督公费,协济贵州站银各款总作一款合征,年分十限,每月只催征一次。② 本来征收期限是时常变动的。如南直隶常州府武进县自隆庆间已行条鞭法,在万历十四年以前征收银米,俱分三限,在后改为十限完纳。至万历二十一年知县桑学夔又议改为:银立五限,米立三限征收。俱以十月初旬为始,银至次年二月终为末限,米至当年十二月终为末限,大约一月只催一次。③ 银米分限征收的办法,在苏州府嘉定县是每年十月十九日开仓收米,十二月初四日开柜征银。先完米,后完银。米分三限,银分二限征收。俱以开仓开柜日为始,依限比追完足。④ 由上可见一条鞭法行后,各县的征收期限并不一定比原日的期限少许多,但比较整齐划一。

二　征收上管理的合并

除了征收期限的合并以外,关于征收上的管理亦有合并的趋势。如南直隶苏州府嘉定县旧例以粮长主办京库钱粮,又有掌收的人,名曰"折白收头",另有"税粮县总"负总计的责任;又以里长主办均徭里甲,掌收者名曰"均徭收头";又以"均徭县头总"负总计之责;此外又有"练兵书手"总理练兵饷。以上京库、里甲、均徭、兵饷等项,本来都同出之于民。但名目多端,便可以多立册籍,以便作弊。且各由一人主办,责任毫不集中,于是挪借侵吞的弊病丛生。至条鞭法行后,将各项钱粮制为定额,作循环簿⑤一以收之,登载每日收数与放数各若干,互相对验,使一目了然。征收保管之责,完全由官府付之于吏目,集中管理,不再由粮长里

---

① 万历《大田县志》卷九《舆地志》。
② 崇祯《邓川州志》卷五《官师志·里老》。
③ 万历《武进县志》卷四《征输》。
④ 万历《嘉定县志》卷七《田赋考下·知县李资坤申议六事》。
⑤ 所谓循环簿,就是按照赋役全书款项,以缓急定其先后,按月循环征收的本子。

长分别主办。① 又如南直隶凤阳府寿州霍丘县在万历元年已行一条鞭法，但马价、草料、军饷等银，另立柜头征收，头绪多端，小民完纳不便。至万历二十二年始议将前银合一，总归条鞭征解。② 关于征收解运赋役，从由民间负责，改到由官府委派胥吏负责，这一点我们在后面还要讨论。

Ⅲ. 用银缴纳

合并编派，合并征收，为一条鞭法主要的内容。但一条鞭法还有两点值得我们注意的：其一，赋役各项的缴纳，以银为主要的支付手段；其二，自行条鞭法后，赋役的征收，与解运，逐渐由民间转移到由官方负其大部分的责任，役的雇募，改为由官府负全责。

一条鞭法用银去支付赋役上的义务，其在社会经济上的关系甚为重大，它发生的理由，与发展的经过，及其实行后的利弊，我们将另有专文讨论。在这里我们仅约略地指出一条鞭法用银的实际状况，并说明它在征输期限及征输手续上所引起的重要变迁。我们首先要明白，一条鞭法虽然以银为主要的支付手段，但各州县在实施的程度上各有不同。有些州县的夏税秋粮，以至徭役各项都已经全部折银；但亦有些州县起运折银，而存留仍用本色的；亦有存留中一部分折银，但仍有一部分用本色的。此外亦有银钱兼收的：收银以供起解的款，收钱以供本地衙门支放的款。③ 种种情形，各地不同。不过普遍说来各地是以银为主要的支付手段而已。

用银一点，对于征收期限有什么影响呢？我们在前面已说过，一条鞭法行"总收分解"的办法，将昔日各项赋役原本是各在不同的期限内征收者，今混一征收之，先贮存于官府，遇有应用时，再分别起解。这种办法之所以能够成立，是与用银有密切关系的。往日征收本色，即如夏税麦农桑丝与秋粮米等项其收获的期间，各

---

① 万历《嘉定县志》卷七，或《天下郡国利病书》卷二○《江南八·田赋》。

② 万历《霍丘县志》第四册《食货》。

③ 崇祯云南《邓川州志》卷五《官师志》及《天启凤书》卷四《赋役篇第二·输纳听投柜纳钱之便》。

自先后不同，故难以一同征收。又如徭役项内，有些是属于经常性质的差役，有些是临时金募的差役，故亦不能同时征发。但自用银以后，这些分别的重要性，便逐渐低减。国家所征收的是银，人民所缴纳的是银。田赋的征输，从此可以同农作物的收获期不一定发生很直接的关系。至于往日力役的提供今皆用银输纳，一切临时性质的差役亦得从先已收存在官的役银项内支给，故亦无须纷纷各立期限的必要。所以旧日各项赋役各指定在某某期间内分别征收者，今得通为一起混合的征收，换言之即不以赋役项目为分期征收的标准，故征收期限得较为整齐划一。至于一条鞭后仍分多少期限，我们在前面已说过，今不再述。用银对于收解手续上的影响，详下数节内。

Ⅳ. 征收解运制度上的变迁

一　民收民解的制度及其流弊

自行条鞭法后，有许多地方都从民收民解的制度改为官收官解的制度。所谓"收"，指征收而言，这里又可分为催征与收受两步骤去讨论，催征亦名"比卯"，解则指解运而言。洪武初年定州县征收税粮，以里甲为单位，一里中各户的税粮由甲首催征，花户上纳，里长收受，又由里长负责总汇解运于官府。又有好些州县，以纳粮万石上下的地域为一区，区内设立粮长，管理收解一区内的税粮。粮长的人数，多少不一定。有一区只立一个的，亦有一区设立正粮长一人，副粮长若干人的，皆由民间金选田多的户充当。因粮长负责收解的税粮比里长所收解的为多，故在有粮长的地方，其催办税粮的手续，是由粮长督并里长，由里长督并甲首，甲首催督纳税人户缴纳。及全粮户缴纳完毕，由粮长点看税粮现数，率领里长并运粮人等运赴中央或地方各仓库。撮要言之：粮户缴纳税粮，是由甲首催征，由粮里长收解，而非由粮户直接输之于政府。所以这是一种间接征收制度。故当人户有逋欠税粮时，官府便责成粮长或里长，代为补足。以上粮长，里长与甲首，虽皆由官金派，但都选自民间，且是在民间执役，所以这个时期又可以名曰"民收民解"

的时期。解运税粮的人员，各地通常皆有专称，如名曰："大户""解户""解头""头役"等，这些人员或即为粮里长人等，但有时亦另由专人充当，皆为民役。①

民收民解的制度，到了后来，发生流弊甚多。一方面官府需索过重，又管守仓库的役吏，亦动加留难或勒索，以致粮长里甲皆赔累不堪，或至破产，或至逃亡。另一方面，则粮里长利用他们优越的地位，向小民下户剥削。我们仅举粮长一役为例。如在洪武十八九年间（1385—1386），即在设立粮长十三四年以后，我们便看到不少关于粮长营私舞弊的罪状，他们或将自己应纳的税粮，分派于各粮户内，粮户稍有不从，便倚官挟势，临门吊打。② 或则倚恃官威，巧立税目，多科小民，如粮长金仲芳擅立各种税钱，至十八项之多。③ 或者妄奏水灾，以图减纳税粮，又或以荒地作熟地，以熟地作荒地。④ 种种弊病，难以尽说。而州县官吏又常与粮长为难：或将粮长不许管领本都乡村纳粮人户，调离本处；或将地方犬牙相错，使一区内税粮不是一万石之数，以为沮设粮长之计。⑤ 以故粮长一役，时设时革。至宣德四年（1429）朝廷令江南府州县官督察各属粮长，凡有倚恃富豪，交结有司，承揽军需买办，移用粮米，假以风涛漂流为词，重复向粮户迫征者重加究治。又如宣德五年周忱初履江南巡抚新职，时诸县收粮无囤局，粮长即家贮之以致税粮积逋甚巨，忱至始加改革。但在正德元年（1506）政府又下令严禁粮甲里长不许仍前私家折收粮米，作弊侵欺小民。⑥ 可见私

---

① 以上参看《皇明制书·户部职掌》卷三，《万历会典》卷二九《征收》，及《明史》卷七八《食货二·赋役》等书。

② 洪武十八年《御前大诰》"设立粮长第六十五"。

③ 洪武十九年《御制大诰续编》"粮长妄告叔舅第二十"，"粮长金仲芳等科敛第二十一"，"粮长瞿仲亮害民第二十二"，"邾阿仍害民第四十七"。

④ 《御制大诰续编》"粮长妄奏水灾第四十六"。及洪武十九年《御制大诰三编》"陆和仲羽党第八"。

⑤ 《御制大诰三编》"臣民倚法为奸第一"，《御制大诰续编》"常熟县官乱政第四十九"。

⑥ 参看《万历会典》卷二九《征收》，及《明史》卷一五三《周忱传》。

收的弊仍其普遍。

二 官收官解制度的成立

1. 人民直接输纳与官收

为免除中间人从中侵蚀起见，多数的一条鞭法都规定了粮户缴纳税银，从间接输纳方式改为直接输纳方式。因为一条鞭法施行以后，大部分的田粮都已改为用银缴纳，所以我们应先讨论关于征收银的设置。一般的办法，是在州县衙门前或其他公共场所设立银柜（亦名粮柜），每届开征日期，由官派人监督，听由粮户自包封银两，于纸包上自填里甲姓名银数，亲手投入柜中。不再由里长甲首人等代输。投柜以后，由官给以收票。这就叫作"自封自投"制度。人民的输纳，即为官府的收受，所以直接输纳于官的制度，即为官收制度。粮柜的数目，各地所设不一。或仅设一个，亦有因各区各仓之不同，或各项银两之不同，而分设两个，以至十个不等。又有按照各里甲都图或各仓口，于柜面上分为格眼，使输纳时各依格眼投入，不致相紊乱。监收的人员通常名曰"柜头"，或以吏书充之，或以粮长里甲人等充之，或以吏书会同粮里长充之。称银时用官定法马，由监收人秤称，亦有由花户自称的，办法不一。各项手续完毕以后，当即由监收人员等将所收银两送存官库。所以虽以粮里长充当监收人员，但他们仅居于襄助经收事宜的地位，仍为官收。自封自投的好处，可以免去吏胥或里甲人等需索挪移及多加火耗或换封抵假之弊。以上为输银的办法，至于输纳米麦本色的，亦有改为由粮户直接上仓的；但直接输纳本色者不如直接输银的普遍罢了。由此我们可以知道人民得直接输纳，是与用银有密切关系的。① 关于"催征"一方面，我们知道多数州县仍由里甲经催，但亦有不用里甲的。如扬州府高邮州兴化县裁革甲首催征，不过兴化

———————

① 参看万历《大田县志》卷九《舆地志》，万历《交河县志》卷三《赋役志》，万历《榆次县志》卷三《赋役志》，万历《兴化县志》卷三《人事之纪中》，万历《嘉定县志》卷七《田赋考下》，万历《霍丘县志》第四册《食货》，万历《怀远县志》卷五《籍税》，《天启凤书》卷四《赋役篇第二·输纳听投柜纳钱之便》等书。

县裁掉甲首以后，是否改出自府的史役催征，因县志不载，无从得知。①

2. 官解（用银与官解的关系）

关于"官解"的办法尤为盛行。如正德六年户部右侍郎丛兰上言陕西起运粮草，数为大户（按即粮里长人等）侵牟，请委官押送。② 可见以粮里长主解运的制度，已起动摇。又在万历二十八年南直隶苏州府嘉定县知县韩浚行官解法。③ 万历三十六年（1608）江南一知县王应乾申请革除粮长，改为官解。④ 万历四十五年山东济南府泰安州新泰县革柜头为官解。⑤ 天启二年（1622）以后浙江衢州府赋役全书亦定以官解为法，不用民解。⑥ 在崇祯六年（1633）正月御史祁彪佳上疏言河南巡按李日宣行官收官解法，中州便之，请推行之于天下，帝嘉纳之。⑦ 由以上数例，亦可知行官收官解的州县越来越多了。

解运的员役，其身份的高低，是与其所解银两数目的大小，成正比例的。如扬州府高邮州兴化县万历以后起解钱粮，三百两以下用吏，三百两以上用官。⑧ 又万历二十一年南直隶应天府句容县知县陈某尽革一切头役，立官解法，多则以官，少则以掾（即佐贰官的通称），其或最重巨而官所不及兼辖者，则命胥吏为转运。⑨ 又如崇祯元年北直隶顺天府霸州文安县知县唐绍尧莅任之初，首先革去大户，定为官收官解，而以"耗银"所入供雇募、倾销、脚

---

① 万历《兴化县志》卷三《人事之纪中》云"万历元年奉行一条鞭事例……至十八……又甲首催征，科索劳扰，下乡鸡犬一空，民甚苦之，申允裁革。……"

② 《明史》卷一八五《丛兰传》。

③ 《天下郡国利病书》卷二〇《江南八·嘉定县·徭役》。

④ 刘淇：《田甲论》（《清朝论策类编·政治论三》）。

⑤ 万历《新泰县志》卷四《食货志》。

⑥ 天启《徐州府志》卷八《国计志·官解》云："赋役全书定以官解为法，诚以民解则水脚只是空名，官解则水脚必须实付。"这又因为"水脚费于途中，而衙门有需索之常例"的缘故。

⑦ 祁彪佳：《祁忠惠公遗集》卷一《陈民间十四大害疏》。

⑧ 万历《兴化县志》卷三《人事之纪中》。

⑨ 《天下郡国利病书》卷一四《江南二·句容县官解志》。

价等项的费用。领解的规程：一百两以内差民壮，二百两以内差快手，三百两以内差省祭，五百两以内差典史，一千两以内即以主簿领解。此外另差粮房书役一名，协同起解。① 以上民壮快手等，都是官府的差吏，所以可以说是完全的官运。还有部分的官运，即银两数目较大的款项由官运，数目较小的款项由民运。如浙江绍兴府会稽余姚各县的办法：银至五百两以上差佐贰首领官，三百两以上差殷实候缺吏，一百两以下差殷实粮长。俱不许金收头解户等项名色。② 由民运改到为官运，固然是因为里甲人等日趋腐化，以致整个制度的日趋没落，无法再将解运的重责付之他们的手上。但亦因为税粮改折了银，输运的手续简便得多，所以官府有能力去办理这桩事体。以前征收本色，在输运上确是一件极笨重繁难的工作，非借重民间的力量是不成功的。例如永乐二十年（1422）二月命英国公张辅等议北征馈运。凡用驴三十四万，车一十七万七千五百七十三辆，挽车民夫二十三万五千一百四十六人，运粮凡三十七万石。③ 这里所举的例子，虽然在明代初年，且为运粮出塞外，所费定必多些。但以这些人夫车辆牲畜，才能运粮三十七万石，很可充分体现出当时运输技术的粗拙。又如成化八年（1472）延绥巡抚余子俊上疏言：运输于河套的米豆值银九十四万两，草六十万两。每人运米豆六斗，草四束，应用四百七万人，约费行资八百二十五万两。④ 这里动不动便用几十万或几百万人去转运粮草，所需负责管理的人员的数目，亦必很可观。倘若由官府派差役去押送，这笔费用亦就很可以的了。

三　官收官解的手续的说明（附库藏及倾熔银两事宜）

所应注意：行官解制度的州县，不一定便行官收；行官收的州县，不一定便行官解。前者的例子，如北直隶保定府自嘉靖四十年

---

① 崇祯《文安县志》卷四《贡赋志·门银》。
② 万历《会稽志》卷七《户书三·徭役下》，康熙《余姚县志》卷六《食货志》。
③ 《明史纪事本末》卷二一《亲征漠北》。
④ 《明史》卷一七八《余子俊传》。

（1561）以后，关于起运钱粮的处置，已改为官解；但征收方面，则于隆庆三年（1569）议行以里甲中的田粮最多的户为"社头""甲首""户头"等，分别主持催征及收受各该里甲内各粮户的银两，又于全县分设"柜"若干，以收贮粮银，亦择社头中之富厚者掌之，更番类解于县，故仍为民收制度。① 后者的例子——即行官收而不行官解的州县，如南直隶徽州府绩溪县，纳银虽听纳户自封投柜，且不许里长兜揽先行代纳，但解运税粮，仍金粮长等役，故为官收民解制度。② 完全官收官解的州县，得以隆庆初年浙江绍兴府余姚及会稽等县为例，今将这几县奏行条鞭法时关于征收及解运税银的规定，作一详细的介绍，庶可作一般州县收解手续的说明：以上余姚会稽等县，每县将其境内人丁田地的科则照一条鞭法编定银数以后，即行照数备细造册一本，开写榜文一道，申送各分守道查核明白，果无差错，用关防印记发回。然后一面将榜文张挂，晓谕百姓通知，一面查造册籍，逐户填给"由帖"（即通知单），用印钤盖，差各该里长甲首人等（亦名里递）分给各甲人户，照帖承办，依期赴纳。到了收纳的时候，每县查照由帖，造"收纳文册"一本，用印钤盖。置立大木柜一个，上开一孔，其做法使银两可入而不可出。酌量县分大小，里甲都图多寡，设立簿柜，县小者只一簿一柜，大者作二簿二柜，或各三四不等。每柜即选择实历吏中的勤慎者一名及粮长中的殷实者一名，相兼经收。每次即给"收票"一百张，私记小木印一个。木柜设立于县堂上，听令各该里递带领纳户亲赴交纳。先由吏与粮长公同查对簿内及由帖内所载，纳户本名下丁粮及折银数目实该若干，相同无差。随即验银成色足否，兑银数足否，眼同纳户包封，上写某里某甲纳户某人银若干。仍着纳户将簿内本名下填写某月某日交纳足数讫，下注花字为凭。吏同粮长将纳完银数填入收票内，某月某日吏某人粮长

---

① 万历《保定府志》卷一九《户役志》。
② 万历《绩溪县志》卷三《食货志·岁役》。

某人公同验纳讫，亦注花字为凭。银令纳户自行投入柜中，并不许吏与粮长经手。如有加收重称，刁难勒索者，许即时禀告究治。每十日掌印官同管粮官及经收吏役粮长开柜清查一次，照簿对封包，照封包验银。如果无差，总算共该银若干，拆放在一处。每百两权作一封，暂寄官库，另贮于一匣，以待临解时倾锭。另置印簿一扇，登记每次清查银数。又行另选吏一名，粮长一名，如前经收，十日清查一次。如遇某项钱粮应解，将前寄库银两，照簿内收过日期挨次顺支若干，应贴解运路费若干，当堂倾锭，封付佐贰首领官，或候缺吏，或粮里长管解，不许再金"收头""解户"等项名色。仍查照贴解银数，给予管解人使费，使解送至府，转文呈布政司交纳，限期取获批收，回县缴销①。

但在同一州县内，因税粮有本色与折色的不同，故两者收解上的处置方法亦不一样。如南直隶镇江府其本色的部分是行民收民解制，折色部分则行官收官解制。今更详为叙述其征解库藏及倾销银两各项事宜，以补前节之不足，本节倘与前节并观，对于当时各县征收的大概，当可得其大半了。据《府志》所载：本色漕粮及南京仓粮各项，由粮长负责收解，故为民收民解制度，无足多论。至于折色及徭里银各项，则于县堂设柜收受，纳户亲自投柜，不得令粮里长包收。纳银听用散碎，不必拘于倾锭。每区各设一柜，每柜各设"收头"一名掌管，验收银两。收头至晚上结一总数报官。在收银的次日，即由收头自行拆封，如系解部银两，则应倾销成锭，并不得延久。若系兵饷军储或本地岁用者，可不必倾销，即将听收银两贮库，听候起解。收银与解银，分别各用两种官定法马秤称。倾销时用解银法马秤兑。官府只不时清查法马有无弊端，及摘发收头多勒增耗的弊病，不许干预收头拆封之事。各属征完各项银两每五日一次报府。候府委定解官，即行该县掌印官公同佐贰一员，

---

① 万历《绍兴府志》卷一五《田赋志二》，康熙《余姚县志》卷六《食货志》，及万历《会稽县志》卷七《户书三·徭役下》。

将收头贮库银两取出，用原发解银法马，当堂秤兑明白，即于批文内明开某项银若干两，计若干锭，每锭重若干两，同原发解银法马，一并封付委官，仍拨兵壮护送解府，本府公同府佐一员，将解到银两就用该县解银法马，当堂秤兑，如有银色不足，或数目短少，只许行文该县明白换补，不许拘收头赴府，致滋别弊。至于解部银两，亦如解府的一样，俱只选委职官管解；如官不足，则用殷实忠厚吏管解，不许仍用粮里长收头人等。由上可知为完全"官解"制度。至于征收方面，是由收头主持，收头虽然是佥自民间，但在官府服役，即为官府的差吏，故征收方面，亦是"官收"制度。①

V. 各种征收单据册籍的设立

末了，要附带提及，自行一条鞭法后，各种赋役册籍，灿然大备。此亦为一时风气所趋，值得注意的一种现象。原来明初的黄册及鱼鳞图册，体制完备，已为历史上所称道。自行条鞭，一切赋役皆有制为定额之意。于是各地纷纷设立碑记册籍等物，以刊载额数，冀求以后额数不致再有提高。或在州县公署勒石为记，或为刊刻成书。如北直隶沧州有所谓"畿南条鞭赋役册"②，徽州府绩溪县有"条鞭书册"③。此种册籍，至明末已甚流行。如崇祯十年四月二十七日开御前会议，计划军饷事宜。当时要查看各处存留钱粮，乃由内廷发下"条鞭赤历书"一帙又七册，谕令户兵二部，细查回奏。④ 所谓赤历，乃存于官的册籍，使粮户自登所纳数，上之布政司，编订成册，以便于检阅者。如北直隶河间府的"赤历簿"，定每里造一扇，于每丁名下填注每人一丁该科银若干，每各项田地一亩该科银若干，通合总数，令花户分四季完纳，按其缓急

---

① 以上参看万历《镇江府志》卷一二《赋役志》及万历《武进县志》卷四《钱谷·征输》。有些州县原本以民役守仓库的，到后来亦更彻底地改用吏守之，如嘉定县于隆庆间罢斗级守仓，罢库子守库，皆以吏代之（《天下郡国利病书》卷二十《江南八·嘉定县徭役》）。

② 万历《沧州志》卷三《田赋志》。

③ 万历《绩溪县志》卷三《食货志》。

④ 杨嗣昌：《杨文弱先生集》卷四三《召对纪事》。

注定次序。赤历簿先送府磨照无弊,然后发县追征。① 又南直隶淮安府有"征银赤历"。② 山东莱州府等地有"赤历由票",即为根据赤历所造的由票。③

所谓"条鞭赋役册",亦名"赋役全书"。全书的编制,以一省或一府一州县为单位,其体裁:先列丁地原额,次逃亡人丁及抛荒田地数,次实征数,次起运存留,起运分别部寺仓口,存留详列款项细数。招徕人丁及新垦地亩两项,则续入册尾。赋役全书定十年一编,它的第一次纂修,约在万历十年前后。④ 又据浙江《常山县志》所载:万历十三年刊刻《钦定两浙赋役录》(亦名"全书")。⑤ 大约全书的编制,盛于江南而略于江北。如毕自严《查报工部料价钱粮疏》所言:"江南止凭赋役全书,江北并无可凭"⑥可以为证。全书的内容,至万历中叶后已渐趋紊乱,时各地的条鞭法亦渐破坏了。⑦

以上赋役全书等,是存贮于官府的册籍;其颁给于人民,用之于征收时的单据,原有多种,但最重要者为"由帖",由帖亦名"由票",或"由单",或"青由",或"易知单",或"易知由单"等。亦有"条鞭由帖",及"合同由票"等的称呼。由帖的编制,以一州县为单位,其内容:开列本州县上中下则地亩人丁正杂本折钱粮及存留起运各项。末缀以各该户内丁地所列等则及其所应纳的数额,于开征税粮以前颁给各花户,使人户到期如数输纳。由帖的设置,在正德初年已有之,不过到了条鞭法施行

---

① 万历《交河县志》卷三《赋役志》。

② 天启《淮安府新志》卷一二《贡赋志二》,及(清)牟廷选、吴怀忠纂修:《淮安府实录备草》卷六《赋役》。

③ 例如,万历《莱州府志》卷三《田赋》,万历《沂州志》卷三《田赋》。

④ 崇祯元年(1628)七月户部纂修赋役全书,尚书毕自严上条议云:"看得赋役全书,肇自行条鞭法始,距今已四十五年矣。"〔(清)孙承泽:《春明梦余录》卷三十五〕从此推之,全书最初编纂于万历十一年(1583);又从此可知条鞭法与全书的关系。

⑤ 万历《常山县志》卷八。

⑥ 毕自严:《度支奏议·册库一》。

⑦ 参看万历《黄冈县志》卷三《田赋志》。

以后，各地更为普遍地施行。[①] 除了赋役全书及由帖两种最重要的以外，还有"长单""循环簿""会计册"等，其详我们不能一一叙述。

（原载《中国近代经济史研究集刊》第 4 卷第 1 期，1936 年）

[①] 关于当时由单的材料，举不胜举。如条鞭由帖的式样，可以参看万历《会稽县志》卷六。笔者将另有专文讨论易知由单。

明代江西一条鞭法推行之经过

年前予为《跋洞阳子集》一文分载《学林》第二、第三两期，于明代一条鞭法推行于江西省之情形已详言之矣。然斯文以《洞阳子集》为中心，所述仅及嘉、隆、万三朝，至若一条鞭法施行之前后之经过未遑多及。比来理董故业，益以新知，复得有关之资料颇多，其中大半皆六七年前录自海内外珍藏秘笈者。每念自经此次兵燹之余，国内此等宝籍其存佚良不可卜，吾为此惧，爰将历年抄存之珍贵资料辄先整理发表，凡所征引，多录原文，不嫌冗长，盖为保存史料起见。言江西财政史者，或有所取材焉。

一 一条鞭之前身——均徭法

明代赋役制度，以田地之肥瘠定赋则之高下，因人户之丁粮财产之厚薄，而制徭役之重轻。自行一条鞭法后，编审徭役始多以田赋为唯一之标准，其详可参看拙著《一条鞭法》，载中央研究院社会科学研究所出版之《中国近代经济史研究集刊》四卷一期。由是言之，则凡以徭役之负担，其部分或全部归之于田赋者，均可视为一条鞭法之滥觞，今兹讨论之"均徭法"即一例也。考均徭之名，宣德（1426—1435）以前尚无之。成化二年（1466）八月辛丑给事中丘弘疏言十一事，其一"革弊政"云：

　　切见国朝立法，凡一应大小科差，皆论民贫富佥点，既因土俗，复顺民情。故永乐、宣德间，民生富庶，至有老死不识官府者。其时未有均徭之名，而政无不平。盖民以十户为甲，以十甲为里。向者均徭未行，但随时量户以定差，一年之中或只用三四户而足，其余犹得空闲以俟后差。贫者出力，富者出财，各随所有，听从其便，故竭一年之劳，犹得数年之逸。今也，均徭既行，以十里之人户，定十年之差徭。官吏里书，乘造册而取民财，富豪奸狡，通贿赂以避重役。以下作上，以亡为存，殊不思民之贫富何常，丁之消长不一，只凭籍册，漫定科差，孤寡老幼，皆不免差，空闲人户亦令出银，故一里之中，甲无一户之闲；十年之内，人无一岁之息。士大夫之家，皆当皂役；致仕之官，不免杂差。甚至一家当三五役，一户役三四成，富者倾家破产，贫者弃祖离乡。宜严加禁革，今后民间差役，仍如旧制，责付府县正官，其排年里长，则尽数通拘；其各里人户，则详加重勘。考诸册籍，参与舆情。贫富品第三等，各自类编，丁粮消长，三年一次通审。别为富役之册，以为科差之则。挨次定差，周而复始，务在远近相等，劳逸适均。如此则差役均平，人得休息矣。①

然则均徭始于何时乎？据《明史》卷七八，《食货二·赋役》所载谓：

　　正统初，佥事夏时创行于江西，他省仿行之。

按夏时以正统二年（1437）迁江西参议，其前则为佥事，是其行均徭法，当在元年也。《明史》卷一六一《本传》云：

---

　　① 《宪宗实录》卷三三。

其为佥事时，进知州柯暹所撰教民条约及均徭册式；刊为
令，人皆便之。①

万历间徐学聚著《国朝典汇》卷九〇《赋役》，言此事较详：

正统间江西参议②夏时建议，以税粮多寡，官为定其
徭役，谓均徭册。后行其法于四川，民以为不便，于是重
庆府民奏："政令一，则民易守，科条繁则人易惑，祖宗
数十年间所以不轻出一令者，虑扰民也。窃见四川民间赋
役俱有定制，其徭役临期，量力差遣。近者官司轻于变
更，造成均徭册，以民间税粮多寡为差，分上中下三等，
预先定其徭役。且川蜀之民有税粮多而丁力财帛不足者，
有粮少而丁力财帛有余者，今惟以税粮定其科差，则富商
巨贾，力役不及，而农民终年无休息之日矣。臣恐数年之
后，民皆弃本趋末为患非细。"诏从民便，里甲有害民
者，如律治罪。（《典故纪闻》卷一三文同）

据此及前引丘弘疏观之，可见均徭未行于前，皆临时量力差遣，迨
行均徭，始由官府预先册定徭役；且昔之以丁力财帛佥役者，今则
惟以税粮定差。此其办法与后来之一条鞭法正相同，而其坐受时人
反对之理由亦正同也。（唐德宗时陆宣公抗疏论两税法之弊，其持
论大旨亦如是。）夏时以后，有功于江西均徭法之推广者尚有韩
雍、崔恭等人。《雍正江西通志》卷五八《名宦二·统辖二·韩雍
传》云：

①　柯暹见《明史》卷一六四《邹缉附传》。雍正《江西通志》卷六一《名臣·吉安
府》载：暹以洪熙元年（1425）知永新州，后改吉水。均未言其定均徭册事。万历《钱塘
县志》第四册《纪献·名臣》：夏时为江右佥宪，荐知州柯暹为按察使，条约均徭册式，民
便行之，遂为令甲。（参看乾隆《浙江通志》卷一五八《人物一·名臣一》）
②　按夏时行均徭法，实于其为佥事时。《典汇》所言，疑指其后来之官阶云耳。

景泰初，以右佥都御史巡抚江西，首行均徭法，编册轮役，一劳九逸。又行岁办法，里甲公贮银两，有役则估费，召户领解，民皆便之。（《嘉庆一统志》卷三〇七《江西统部名宦雍传》："首行均徭岁办法"。）

按雍以景泰二年（1451）十二月由广东按察副使为右佥都御史巡抚江西。天顺元年（1457）二月改官山西按察副使①。今按《明史》卷一七八本传，未载其行均徭法事，殆史官以雍功业煊赫，故削此而弗录耶？复按《明史》卷一五九《崔恭传》云：

景泰中……寻迁江西布政使，司有广济库，官吏干没五十万，恭白于巡抚韩雍，典守者咸获罪。定均徭法，酌轻重，十年一役，遂为定例。②

则雍之行此法殆用恭议也。均徭之法，虽经夏、韩、崔诸人倡于前，然日久不能无弊，故改革之举，时见于史书，《江西通志》卷五九《名宦三·南昌府刘璲传》云：

弘治进士，授丰城知县……凡民间均徭征银，明载数目，印帖，给小民，令依期执贴以输，吏不能侵。

《国朝典汇》卷九〇亦载：

正德十一年四月，江西巡抚孙燧定均徭则例，革下里概征之弊，定人户九等之则，而又专责牧守丞判派征额数，一洗吏胥之弊，痛惩包揽之徒。

---

① 吴廷燮：《明督抚年表》卷四。
② 亦见《明史稿》卷四七《本传》；《江西通志》卷五八所载略同。

又据《明史》卷一七八《朱英传》云：

> 景泰初……未几，出为广东右参议……立均徭法，十岁一
> 更，民称便。……官参议十年，进右参政，遭母忧。成化初，
> 服阕，补陕西……历福建陕西左右布政使，皆推行均徭法。十
> 年，以右副都御史巡抚甘肃……①

则英所行于广东之法，约与韩雍、崔恭同时。此外如南直隶等处推
行此法之经过，今亦可考见一二，然与江西无涉，故置不论。

二　一条鞭法推行之经过

上言均徭法为一条鞭法之权舆。然均徭虽有条鞭之意，尚无其
名。考条鞭之名，起于嘉靖中年，其推行于江西之第一人为巡按蔡
克廉。克廉《明史》无传，其事迹载《明名人传》（明稿本，撰者
未详）卷二八，此书今惜未见。然王宗沐《江西省大志》卷一
《赋书》云：

> 嘉靖三十五年，巡按蔡克廉乃倡议为一条鞭法……公议一
> 出，民翕然以为便。然……（淮、益）二（王）府言（禄米
> 折银）独重，称不便，而一条鞭法革不施行矣……②

---

① 何乔新《文肃公文集》卷二九《朱公神道碑》云："景泰初……迁广东布政司参
议。领南寇乱之后，闾巷萧然……又立均徭之法，等其赀产厚薄，以轻重其役，吏民称
便……英宗皇帝既复辟……"则其所定之法，亦仍以赀产为准也。雍正《陕西通志》卷五
二《名宦三》："朱英，字时杰，郴阳人，正统十年进士，为陕西参政，成化七年，迁左布
政，用均徭法，民便之。"（《名山藏》）
② 此书刻于嘉靖末年，藏国立北平图书馆善本甲库。目录如下：卷一：赋书；卷二：
均书；卷三：藩书；卷四：溉书；卷五：实书；卷六：险书；卷七：陶书。有谓宗沐著有
《均徭书》者（说见下），疑即合第一、第二两卷言之也。

《荆川先生文集》卷一二，"广德州同知蔡侯政绩碑记"：

> ……余惟与蔡侯相知之深也，是以未敢为之书……蔡侯名
> 克廉，字道卿，泉之晋江人，中嘉靖己丑（八年）进士，今
> 为江西提学佥事，共同知广德也，以刑部郎中坐狱事，谪以某
> 年至州，某年迁庐州府同知。

雍正《江西通志》卷二九《艺文》："海瑞兴国县八议"："一、
红站马船，江西均徭平赋，尽以一条鞭法行之，银止总数，役无
指名，以此小民得止输正数，较之他省有一倍再倍三倍十余倍输
当者相远，便民良法也。独红站马船又编正户正名，募人自征
取……查得吉安、南昌等府，此役亦用一条鞭法，南赣独不
然……一条鞭则便民，编正户势必为害，似当速改。"《江西通
志》卷六五《名宦九·赣州府》："海瑞，字汝贤，琼山人，举
人，……谪调兴国县，值辛酉（嘉靖四十年）兵燹后……述八事
上当道……"案宗沐嘉靖二十三年进士，授刑部主事，历江西提
学副使。三迁山西布政使。隆庆五年，总督漕运，兼巡抚凤阳。
万历九年，致仕。见《明史》卷二二三《本传》。盖彼在江西学使
任内亦议行条鞭法者，顾炎武《天下郡国利病书》卷九三《福
建三·漳州府·田赋》云：

> 条鞭法，始于王宗沐所著《均徭书》。厥后，都御史庞尚
> 鹏始奏行之。

明朱健《古今治平略》卷二《国朝户役》曰：

> 嘉靖末，都御史庞尚鹏奏革天下郡邑库子，而都御史周如
> 斗抚江西，力主条鞭，议上之，民喁喁望。会卒官，民巷哭甚

哀。都御史刘光济继之，奏可，行之最久①。

周、刘两人，《明史》皆无传。今据《江西通志》卷五八《名宦二》第 28 页曰：

> 周如斗，字允文，余姚人。嘉靖进士，授贵溪县，擢御史，历官巡抚江西。如斗稔知民困差役，创议行条鞭法，以劳瘁卒。疾革时，对诸司语不及他，惟刺刺谈条鞭本末，民巷哭肖像祀之。[原注：引康熙癸亥（23 年）安世鼎修《通志》]

又，同卷第 31 页曰：（《康熙常州府志》卷二三《人物·刘光济传》）

> 刘光济，字宪谦，江阴人，嘉靖进士，隆庆初，以右副都御史巡抚江西。先是，巡抚周如斗议立条鞭法未就。光济至，锐意奏行，定为四差，民输金于官，官为雇役，轻重适均，徭役之困永绝。又创坊甲条鞭，如里甲法。人享其利。历官至南京吏部尚书。（原注引安志）

由上可知条鞭之法，虽经蔡、王二人之倡议，然仍革未施行。至嘉靖四十三年（1564）庞尚鹏在浙江巡按任内，奏请通行天下②。江西巡抚周如斗（嘉靖四十四年五月任，四十五年卒官）用庞氏之议，请行于本省，然尚未得谕旨而遽逝。至"隆庆二年（1568）十二月江西巡抚刘光济奏行一条鞭法。"③ 始报可，且又行

---

① 王原《学庵类稿·明食货志赋役》所载略同。日本宫内省藏《岭南文献补遗》卷一：尚鹏奏革天下郡邑库子事，见庞氏《恳思通变宜民以苏困苦疏》。

② 见日本前田侯家尊经阁藏《钦依两浙均平录》卷一《均平录及均平由帖》。北平图书馆藏万历《南海县志》卷三《政事志》。参见道光《南海县志》卷三七《列传六·庞尚鹏》。

③ 《国朝典汇》卷九〇。

之最久，（按刘氏抚赣，自隆庆元年十月，至隆庆四年六月，升南京户部右侍郎，总督南粮储）故言者多推刘氏为首功，如万历间黄汝良《野纪矇搜》① 卷一二云：

> 隆庆二年，行一条鞭法。初抚臣庞尚鹏、刘光济以此法行之江西。其后阁臣高新郑（拱）、张江陵（居正），会户部议通行之。海内至今遵守。

庞氏与江西条鞭法之关系，已见于上，然彼未尝抚赣，不可不知。又《万历会典》卷二〇《赋役》云：②

> 隆庆四年（户部）题准江西布政司所属府州县各项差役逐一较量轻重：系力差者，则计其代当工食之费，量为增减，系银差者，则计其扛解交纳之费，加以增耗。通计一岁共用银若干，依照丁粮编派。开载各户由帖，立限征收。其往年编某为某役，某为头户，贴户者，尽行查革。如有丁无粮者编为下户，仍纳户银；有丁有粮者，编为中户；及粮多丁少与丁粮俱多者，编为上户：俱照丁粮并纳。编为定例。（原注："此一条鞭之始。"）

大约光济奏上条鞭，虽在隆庆二年十二月，但邀户部题准则为四年间之事。《万历会典》所载，与光济所上之差役疏（详下），其办法正一一相同。《万历会典》以为此即一条鞭之始，盖至是始获户部正式批准也（下引万恭赠刘应谷司徒序可证）。又明末吴侃《在是集》③ 卷二之七第 9 页"条编"云：

---

① 日本尊经阁藏本。
② 参见万历间南昌章潢《图书编》（《四库全书》文津阁本）卷九〇《江西差役事宜》。
③ 国立清华大学善本书室藏。

条鞭，海都创行，民甚便之。或曰："行于刘光济"。

所云海都，即指巡抚应天右金都御使海瑞，任期自隆庆三年六月至
四年二月，海氏诚为推行条鞭法于南直隶诸府之人，然考是时，
"江左已行之数年矣"①，谓为创行者当不确也。刘光济著有《差役
疏》，内言条鞭之法甚详，今载《古今图书集成》《经济汇编·食
货典卷一五二·赋役部·艺文》，《江西通志》卷一一七《艺文》
亦载此，文长不具录。至此法推行之宛委，《江西通志》卷二三四
《田赋》附一条鞭法缘由所载尚为明白扼要②。

　　嘉靖中少师华亭徐文贞阶承上意旨，谓大江西南不苦赋而
苦役。赋悉若故，无有改易；惟役法，州县吏如治棼丝，益理
益乱，父老不得休息，宜莫若一条鞭法便，上之吏耳目可勿
涂，下之民易以循守，德意甚优渥，父老延颈法意之成，顾薄
海无有应者。隆庆二年，会江阴刘光济奉命巡抚江西，徐少师
即谕刘试条鞭法，刘曰："诺！"入疆，下群吏议所以行鞭法
者。吏皆难之。乃刘意锐甚，亟召抚州府同知包大燿（系燿
误），南昌府司理张守约，吉安府司理郑恭，饶州府司理孙济
远，新建令王以修，庐陵令俞一贯，临川令蒋梦龙，锁棘院而
校计之。时胡少保（疑即太子少保兵部尚书南昌胡训）从子
文学胡湜，善计虑，习赋役法，并召之从包等谋议。议上，刘
悉悬诸署壁，旦日仰观，俯思三月，乃定南（昌）、新（建）
二邑条鞭法，明年始偏役于民。民即老死自勿役于官，勿入市
廛，即一钱亦得自输于官。孤且孀者，懦无力者，附其钱于里
胥，曰带输，约之为肆差，银输官者：南昌二万三千有奇，新

────────────

　　① 见万历《江宁县志》卷三；参见《明史》卷二二六《本传》；海瑞：《刚峰先生文
集》。
　　② 陈家栋：《江西财政纪要》第二册记此事，所引不知何书，简略殊甚，不足据。今
按《江西通志》，此条实摄录万恭《洞阳子续集》卷四《仁政祠碑》而成（详后）。

建一万二千有奇。身一丁，征一钱四分有奇；税一石，征一钱
八分有奇。其他七十余州县如例。父老于是无亲役之苦，无鬻
产之虞，无愁叹之声，无贿赂侵渔之患，悉去汤火。因立仁政
祠以祀刘。南司马万恭有记。至今（雍正）编征四差，犹乃
鞭法旧规。

然以上诸书所述，仅具鳞爪，至其全豹必须于万恭著《洞阳
子集》窥之。恭字肃卿，南昌人，嘉靖二十三年甲辰秦鸣雷榜进
士，（《江西通志》卷五四《选举六》）官至兵部侍郎，生平事迹
具《明史》卷二二三《本传》，及《明史》卷八三、卷八五，《河
渠志》卷一、卷三。当周、刘等议行条鞭之日，正万氏守制里居
之时（《明史》载嘉靖四十四年恭丁母忧归，隆庆六年春，起官总
理邳州运河河道）。且又躬亲计议，力赞其事。故所记最为确实详
尽，良足补史传之阙。考此书《明史·艺文志》《天一阁书目》
《四库总目》《江西通志·艺文志》，均未见著录（仅录恭创《南
昌县正衙记》《南昌县田赋考记》《大节祠记》数文）。仅黄虞稷
《千顷堂书目》卷二三《集部》载：

　　万恭《洞阳子集》十八卷，又《续集》。

然卷数较今所见凡四集，共 32 卷者少（参见拙作《跋洞阳子
集》），颇疑其为早刻故也。此书在昔日既甚少著录，今日国内似
亦无存本，惟于日本宫内省图书寮见之。诚为天壤瑰宝矣。爰为钩
稽考订，分条辑录如此，以为征考江西文献者之一助焉。关于周如
斗之筹办条鞭始末，本书再续集卷五《怀仁祠碑》云：

　　江右父老苦十年一役法久矣！世皇帝季年，悯于民瘼，思
　　以恩泽之。乃下诸路抚臣令曰："杀民者其犹举重乎？九年者
　　逸，而以一年举万钧，直绝肋弊耳！宜莫若析万钧十举之，一

年直千钧耳。亡九年之逸，然亦亡一年之毙。"命之曰鞭法。父老扶杖加额幸甚。自是民亡毙也。而诸路竟格不行。御史大夫周公如斗按部江西，与诸有司者矢曰："所不能举条鞭，为父老计者，有如江水！"乃拮据四阅月，而科条悉具；然精竭而神涣矣，疾在褥矣，犹刺刺理条鞭事；疾且大渐，诸司视之，犹手书空作"一"字，盖以一条鞭殉也，悲夫！父老哀之，祀怀仁祠于章江之浒。……彼其时，法令非治也，刘公光济继之，然后大行。……后十有六载，周公从子伯思宗为新昌部，仲子爱为南昌部，饰祠而新之。余闻之："食粒怀稷，饮井思益"，江右鞭法若故也，乃周公安在哉！……

刘光济之议行鞭法之经过，《洞阳子续集》卷四《仁政祠碑》所记，尤为详尽：

嘉靖中，少师华亭徐公（阶）承上意旨曰："父老良苦赋役法，三十县吏若治棼丝，益理益乱，我父老不得休息，宜莫若一条鞭法便！上之吏耳目可勿涂，下之民易以循守。与我共此者其良抚臣乎！"德意甚优渥，父老延颈法意之成，顾薄海莫有应者。隆庆二年春，徐公顾江阴刘公："即烦以大江之西，为上试之。"刘公曰："诺！"入其疆，下群吏议所以行条鞭法者。旬日，吏莫肯行，豪右不欲也，府吏胥徒皆不欲也。乃刘公意锐甚，诣余言曰："条鞭良法，与父老休息，尽格不得行，奈何？"余请原状。公曰："督储云：吾治赋，上供岁多逋，若之何复能征役缗钱，逋不已甚乎？吏议不便！"余曰："诚不便哉！析征之可乎？令里甲催征者督赋，储道主之；而当岁者督役钱，州若县主之。"刘公曰"善！旧法：官仓库悉令富民典守，司出纳，民大弗支，往弃市不宿也。今令伺缺掾代之，掾大怖，有自经者，吏议不便！"余曰："诚不便哉！噢休之可乎？掾悉岁役而给之值，民悉罢役而输之缗钱。官侍掾以效劳者例，而速赏之，缺掾即归市不鬻也。"刘公曰："善！顾赋役输官者甚巨，猾吏舞文。籍不可稽，籍不可稽，则官病；豪有输后期且弗满数，势不得不迫弱者而逮豪右者，则民病，吏议不便。"余曰："诚不便哉！莫若为之格册，列其丁税之全数于上端，而撮其赋役之输数于下方。里胥执册而征之，有司者即按其册而比之，掾莫敢上下其手，官视民之逋完在目中也。"刘公曰："善！"乃集群吏，大议鞭法。召抚州同知包君大燿，召南昌府理张君守约，召吉安府理郑君恭，召广信府理孙君济远，召新建令王君以修，召庐陵令俞君一贯，召临川令蒋君梦龙，锁棘院而校计之，包君总其事，上二十四议于大中丞，大中丞驳二十四议下六君者，且令包君日报一章耳。文学胡湜者，胡少保之从子也，善计虑，且习赋役事，余言之刘公，令日从包君议计。一获即入告大中丞，大中丞日计所报章可否批答焉，复上，则悉悬布诸督院之壁，公且日仰而读，俯而思，三月，乃定南昌、新建二邑条鞭，而公髭发加白矣。余白刘公曰："大苦矣！为父老而瘁其身！夫西伯之化，始于二南，今年姑以二县试，明年始遍七十余邑者何如？"公乃下令曰：江西不苦赋而苦役，赋悉若故，毋有改易！难役，民悉输钱于官，官尽雇役于民，民即老死勿自役于官，勿入市廛，即民一钱亦得自输于官。孤且嫠者，懦无力者，附其钱于里胥，曰带输，约之为四差。银输官者：南昌二万七千两有奇新建一万八千两有奇。身一丁，征一钱五分有奇；税一石，征一钱八分有奇。亡亲役之苦，亡鬻产之虞，亡愁叹之声，亡贿赂侵渔之患，父老悉去汤火。明年鞭法大定。而南昌太府丁君应璧适至，攘臂以风七十邑者。又明年，七十邑者较若画一矣。余贺大中丞。大中丞曰："未也，此所以安野人也，我图所以安邑人者。"复创坊甲条鞭法。其法一如里甲法，尽输钱，尽雇役也。邑人曰："二百载不聊生矣，今活我，活我！"乃扶老携幼入谢刘公者以万计。大中丞曰："未也，我图所以安远人者。"乃创禁约铺行法，乃火牌列籍，官与民平市也。贾人曰：
"二百载不帖席矣，今生我，生我！"公抚江右，父老安。父老
惧公去江右而鞭法解散，里粮蒲伏阙下疏留之。上念父老，三
年乃召大司农。去之日，旄倪数万，遮号泣而从之，公为歔欷。
父老思弗置，则肖像而尸祝之，择青云楼而居之；博士弟子思
公弗置，则乐群于楼中而诵法之。民有疾苦，奔而祷之，无弗
应者。朔望必祝，公生辰必祝，第愿大中丞上寿上公且多男也。
继公者，常熟徐公（栻，隆庆五年五月至万历元年），大仓凌公
（云翼，万历二年六月至万历四年三月），吴县杨公（成，万历
二年六月至万历四年三月），悉唯刘公鞭法守而勿失，父老加宁
平矣。青云祠居府学宫墙西偏，后为楼五楹，中为厅三楹，前
为门一楹，旁为四厢，各三楹，皆缭以石垣。少司马吴公（疑
为兵部侍郎新建吴桂芳）额曰"仁政祠"。司马氏曰："古称施
仁政于民之效：士愿立朝，农愿野耕，商愿藏市，旅愿出途，
信然，刘公爱民哉！施仁政而不嫌顾于瘁其躬。徐公、凌公、
杨公爱民哉！施仁政而不嫌于仍其官。余悉表而出之，以告人
心，且以谂夫后之观风者"。

由此可知光济之行鞭法，创议于隆庆二年春间，得里居兵部侍
郎万恭之力赞，复召集抚州同知包大爟、南昌府推官张守约、吉安
府推官郑恭、广信府推官孙济远、新建知县王以修、庐陵知县俞一
贯、临川知县蒋梦龙七人计事，佐以生员胡湜，经三月之往复筹
议，至秋九月而事始定，是年十二月奏上（前引《国朝典汇》）。
初行于南昌、新建者为"里甲条鞭法"，明年春，复立"坊甲法"
以安坊厢市民；秋，立"禁约铺行法"，以安铺户行商等。盖至是
年始遍行于全省其他十七县①。此法沿至后任巡抚徐栻、凌云翼、

---

① 按"仁政祠碑"所记，似谓坊甲、铺行二法定于隆庆四年，疑为行文之误，故今
从"仁政纪序"年月。

杨成诸人，咸能守而勿失。以上事迹，今再以集中他文参补之。
《洞阳子续集》卷一《仁政纪序》云：

> 司马氏读仁政纪喟然叹曰：余今而后知王道之易易也！大
> 江之西，父老二百年苦不得休息。隆庆二年春，大中丞江阴刘
> 公定徭役条鞭法，秋九月成。明年春，坊甲鞭法成。是年秋，
> 禁约铺行法成。庚午（隆庆四年）夏（六月）父老号哭送大
> 中丞于江之浒。明年，肖刘公之像。又明年，尸祝公于青云
> 祠。公移少宰。又二年，甲戌（万历二年），父老修青云祠。
> 公陟南太宰，先后七八载中。……刘公仁详在徭役书中。

此言三法制定之年月也。而刘公推行鞭法时所遭遇之困难，亦可得
而言焉。《洞阳子集》卷一《赠刘应谷司徒序》云：

> 中丞刘公抚江右之三载，始移少司徒以行。……司马氏
> 曰："余观刘公之政三稔矣，其为一条鞭法，详在庸调书中。
> 当其时，愚民不可虑始，急吏难于图成，余应以是举也，落落
> 难合耳，迺公持之坚……一年而是公政者什一，不者什九；二
> 年，而是者半，不是半；三年，天子俞其议，吏民乐其便。"

以上所言之徭役书或庸调书，今已不可复睹矣。

至于当时议事诸人，其分别所责之职责，犹可考见。《洞阳子
集》卷一〇《赠包少东序》，记其首定南昌役法，上二十四议
事云：

> ……江右民力竭矣。均赋役之法，大吏议之三十年，或传
> 过舍而不欲闻，或集盈庭而莫敢断。条鞭之法则付之无可奈
> 何。彼三十年中才智敏给，怀名誉，猎通显者何可胜数？乃安
> 民大政，独若有待大中丞刘公，举安民大政悉以委之包公不少

咨。夫包公据十年低栖下寮之位，而膺刘公三十年不决主权，寄数千里引领安危之命，而又处于积忌危艰之中，余意包公直缩首走耳。顾毅然报大中丞以身尝之，且以南昌首邑试，八日而汏冗繁数百役，省耗费七千金。大中丞下二十四议于公，公日答一焉。无弗称民便，当意旨，受特知之令，拥专制之柄，监司莫能与，刺史莫能赞。不阅月而上慰刘公食下咽，下令江右劳息肩。已而谤言充堂，毁书盈牍，余又以为包公直缩首走耳。复毅然报中丞刘公，绣衣顾公①，以身去就决新法之行止，博江右生灵百世之安……百姓戴之，中丞绣衣重之，且会荐于朝，且署满考江右郡国第一矣，旋擢京辅少府矣。……

此赠总领计议事宜之抚州同知包大燧之序也。《洞阳子集》卷六《赠王新建序》云：

……隆庆戊辰（二年），（西蜀王）侯上最于天官。大中丞刘公乘传抚江右，念江右凋瘵至甚，思所以大噢休之。以为噢江右莫如缩民供，缩民供莫如一条鞭法便。每叹与我共此者，其唯良县令乎？顾无可使者。会侯返自都下，谒刘公，公迎而劳苦之，"嗟乎！民瘝极矣！一条鞭其可便民苏乎否耶？"侯应声曰："便哉！"刘公虑侯之迎同也，复曰："奈何其利于民、弗利于官，巨室利而细民弗之利也！"盖刘公志锐甚，特为是左词观侯定主耳。侯乃振袂而昌言之，共词曰："往征敛无艺，费出多门，民甚苦之；新法行，则费省而用缩，上无烦令，民有一守，是民利也。往政绪如毛，群奸四出，官甚苦之；新法行，则牍约而务寡，县有司执一以御百，聪明不眩，是官利也。往往征税将期，竞趋轻便，富者货趋，豪者贿书，

___

① 疑指巡按监察御史顾廷对（《江西通志》卷四七《秩官二》）。按廷对于嘉靖三十八、三十九年知浙江平湖县时，创立条鞭均役法（乾隆《浙江通志》卷一五〇《名宦五》）。

而巨室病，新法行，则征有定算，敛掾不得上下其手，卝阳坐受利，是巨室之利也。往巨室以计免大役，势必及编氓，竭产售，不足当大役之什一，而细民病；新法行则赋多寡同，贡相若；役大小同，贡相若，直安枕卧矣，是细民之利也。"语竟，刘公黄气溢大宅，谓侯曰："……新法已在吾目中，子为我尽心焉。"盖先是在官者恶所法害己，故属有司狃左右语，莫肯助刘公。而刘公得侯，若燥而获凉剂。每为余言："自得王新建而一条鞭之法行益坚矣！"……而王侯秋官之命下矣……刘公念新法方成，而侯又去，彷徨强侯檄，必编新法而后得行。邑弟子父老又彷徨诣刘公大呼，"即王侯去，执行新法，孰活我者！"……

此则叙新建知县王以修参与计议及赞行新法之经过也。至于里甲条鞭法及坊甲条鞭法之议定，以南昌府推官张守约之功为多。《洞阳子集》卷七《赠张凤台北上序》云：

　　……中丞刘公，御史顾公①，异张公独无事，念远人未安，则命张公议里甲法；念迩人亦安，又命张公议坊甲法。此两法者，实悬民命，议之三十年不成矣。而公固旬日成之，议数十上，无一弗当中丞御史公心者。法画一，而吏胥莫缘为奸；供疾输，而小民老死不识市廛……

而文学胡湜之贡献，则详同卷内《再寿刘中丞序》中：

　　……刘公……念何以永江右野人之命，则令文学上里甲二十四议；念何以永江右邑民之命，则令文学上坊甲十二议。文学唯不习为吏，且愚憧，所议不能当大中丞意足惧。公固款款

---

①　按此即前引《赠包少东序》中之"绣衣顾公"是也。

下其议于属所司。议之当，色喜也；议弗当，亦色喜也。文学人人畏公之议，惮公之虚，苟可永父老子弟之命者，矢不敢负大中丞。谋于野，一获焉，入告大中丞；谋于道，一获焉，入告大中丞。大中丞时优假文学，可裨吾大计，条财赋之政令，风群吏而均节以施之，变通以趋之。不期年，新法大行，且报天子成命矣。夫鞭法江右议二十年矣，竞泥不达……

关于临川知县蒋梦龙之计议，据《江西通志》卷二六《名宦六·抚州府》第十六页：

蒋梦龙，长洲人，嘉靖进士，授临川令。邑被寇掠，加意抚循，条陈均役之法，开府刘公（光济）是其议，令各属俱遵行，邑多逋赋，尽归猾手，制裁以法，令民自输，至今便之。（原注：引豫章书）

南昌知府丁应璧之于此役，据前揭《仁政祠碑》所记，固为"攘臂以风七十邑"者，然据《洞阳子集》卷一〇《再赠丁荆山序》所言，此公纯以不竞之心，行简易之政，似非于条鞭法有积极倡道之功者[1]。查当时赞与新法之推行者，除上列包、胡诸人外，尚有灌城人杨汝瑞、进贤知县汤聘尹、南昌致仕里居工部左侍郎刘伯耀等。今引申核证如下。《洞阳子三续集》卷一《杨封君墓志铭》云：

……奉政公者，姓杨氏，名汝瑞，字惟贤，号三田，灌城南关人。……丁卯（隆庆元年），巡抚江阴刘光济至，奉命举行条鞭法甚急。旦日，诣司马公（按即万恭自谓）诘所以行

---

[1]　《江西通志》卷五八《名宦二·统辖二》："丁应璧，字为章，（山东）寿光人，嘉靖进士……升南昌知府，历江西按察副使……"亦未言其倡行条鞭事。

条鞭法者。司马以公及胡生湜娴于赋役官条，上方略。始年，
举南（昌）、新（建）二邑新法；明年举江西七十二邑新法。
民大便安。天子令进其书通行海内，惠元元。事在万司马语
录，及刘中丞案牍中。又明年，议差舡，田差不下水，水差不
上田法。又议坊甲条鞭法，司马尽闻，大中丞尽断而举行之。
里人因是倚奉政公，细事质成亡虚日，亡烦官府悬榻，里有颂
声焉……

则知里甲、差舡、坊甲诸法，皆杨汝瑞及胡湜所条上之方略，厥功
甚伟也。又，《洞阳子续集》卷一《棠阴纪序》记进贤知县汤某之
奉行新法及议定章程云：

　　钟陵父老苦役苛法久矣，敝于役者什九。大吏束手而莫敢
问。邑有司直为是廪廪耳。大中丞江阴刘公矢均役，为之鞭
法，以与民休息，乃下令曰：“大江之右有司能从吾鞭法者，
吾能显扬之！”七十二邑莫有应者。独进贤令汤侯承大中丞而
奉行其意令焉。其法，使氓纳丁亩之缗，输之官，不复知有在
官之役；役领丁田之直，取诸官，不复知有在野之氓。进贤民
无妄供，官无横征。役者相与欢于市，氓者相与歌于野，曰：
“待我汤，汤来其苏！”大中丞甚德汤侯，令汤侯其悉为我定
鞭法章程，以风属邑七十。乃民德汤侯又万于大中丞，庶几焉
长子孙，世世苏我父老也。顾汤侯治行声称藉甚，闻于阙下。
主上方属意循吏，思与民休息，下所司，亟召汤令，以风薄海
邑有司以役法苦父老者，俄授给事中。……

今据《江西通志》卷五九《名宦三·南昌府》，知是时县令为汤聘
尹，传云：

　　汤聘尹，字国衡，长洲人，隆庆戊辰进士，知进贤（知

县），邑粮差先析为二：粮输于官，差则随事分派于民，富者破产，贫者废业。聘尹（至），奉行一条鞭法，百姓戴之……（原注：引《进贤志》）

按当时家居致仕刑部侍郎进贤曾钧亦赞助此事，《洞阳子集》卷一七《祭曾恭肃公文》云：

> 谏垣草疏，积牍盈篇，……悯差役之困，而法赞条鞭……

可以为证（"曾钧传"见《明史》卷二〇三）。《洞阳子再续集》卷五《刘左司空状》云：[①]

> 左司空罗湖启公者，名伯跃，字起之，世居南昌之罗池。……癸亥（嘉靖四十二年）……特旨准致仕。……生平绝城府，屏思虑。尝与余议条鞭法，余借箸而筹之，曰："如此而善，如此而坏。"公曰："唯，唯，第为吾构思，若思即吾思也。"又尝与余议徭税法，余借箸而筹之曰："如此为盈，如此为缩。"公曰："唯，唯，第为吾握算，若算即吾算也。"……殁于万历五年丁丑十月之朔，距生弘治癸亥（十六年），享年七十有五……

此公虽或无所容心，然彼以乡居高宦，而肯唯唯诺诺于新法之间，则亦固得书也。夫条鞭在当时为一种新法，其图始之难，已见于上，至其守成之不易，亦有可得而言者。《洞阳子续集》卷一《洋山凌公序》，记万历元二年间巡抚凌云翼之拳奉旧制，可见一斑：

---

① 《江西通志》卷五四《选举六》：嘉靖八年己丑罗洪先榜进士；刘伯耀，南昌人，工部左侍郎。然人物传无载。按伯耀以坐严（嵩）氏党被论，见《明史》卷三〇八《奸臣传·严嵩》。

……大江之西，父老苦役苛法久矣。江阴刘公始议鞭法：官出纳其直而顾之役，愚夫匹妇，第持一钱，获终岁之安。富室大氓，第输官藏耳，亡破产之危。乃邑有司病官劳而民逸，欲役者而征之，以哗。大中丞凌公索鞭法牍按之曰："江右所因，令百世可知，宜莫若鞭法矣。敢有言损益者，罪无赦！"……乃大因刘公鞭法，农者食人，役者食于人。食人者以直博安，食于人者以力博利。法制凝定，民以宁一。……（第1—3页）

《洞阳子再续集》卷一《赠潘印川司寇序》云：

万历丁丑（五年），大江之西……吏又不能画一条鞭法，数议变更。百姓廪廪，莫必旦夕之命。赈夫赈妇，又竞缘为奸，日以赝金攫人货，吏法令非行也。天子又亟出潘中丞治大江之西。逾年，定条鞭，严保甲，清驿传，通万历制钱法，……百姓为之谣曰："条鞭便天下，保甲甲天下，驿传传天下，钱法法天下。"诚德之也。……天子……亟以右司寇召中丞。……

此赠潘季驯序也。季驯以万历四年三月辛丑巡抚江西，至五年十一月乙亥召为刑部右侍郎（均见《实录》《学庵类稿》）。《明史·食货志·赋役》云：

先是，潘季驯按广东，倡行均平里甲之议，业已发其（指条鞭法）端，然止行于一方，未能遍也。

今按《明史》卷二三三《本传》云：

……嘉靖二十九年进士。授九江推官。擢御史（三十八年），巡按广东，行均平里甲法，广人大便，临代去，疏请饬后至者守其法。

疏入，户部请以其言行通省如法遵守，年终籍记用银数目以闻，报可。《潘司空奏疏》卷一《上广东均平里甲议》云：

> 其法……先计州县之冲僻，以为用之繁。令民各随丁力输银于官。每遇供过客，及一切公费，官为发银，使吏胥老人承买。其里长止在官勾摄，甲首悉放归农。①

盖季驯十余年前所行于广东之均平里甲法固已开条鞭之先河矣。今按季驯《督抚江西奏疏》② 卷三《遵照条编站银疏》云：

> 隆庆四年八月内奉前巡抚江西右副都御史刘（光济）案验，准户部咨为酌议差役事，该本院题内开……水马等役，则又编头户、帖户，以数十户而朋为一役，募役则给由帖，取讨工食，穷乡下邑之民，不能抗市积年之势，户户被扰，鸡犬不宁，其害尤甚。臣愚拟将各项差役，逐一较量，通计一岁用银若干，止照丁粮编派，开载各户由帖，立限征收在官，分项解给。往年编为某役，某为头户，某为帖户，今一切革之，其银一完，则终岁无追呼之忧，而四民各安业等因……

盖遵照刘议将驿站银两编入条鞭也。其他，有赞翊绍述之功者，据《洞阳子集》所载尚有南昌知县林云原、秀水人赠布政司使张某、常熟人南昌知县顾冲吾等。虽其人或无足轻重，然既与鞭法有此一段因缘，则亦不宜令其泯没也。《洞阳子续集》卷一《林云原序》云：

> 万历二年春……于时林侯为南昌四年矣，上其最于大冢宰矣。我父老甚昵，侯曰：……夫条鞭者，大中丞刘公之良法

---

① 《四库全书》文津阁本。
② 万历刻本，北平图书馆善本甲库藏。

也。吏胥恶其不利己，数似变易。史意若蝎；侯守如山。四年官无积逋，民鲜追呼。今去矣，孰有为我布法如侯定者？……

《洞阳子再续集》卷三《寿张封君偕寿序》（按此序作于万历七年）云：

先是，大江之西，鞭法摇而靡定，园钱滞而未流，民皇皇莫必旦夕也。方伯公一切画一之。……（第1页）

同集卷五"送顾冲吾序"云：

……万历初……常熟顾侯入豫章……议园法则贾安于市，定鞭法则军安于伍……万历九年始以冬官员外郎召。……

此云"定鞭法则军安于伍"者，疑先时鞭法紊乱，或至役及军卒也（下引《陈有年传》可证）。考条鞭法在各地施行之情形，史籍尚少有原本之系统记述。且记录星散，排比维艰，独《洞阳子集》于嘉隆、万历初年赣省推行之经过，对于时、地、人三者均有比较详尽之载记，洵为难得可贵。盖万恭以躬预其事之人，故能言之确实详明如此，其价值迥非后出之史料所可比拟也。以上撮录《洞阳子集》竟。下更广征载籍，以明有明一代江西一条鞭法之兴替焉。《江西通志》卷五八《名宦二·统辖二·陈有年传》云：

字登之，余姚人，嘉靖进士，万历间以右金都御史巡抚江西。……戊子（十六年）水灾，特疏请蠲赈，豁南昌鱼课，人德之。南昌卫军余丁差每苦虐，奏请行条鞭法，征银雇募如州县，积困始苏，旋以浮言罢归。后官至吏部尚书，卒，谥恭介。（原注：引豫章书）①

---

① 有年传见《明史》卷二二四，惟未载其请行条鞭事。

按有年以万历十四年三月抚赣，至十六年闰月罢官，据上引其奏请卫军编差行条鞭法当在十六年间，则可知条编法之应用且推及军役矣。考隆庆间或万历初年在赣省各地推行鞭法而未著录于《洞阳子集》中者尚有以下诸人，万历《秀水县志·人物六·贤达》，载秀水人九江知府张应治于嘉隆间议行条鞭云：

> 张应治，字体征，嘉靖壬戌（四十一年）进士。初任行人，擢南京户科给事中。……已复抗章论时相不协与望，竟出为九江守。至则首复军饷，议条鞭，缉盗贼。会江右大祲，流民相携入境，应治以便宜发廪赈之，全活甚众。万历初，举卓异，赐宴赏赉。寻升临清副使。卒。……①

《江西通志》卷六〇《名宦四·瑞州府》载：

> 邓之屏，巴县人，嘉靖进士。隆庆间知瑞州府。……悯高安赋额偏重，详减之。又以民苦徭役，取回九江协济，请行条鞭法。升苏茂兵备……（《安志》）

前书卷六一《名宦五·临江府》：

> 李乐，字彦和，乌程人，隆庆戊辰（二年）进士。知新淦县……淦赋繁，征收猥杂，乃申请条编画一，民便输纳。……擢给事中，有金川纪事。……（《安志》）②

---

　　①　前引《洞阳子集》；《洞阳子再续集》卷三《寿张封君偕寿序》，未知即为张应治否？

　　②　同卷"王圻传"载："嘉靖乙丑（四十四年）进士，为清江令……丈量图册既成，胥史无敢作奸者。……"虽未载圻行条鞭法，然彼固于万历三年令山东曹县时议为一条鞭法者。（《天下郡国利病书》卷三九《山东五·曹县赋役》，及光绪《开州志》卷四《职官》。）

前书卷八二《名臣六·抚州府》：

> 唐本尧，上海人，隆庆进士，任金谿县。……时条鞭法新法，他邑尚观望疑阻，本尧坚守之，分毫不扰，民咸德之。……擢监察御史。（《金谿志》）

前书卷六三《名宦七·饶州府》：

> 谢汝韶，长乐人，隆庆间知安仁县，……行条鞭法，刻锦江政略，民为立碑祀之。（《府志》）

前书卷六四《名宦八·九江府》：

> 俞汝为，华亭人，隆庆进士，任德化县，……改里甲为条鞭，分限纳银，人便之。（《九江府志》）

此其奉行鞭法又稍在本府太守张应治之后矣。《江西通志》卷六五《名宦九·南安府》：

> 余世康，字汝为，婺源人，隆庆初，知南康县，条鞭法初行，人情观望，世康独尽力蠲革一切弊征，为岭北诸邑倡。（《府志》）

以上所列，皆为初行条鞭法时之功臣，至后来有举废兴堕之功者，则有以下王、陆、章、汪、管五人，《江西通志》卷六〇《名宦四·袁州府》：

> 王隆德，乌程人，万历进士，任袁州推官，有才识。时抚按行部以条鞭之外，复有值柜收银，南粮民解，为里甲困扰；

及衙门供应取办地方，民苦之。檄隆德与建昌推官陆键条议，量加四差。一切钱粮俱官解金点，吏书值柜经收；及各公署损坏，什物置办，俱官给修补；供应夫马，悉给驿传，不许假借私派里甲，请著为令，一时称便。（《袁州府志》）

《江西通志》卷六二《名宦六·建昌府》：

> 章宗礼，新会人，由举人万历十九年任新城知县。时行四差法，而复有八差之议，宗礼悉罢之。丈田躬历阡陌，人无敢奸者。（《新城志》）

盖条鞭法行之甫十余年，而各地时有额外之征派矣。《江西通志》卷六一"名宦二·吉安府"：

> 汪可受，号静峰，黄州人，由进士，万历间知吉安府。……征输便民，造条鞭法，树碑郡门云："官坏此法者官不职；民梗此法者民弗良；书吏舞此法者遣！"定为例，至今遵行之。（《安志》）①

然条鞭法虽经可受之重造，其后仍趋紊乱，故《江西通志》卷六一"吉安府"又载：

> 管正传，号德园，苏州人，崇祯辛未（四年，1637）进士……令永新……设汇封，定官造。归条鞭，毁淫祠，至今犹守之云。（《安志》）

---

① 《天下郡国利病书》卷八〇《江西二·吉安府》云："隆庆中始易为条编，分均徭、里甲、民兵、驿传，名曰四差，计四差之银，通融各为一则。……"可知汪可受之造条鞭法，定为重定，而非创造也。

综括本节所述，作江西一条鞭法表解如下，以著明其时、地、人、事四者之梗概，庶览者粲若列眉云尔：

附表

嘉靖三十五年　巡按蔡克廉

嘉靖四十年　提学副使王宗沐（以上二人均倡议条
　　　　　　　鞭法，然未获施行。）

嘉靖四十四至四十五年

　　巡抚周如斗（上条鞭之议，卒官，仍未见
　　实施。）

　　巡抚刘光济（始奏准。）

　　抚州同知包大燨（总计二十四议，首试役法于
　　南昌。）

　　南昌府推官张守约（议里甲、坊甲两法。）

　　吉安府推官郑恭（核二十四议。）

　　广信府推官孙济远（核二十四议。）

　　新建知县王以修（首先奉行鞭法。）

　　庐陵知县俞一贯（核二十四议。）

　　临川知县蒋梦龙（条陈均役之法。）

　　南昌生员胡湜（上里甲二十四议，坊甲十二议。）

　　灌城人杨汝瑞（议南新二县里甲鞭法，又议差
　　肛及坊甲法。）

南昌家居兵部侍郎万恭

南昌家居工部侍郎刘伯耀

进贤家居刑部侍郎曾钧

进贤知县汤聘尹（奉行条鞭，议定章程。）

南昌知府丁应璧

巡按监察御史顾廷对（？）

　　以上诸人皆为襄助刘光济创立条鞭之人，或议事有功，或推行得力者。

　　　　　　九江知府张应治（议条鞭。）
　　　　　　德化知县俞汝为（改里甲为条鞭。）
　　　　　　瑞州知府邓之屏（请行条鞭法。）
　　　　　　新淦知县李乐（申请条鞭画一。）
　　　　　　金谿知县唐本尧（条鞭新行坚奉之。）
　　　　　　安仁知县谢汝韶（行条鞭法。）
　　　　　　南康知县佘世康（行条鞭法，为岭北诸县倡。）

　　以上诸人皆于隆庆间推行条鞭，然与刘氏之关系不详。

　　　　隆庆五年至万历元年　　巡抚徐栻
　　　　万历元年至二年　　　　巡抚凌云翼
　　　　万历二年至四年　　　　巡抚杨成
　　　　隆庆五年至万历二年　　南昌知县林云原

　　以上四人皆坚守条鞭法使不变更。

　　　　万历四至五年万历七年前　巡抚潘季驯（将站银归入条鞭。）
　　　　万历九年前　　　　　　秀水人张某（画一条鞭法。）
　　　　万历十六年　　　　　　南昌知县顾冲吾（定军伍鞭
　　　　　　　　　　　　　　　　役法。）
　　　　万历十九年　　　　　　巡抚陈有年（奏请卫军编差行
　　　　　　　　　　　　　　　　条鞭法。）
　　　　万历八年以后　　　　　新城知县章宗礼（罢八差之议，
　　　　　　　　　　　　　　　　仍行四差。）
　　　　万历　　　　　　　　　袁州推官王德隆、建州推官陆

	键（奉抚按檄，条议量加四差，以免条鞭额外之征。）
	吉安知府汪可受（重整条鞭法。）
崇祯四年后	永新知县管正传（归条鞭。）

民国三十年十二月写定于四川李庄之石崖寄庐

（原载《地方建设》第2卷第12期，1941年12月）

释一条鞭法

一 明代一条鞭前赋役制度鸟瞰

明代中期以前的田赋制度多沿袭唐宋以来的两税法。两税即为"夏税"和"秋税"的简称。秋税这个名词，在宋代偶亦称作"秋苗"，元代偶亦称作"秋租"，到了明代便普通用"秋粮"两字。明代夏税以小麦为主，秋粮以米为主，有时均得以丝、绢、绵、钱、钞等物折纳。米麦名曰本色，折纳的物品则名折色。两税征收的期限，依据各地收获的早晚各有规定，逾限者处罚。课税的方法，根据土地的面积，并参酌它们的种类、用途，及沃度以定税率的高低。土地的分类，除了田、地、山、塘等自然区分以外，最普通的分类法是以所有权的所在而分为官、民两大类。官民田地以内又有各种不同的名目，如官田有所谓还官田、没官田、断入官田……之分；民田有新开、沙塞、寺观田……之分。各有它们特定的意义和历史的来源，故租税负担亦各不同。一般地说来，官田的税率比民田的税率为高，因为前者实际上具有租的成分在内。税率的多寡，各县不同。多者有时至千则以上，少者一二则不等，普通以三等九则起科。税粮部分为两部分：其一，存留，即留供本地开支的部分；其二，起运，即解送中央政府或他地的部分。各项税粮大都有其指定的输送仓库及其指定的用途。凡距离起解所在地愈远，或运输上愈困难的仓库，名叫重仓口，距离愈近或运输愈便的仓库名叫轻仓口。用途较急的为急项税粮，较缓的为缓项税粮。因款项的缓急以定起解的先后，急项尽先起解，缓项依次起运。两税本身名曰正项；此外尚有近于户税性质的农桑丝，及杂项钱粮，如鱼课、茶课等在后来因为税种原因亦随同田赋一齐缴纳，故亦列为两税的一部分，使得两税名目异常庞杂，往往一州县以内不下一二十种。兼以各项税粮彼此间的折纳，因征收人员的不法，弊病滋多。

关于役法，从性质上观察，可分为两大类：一类是对丁所课的，一类是对户所课的。凡民初生，即登记其姓名于"黄册"。女曰口，成年的曰大口，未成年的曰小口。男曰丁，十六岁以下曰不成丁，十六岁曰成丁，成丁始有役，至六十岁便免，当时户籍大至分为军、民、匠三种。对于民户民丁所课的徭役，主要有以下三种：一、里甲，二、均徭，三、杂役。里甲，成立最早，是一种清查户口的编制，半官式的人民自治组织，也就是州县行致上与人民供应赋役的地域单位。它是各种徭役的躯干，其他诸役都是直接间接地根据它而定的。其制以地域相邻接的一百一十户为一里，一里之中推丁多田多家产殷富的十户为里长。其余一百户分为十甲，每甲十户，十户中有首领一人，名曰甲首。每年由里长一名，甲首一名，率领本甲十户应役。这样，十年以内每里长，每甲首，与每甲人户皆依次轮流应役一年。应役之年名曰现年，余曰排年。十年届满，仍依原定编排，每年以一里应役。如里长户内人丁财产消乏，许于一百户内选丁粮最多者接充。里内有事故逃亡户绝者，许设法补足。里长的职务，初时只限于传办公事及催征粮差；其后有司征敛日繁，凡祭祀、宴飨、营造、馈送等一切费用，皆令里甲人户供应，故里长甲首亦往往赔累不堪。"均徭"发生稍晚，是服务于官有经常性的各项差役，如库子、斗级、皂隶、巡栏、狱卒等的通称。被编派（当时名曰佥派，佥字亦写作签）的对象是以丁为单位，与里甲以户为单位不同。均徭分为两大项：一项是力差，一项是银差。由被佥人户自理者叫做力差，初时只限于亲身充当，其后得由本人自行雇人替代，仍名力差，纳银于官，由官府募人应役的

叫做银差；它的产生在力差之后，银力两差内名目极多，负担轻重
不一。均徭应役的次序多与里甲同时排定，即十年编审一次；其服
役期间在里甲役歇后的第五年，如浙江福建等地皆如此。然五年一
编者亦甚普遍。间亦有每二年或三年一编的，均徭以外，一切在官
府或在民间非经常性的公众服务，总称曰"杂役"或"杂泛"。这
些多半属于临时的性质，因事随时编派的。此外，有两种特殊的
役，各州县多有之。一为驿传，一为民壮。驿传的职务，在备办人
夫马骡船只以传达官厅文书，及措办廪给口粮以款待及迎送带有关
符的大小过境官员。民壮亦名民兵，自民间抽取，所以补助卫所军
卒之不足。初时设立之意，本用以征守，及后遂在官供迎送、拘
拿、转递公文等事。以上里甲为正役、均徭、驿传、民壮皆为杂役
（此义与上述"杂役"微有区别）。里甲、均徭、驿传、民壮四者
合称四差。以上诸役，其负担之轻重依据各户丁粮多寡而不同，丁
粮多者编派越重，反之编派越轻。由此我们可以知道赋与役的关系
的密切了。但赋与役的征收缴纳期限是不同的，即就赋内各项或役
内各项而论，其征收缴纳的期限亦往往不一致。至于主持征收及解
运的，亦常非同一的人员，而由各种名义的人员分别负责。所以这
种赋役制度确是异常复杂，很难防止豪强里胥的勾结舞弊。除去制
度本身内在的困难以外，兼以社会经济日趋变迁，如土地的兼并，
人口的异动，商业经济的发展，以至银两货币势力的抬头种种原
因，于是产生了一条鞭法的改革。

二　一条鞭的内涵

一条鞭的内容，这里一时说不完。作者在本刊四卷一期中已有
详细的阐述。简言之，一条鞭法是一种历史与地域的发展，各时各
地的办法都不一定完全一样。但它最主要的办法有四点，是各种一
条鞭法大致上共同施行的：一是赋役合并，二是里甲十年一轮改为
每年编派一次，三是赋役征收解运事宜由人民自理改为官府办理，

四是赋役各项普遍的用银折纳。关于第二三四数点，办法甚为明显，此处不拟再加解说。

赋役的合并有种种方面：或为种种与名目的统一，或为税则的简单化，或为征解期限的划一，或为征解人员或机关的裁并。而尤其值得注意的，应为编派方法之统一一事，这可从课税的客体或其根据原则的合并以说明之。如赋的对象是田地，役的对象是户或丁，今将役的负担的一部分或全体课之于田地，这就是课税客体的合并。又如里甲一役原本以户为应役的单位，均徭则以丁为单位；均徭中的力差原不许雇别人代替的，银差则纳银于官府代募；力差供应本地，负担较重，多课于富室；银差供应外地，负担较轻，多课于贫民；今将这些区别取消了，故里甲得以归并于均徭，力差合并于银差之中，换言之，各项赋役昔日所根据的不同的编派原则至今都消灭了，改用同一的原则去处理之。

再细一点的分析，赋役的合并又有三种不同的方式：第一，役内各项的合并；第二，赋内各项的合并；第三，役与赋的合并。以上各种合并，都可分为部分的或完全的，上述第一二两种的情形，仅为赋役本身内各自的合并，其最终结果不过为税率的提高，尚无本质上的变化。惟第三种因赋役对象不同，性质迥异，其可依比例将役的负担分配于丁田两项，以达到合并的目的，各地便不能不因时因地以制宜了。自比例上言之，有以下四种不同的形态：其一，以丁为主，以田为辅；其二，以田为主，以丁为辅；其三，丁田平均分担徭役；其四，徭役完全由田地担承。所谓主辅，又有三种不同的看法：其一，就税额的分配而言，如某一县的役银共计一千两，丁出六千，田出四千，便是以丁为主，以田为辅。其二，就税率上比较而言，如每人一丁出役银四钱，每田一亩出役银六钱，便是以田为主，以丁为辅。其三，就每一单位役银内丁田各占的比例而言，如每役银一两，丁出六钱，田出四钱，便是丁主田辅。又从以田赋承办徭役的方法观察，有以下三种方式：其一，随面积摊派，如每田一亩派役银若干；其二，随粮额摊派，如每税粮一石派银若干；其三，随赋银摊派，如每粮银一两派役银若干。以上为赋役一条鞭法最简要的说明。

赋役以外，又有所谓"土贡"，即古人"任土作贡"之意，然事实上有时虽非本地土产亦责令上贡朝廷。初时各处办法多以土贡派归里甲供应。一条鞭法行后，土贡亦编条鞭银中，如湖广宝庆府的土贡原有白销（硝）麂皮，及其解运京师的盘缠名"京扛银"等项，初时本为随粮另征，由里甲买办。自行一条鞭后，办法屡有变动，最后亦随粮带征，不再单独另立项目。①

有些地方甚至将与赋役毫无关系的杂税亦编入条鞭项内。如广东韶州府杂税项下有门摊、商税、酒醋茶引、油榨场、坑窑治、没官屋赁、河渡、牛租、牙行、税契诸课钞。一府六县共征钞 12924 贯 900 文（每贯千文）。嘉靖十八年始折征银两。万历十年行条鞭法后，即以额银合正赋编之。其结果"银存而名亡，至有不识其名目者"②。他如广州、南雄、惠州、潮州诸府亦有同样的情形。

至于盐法方面，与一条鞭的关系尤为密切，明初民户食盐皆从官领，计口纳钞。至正统间，始有商贩。官府不复颁盐，但征钞如故。后条鞭法行，户口食盐钞遂编入正赋内。构成条鞭之一部③天启间蓟辽总督王象乾题整理盐法，亦建议仿用征粮条鞭之例行之。④

万历中年以后，矿税盛行，时竟亦派入条鞭内征收。万历二十七年（1599）都御史温纯疏内有"矿税官役方且交错满道，有掘之地不得，则以一条鞭法索之民，而不能堪者"⑤ 等语。同年四月郧城巡抚马鸣銮亦言：

① 清道光邓显鹤：《宝庆府志》卷三一，户书二，第 3、17 页。
② 万历郭棐：《广东通志》卷二八，郡县志一五，韶州府。
③ 《明史》卷八〇，食货四，盐法。万历马文炜：《安丘县志》卷下，总纪下；卷八，赋役考第七，清道光梁卓成《恩平县志》卷七，田赋上。
④ 《熹宗实录》卷一三，天启元年八月戊戌条。
⑤ 《温恭毅公文集》卷五，远臣被逮遭难可矜恳乞宽宥以光圣德并乞亟停矿税以保治安疏。

……大中州包矿之累，抚臣业陈之矣，臣可略而勿言，若商，洛，汉，沔一带，自开采至今不闻某洞出砂煎销金若干，但闻某州县坐派条鞭金银若干，勒限追解，急于星火耳。陛下前有旨不忍加派小民，而今之条鞭乃更烈于加赋……①

质言之，所谓条鞭金银不过是一种摊派罢了。

军政方面亦有条鞭之名，如万历二十年四月丙申河南巡抚吴自新奏陈州卫军以新行条鞭，工食未给，纠众鼓噪索饷。兵科王德安因言："条鞭利贫不利富，利军不利官，故武弁百计阻挠之。创制在法，行法在人。闻陈州指挥青若水善抚士，能定变，宜委任以责成功；又别选才干县正履亩清查，使条鞭必行，则帝泽流而军心萃矣。"② 上言军伍工食条鞭之法，当为征银雇募军丁应差，盖亦仿州县赋役条鞭之法而行之者。至文中所云"履亩清查"，则工食银当亦出自田地，惜不知其为屯田抑民田？

由上可知条鞭一名称，虽经常应用在赋役上，然其一般范围包括甚广。赋役正项以外，如土贡，杂项课税、盐法、矿冶、军饷，各方面均亦有所谓一条鞭法，且往往与赋役正项条鞭发生密切的关系，兹仅就赋役条鞭加以检讨。

三　一条鞭的写法及名称

从字面的意义解释，一条鞭就是将赋役各项正杂条款（有时赋役以外的课税杂项亦包括在内）合并地编为一条（有时或一条以上），使其化繁为简，以便征收。"鞭"字在初时原写作"编"

---

① 万历吴亮编《万历疏钞》卷二九，矿税类，马鸣銮矿税繁兴人心惶骇恳乞圣断亟停以保治安疏。

② 《神宗实录》卷二四七。万恭《洞阳子集续集》卷五，送顾冲吾序云："万历初……常熟顾侯入豫章……定鞭法则军安于伍……"雍正《江西通志》卷八五，名宦二，统辖二，陈有年传云："巡抚江西……（万历十六年后），南昌卫军余丁差每苦虐，奏请行条鞭法，征银雇募如州县，积困始苏。"

字，后一字方是正字，前一字不过是俗体。赋役内各项名目，在当时称为条款，如嘉靖初霍韬云："贪污官吏通令里胥多开条款，条款愈多，奸利愈甚"；① 亦称"条数"，或"条格"，如万历《镇江府志》云："条数多，则易于掩人耳目，可以作弊"；② 万历《惠安县志》所谓："条格繁重，税牒纷然，吏胥又因缘为奸"。③ 一条鞭法便是将这些不同的条款或条数或条格归并起求，用同一或相近的标准编派。如万历《会稽县志》所载隆庆二年知县梁子琦"将概县各项钱粮名色，会计总作一条，查照阖县田地人丁编派"。④《天下郡国利病书》卷九九，广东三，赋役志云：

> 条编。除鱼课鱼料外，京库军饷，库及各州县及各儒学及格州（疑"高州"之误），廉州电白仓，及各州县库额派，续派，铺垫，及军器料，总兵廪粮，椽吏衣资，皆出于官民米（原注：惟阳春县廪粮衣资出于均平）；徭差，民壮，均平，驿传、盐钞，皆出于丁粮。每岁通计银若干，米该银若干，丁该银若干，类而征之，不多立名，乃其易晓，谓之一条编。

实际上，会稽县所行之法是将夏税、秋粮、盐米等项攒为一总，按亩征银，又将均徭、里甲额坐杂三办、均平等亦攒为一总，按丁及田科银。广东的办法，是京库等项按官米民米征银；徭差等项则按丁粮征银。故皆为"两条鞭"，尚未完全达到一条编派的地步。在初期的一条鞭法之下，各处将丁银的一部归田粮负担，有丁无粮的户仍需缴纳丁银。其后偶然在少数地方，将丁银全部摊入田粮内，如万历二十八年（1600）广东南雄府属各县，"徭役惟保昌

---

① 《渭厓文集》卷九，吏部公行，应诏陈言以裨圣政以回天变疏。
② 王应麟重修《镇江府志》卷七。
③ 王士绅《惠安县续志》一，条鞭。
④ 张元忭《会稽县志》卷七，户数三，徭役下，一条鞭考。

编丁：始兴则随粮均派，不必编丁"①。万历年间湖南长沙府攸县等地，每粮五石兼派一丁之银，于是无田者不必出丁②。如果一条鞭法是指全部丁银摊入田粮带征而言，则上述二例可为典型的例证。

一条编派以外，在征收及解运上的合并划一，亦名曰一条鞭。例如原来赋役各项是分别征收及分别解运的，今则合为一起征收，亦合为一起解运，这固然是一条鞭法。但只合一征收而不合一解运，亦得称一条鞭，此即所谓"总收条解"的办法。③ 甚至只将收解的期限整齐划一起来，亦可以称作一条鞭，即所谓"条征条解"的办法。④ 无论从编派，或征收，或起解，或用银缴纳，各个不同的角度去观察，一条鞭只是一种化繁为简的办法，但它不一定化而为"一"，并作整条编派收解，均得称一条鞭。所以当时往往将这"一"字省去，简称条鞭，或条编（或条边）其实这样才是较切实际的称呼。当时政府的交移册籍，又常将"鞭"字省去，称作"一条法"。⑤。这个"鞭"字在时人眼里看来不甚典雅，故有重付审定的建议，《帝乡纪略》云：

> 隆庆六年漕抚都御史临海王公宗沐照依江南役法，除夏秋税粮并京库等税为田地常赋，其余赋役杂项不等，合田地户口，或主于粮而以人丁协助；或主于丁而以田亩协助，通融均派编银。凡里甲，均徭，驿传，民壮，四差银以此支解，另主科条，五年一审。称之一条鞭。下其法于州县遵行将及十年。

---

① 万历郭棐：《广东通志》卷三二，郡县志一九。
② 崇祯李腾芳《文庄公全集》卷五，征丁议，参洪懋德丁粮或问。
③ 万历唐鹤征：《常州府志》卷六，钱谷，《神宗实录》万历四年八月辛未户科都给事中光懋条议："近年创立一条鞭法，一概混征，及至起解，随意先后……"按此即总收条解的办法，与一串铃总收分解的办法正同。
④ 万历詹莱：《常山县志》（顺治十七年王有功重刻本）卷八，赋役表。
⑤ 崇祯徐守纲：《乌程县志》卷二，艺文，温体仁邑侯王公优恤税解美政碑记云："一条者，言他徭役悉省也"。

今按奏议等文字皆谓之一条鞭法，而交移册籍乃皆谓之一条法，鞭字甚为不典似当更订（原作"钉"，误）为宜①。

鞭字亦有写作"边"字的，当亦为俗写。② 这些写法即在同一书中也有互相通假的，如隆庆湖广布政司《永州府志》内的写法，虽用"边"字，然亦偶然写作"编"字。至如"鞭""编"二字在同一卷书中互见的例子更多，不必枚举。③

一条鞭的简名除上述"条鞭""一条法"两种称呼以外，尚有人把"一条"二字省去，缩成为"鞭法"，其例常见。④ 又有称"条法"者，但仅见于后来的记载。⑤

然亦有较详明的称呼，如"条鞭均役法"⑥ "均地条鞭法"⑦ "条鞭公役米"⑧，等等。

有时书中所记，明是一条鞭的办法，但未说出它的名称。这种情形很多，不必细为讨论。另一种情形则为这些办法虽然都有了它们的专名，但不叫做一条鞭。在这种情形之下，可分为两项去说

---

① 明刻《帝乡纪略》卷五，政治志，条鞭，《天下郡国利病书》卷三四，江南二二，泗州志条鞭亦载此文，然伪夺之处甚多。

② 嘉靖严崇教：《湘潭县志》卷上，食货，隆庆史朝富：《永州府志》卷九，食货志；隆庆《山东经会录》（日本仁恭山庄藏）卷五；万历刻《归州志》；万历王政熙：《保定府志》卷九，户役志；明刘仕义：《新知录杂抄》（记录汇编卷二一六）。又见明末徐树丕《识小录》卷三，小学不讲条，谓"编"字俗常作"偏"，然此例今尚未见之。

③ 条字有写作"傑"字的见万历张疏翰《华阴县志》卷四，食货志，但例仅一见，且同书他处亦写作"条"字，傑字疑误。

④ 万恭《洞阳子集》卷七，再寿刘中丞序；续集，洋山凌山序；棠纪序。张贞观敷陈里甲条鞭审疏。万历黄士绅《惠安县志》，田赋。

⑤ 雍正陶成：《江西通志》卷六，名宦七，饶州府引康熙二十二年安世鼎修《通志》："郑继之，襄阳人，进士，嘉靖时知余干……时条法新行，立则编派，轻重适均。……"

⑥ 乾隆刊雍正李卫修《浙江通志》卷一五〇，名宦五，引万历《嘉兴府志》，"顾廷对，字子俞，嘉靖己未进士，知平湖。……创条鞭均役法……"光绪叶廉鳄：《平湖县志》卷一二，宦绩，文物，顾廷对传作《条鞭均徭法》。

⑦ 雍正沈青崖：《陕西通志》卷五三，名宦四，李用中传，"万历中知洋县，……力行均地条鞭法"。

⑧ 道光潘眉：《高州府志》卷十，宦绩，吴鼎泰传，"崇祯戊辰进士……初令江阴，定条鞭公役米"。

明：其一，与条鞭法稍异称谓；其二，与条鞭完全不同的谓称。

所谓与条鞭法稍异的称谓，如"类编法""明编法""总编法"。以上三个名称末尾皆有一个"编"字与条编法同，所不同者只前一字罢了。万历李廷龙《南阳府志》卷五，田赋，论曰：

> 近日均徭告困，更以一条鞭征焉。……建议者……谓不均在分年甲，乃类计而年征之。……

同书卷首凡例云：

> 一，田赋差役，故法善矣，日久寝不如昔，……今以汝宁秦参军，南阳姚太守，议行"类编法"。数年来公社颇便，然视令甲殊矣。……①

可见类编即为条编。又如嘉靖隆庆间山东汶上县知县赵可怀所立"明编法"：

> 始以丁权地，立明编法，民得据历以出役银，……计岁会之需，赋入地亩，征其直于官，而代之以吏。……②

所述内容可说与条鞭法完全相同，故知，明编即为条编的别名。嘉靖十六年常州府知府应櫺议将徭役旧日系里甲出办者，今并入均徭内编派，通计一县丁田额数，各征徭里银两若干，每年一征。万历《常州府志》名此法为"通编里甲均徭法"；万历《武进县志》虽

---

① 《南阳府志》卷六，职官表上，南阳府知府姚体芳，平湖人，进士，隆庆中任。万历《会稽县志》卷七，户书三，徭役下一条鞭考，其一云："窃议前项钱粮，若照旧规派征，则轻重不一，安能类总计亩科银，又似非条鞭之意。"读此可知类编、总编命名的由来。

② 万历王命新：《汶上县志》卷五，宦绩志，按"历"即赤历，令百姓自记所纳之数，以呈之布政司年终磨封。

未给他以专名，但在纪事之末附注云："此总编之始"。① 殆应榰初行此法时，尚未有专称，后修府县志时始加以上名，所谓通编，总编，当即条编之别名。

总编法之外，又有所谓"总赋法"，此法亦行于苏常两浙一带，亦为条编之别名，然用字已无一相同处，故应归入第二项内。明末常熟邹泉辑《古今经世格要》卷五，地官部第二，口役格，里甲赋役之弊云：

> 往时天下赋役，率用国家初法，画里甲十年而一事，民得番休，又随民数之盈缩以赋于民，民咸便之，行之既久，而弊滋焉，民患苦之。于是有司或为总赋之法，或为条编之法。总赋者，岁通计其所入而总赋之，户颁之以所赋之数，而人人知所宜入，当数而止，约法画一，吏牍大损，豪猾不得规定轻重，而公家催征易起，人称便矣。其言不便者，诸供亿悉在官，官率取之市人，或给之直不当；又百姓已罢归，官有私役之者，此见于两浙之策对者然也。条编者，计口受庸，缘亩定直，悉籍其一岁之费，而输之于官，官为召募民无扰焉，人亦称便矣。其言不便者，谓初议法，隶省之郡轻重苦乐既已不均，而又或取成额而日裁之，故费尽繁而用愈不给，则有那借，有预征，那借而官困矣，预征而民困矣。且差银之入日削，而募役枵腹于公庭，有司坐困而莫可谁何矣，此见于江右之时对然也。……②

根据上文，似乎总赋法与条鞭法不同，然考之实际则两法完全吻合，第一，皆改十年一编为每年一编；第二，皆输银于官府，由官

---

① 万历三十三年唐鹤征《武进县志》卷五，里徭，万历四十年前人纂《常州府志》卷六，钱谷。

② 此文亦见明末林时对《荷牐丛谈》卷一，本朝格令，然颇多窜改删节，上文"缘亩定直"，《荷牐丛谈》作"缘役定值"，其说亦通。

府募役。然总赋为两浙所行之法，条编则为江西所行之法。且总赋之弊，弊在给价不足与官府私役；条鞭之弊弊在各府县负担不均及经费定额不足。此为两法相异之点。邹泉之论，不过节录时人论浙赣两地条鞭法之利弊得失而成，① 其以浙法为总赋，赣法始为条鞭，盖当时浙地有称条鞭为总赋者。

在前面说过，赋役各项总分为两大类编派，叫做"两条鞭"。此外又有"小条鞭"，即指额外的科派与私征。② 这与所谓"条鞭之外更有条鞭"，③ 或"条外有条，鞭外有鞭"④ 的意义正同。

四　征一法、一串铃法及其他

一条鞭法见于正史的记载，最早的在嘉靖十年（1531）《世宗实录》。是年三月己酉御史傅汉臣言：

> 顷行一条编法，十甲丁粮总于一里，各里丁粮总于一州一县，各州县总于府，各府总于布政司，布政司通将一省丁粮均派一省徭役。内量除优免之数，每粮一石审银若干，每丁审银若干，斟酌繁简，通融科派，造定册籍，行令各府州县永为遵守，则徭役公平而无不均之叹矣。广平府知府高汝行等以为遵照三等九则旧规，照亩摊银，而不论其地之肥硗；论丁起科，而不论其产之有无，则偏累之弊诚不能免。宜更查勘，取殷厚之产，补沙薄之地，然后周悉。"奏入，俱下所司⑤。

---

① 参见《天下郡国利病书》卷八七，浙江五，义乌县田赋书，万历王宗沐《江西省大志》赋书。
② 《熹宗实录》卷一，泰昌元年（1620）九月庚辰，光宗即帝位，大赦天下诏曰："……有于条鞭之外，立小条鞭；大耗之外复加秤头。……"《天下郡国利病书》卷三九，山东五，曹县赋役"条鞭之外更有私贴，是一小条鞭也"。
③ 艾南英：《天佣子集》卷六。
④ 万元吉：《墨山草堂初集》卷一，收支疏。
⑤ 《世宗实录》卷一二三。

这是官书关于条鞭法最早的记载。是鞭法施行不久即受北方官吏的反对。直到后来一鞭法已盛行时，论者尚有谓此法宜于南，不宜于北。这因为南北社会经济情形各有不同，此处不暇深论。按条鞭法至隆庆中年以后已开始盛行于赣、浙、南畿一带。鞭法以前，南方的赋役改革颇多，其中著名的如纲银法、征一法、十段锦法。其与条鞭约在同时设置的，有一串铃法，独在北方。以上诸法皆为与条鞭一脉相承的办法，它们的内容皆大同小异。清傅维麟《明书》云："征一法、一条鞭、十段锦、纲银诸法（原作'于'误）在所异名而同实"①。今请分别论之：

纲银法始于正德十五年（1520），是御史沈灼建议的。嘉靖十六年（1537）御史李元阳②复有所厘定。此法盛行于福建。初时全县里甲费用，分为正杂二"纲"，以丁四粮六，后则间用他种的比例分派。总征银两在官。纲字的意义，一说"提纲之谓"③：一说"法易知不繁，犹网有纲，一举而尽也"④。丁粮分派银两，总输之于官府，以均徭役，在这些点上纲银法与条鞭法是一样的。但纲银法内，丁粮所出各依一定的比例；条鞭法却不一定如此。

征一法，一名均摊法，亦名牵摊法，或牵耗法。嘉靖十六年应天巡抚欧阳铎行之于南畿十府。先是苏、松诸府官民田的生产量虽不甚相悬，但税率则轻重不一，下者亩仅赋五升，上者赋至二十倍。嘉靖十五年礼部尚书顾鼎臣奏行清理。铎乃谋于苏州府知府王仪，令赋重者，暗减耗米，及改派轻赍（即折色）；赋轻者则暗增耗米，及派征本色。皆计亩均输，各为一则。推收之法，田从圩不

---

① 《明书》卷六八《赋役志》，朱健：《古今治平略》卷一《国朝田赋》，所载同，但少"十段锦"三字。

② 《天下郡国利病书》卷九五《福建五·赋役》，误作"季 光阳"。

③ 何乔远：《闽书》卷三九《版籍志·赋役》。

④ 《古今治平略》卷一《国朝田赋》。《明史·食货志》亦从此说。按沈氏所行之法，亦名八分法；李氏改定之法，亦名六分法。参见蒋孔炀嘉靖《德化县志》卷三《赋税》；黄元美：万历《将乐县志》卷六《田赋志》，阴维标：《宁化县志》卷二《田粮》；朱梅：万历《福宁州志》卷七，万历《甯德县志》卷二《食货志·田土》。

从广，使诡寄无所容①。后人追述此事，以其与一条鞭相同，故往往即称之为一条鞭法，如鼎臣曾孙咸建《文康府君文草跋》云：

> 至吴中田赋利弊，与中丞石岗欧公、刺史肃庵王公，往复订定条鞭均徭，请旨允行（原注：详《国朝经济录》）。②

清《乾隆江南通志》亦载：

> 嘉靖间知府王仪靖（疑为"请"讹）立法编签粮解，照田多寡为轻重，凡大小差役总计其均徭数目，一条鞭征充雇办，役累悉除。③

此为事后追溯牵附之词，当时似并未名为一条鞭，不可不辨 。

十段锦法亦发源与盛行于南方。初起时在正德年间，至嘉靖时推行渐广，然不久即为一条鞭所代。两者交替的史迹，记载上颇不易分清。例如浙江温州府有所谓"十段条鞭"，实即一条鞭的别名，与十段锦相去较远。十段锦法将全县各里甲人户名下的丁田数目加以清查，然后均分为十段，每年以一段应役。它的详细内容及其与条鞭法的异同，作者另有专篇讨论，此不赘。

一串铃法于嘉靖末隆庆初年行于山东及北直隶。初时似专指它的收解的方法而言，如隆庆元年（1567）四月戊申户部尚书葛守礼等奏北直隶、山东等处土旷民贫，流移日众，盖以有司变乱赋役

---

① 《明史》卷二〇三《欧阳铎、王仪传》。李登：万历《上元县志》卷一二《艺文志·大名守姚汝循丁粮议》。张应武：万历《嘉定县志》卷五《田赋》。《天下郡国利病书》郑一四《江南二·上元县·田赋》，前书卷二〇《江南八·嘉定县田赋》；前书卷二四《江南十二·江阴县志》，起科则例，光绪《华亭县志》卷七《田赋下》。

② 顾鼎臣：《文康公文草》卷末，《明史》卷九三，本传。

③ 黄之隽：乾隆《江南通志》卷七六《食货志·徭役》。石韫玉：道光《苏州府志》卷一〇《田赋三·徭役》。"嘉靖十七年知府王仪立法"，以下文字悉同。参乾隆《娄县志》卷七《民赋》。

常法，起科太重，征派不均，疏云：

> 　　国初征纳钱粮，户部开定仓库名目，及石数价值，行各省
> 分派，小民照仓上纳，完欠之数，了然可稽，其法甚便。近年
> 定为一条鞭法，不论仓口，不开石数，止开每亩该银若干，吏
> 书因缘为奸，增减洒派，弊端百出，此派法之变也①。至于收
> 解，乃又变为一串铃法。夥收分解。大户虽定有各仓口之名，
> 而但择其能事者数人兼总收受。某仓催急则合并以应，令原坐
> 大户领而解之，以次皆然。不见催者，遂听其拖欠。在大户则
> 收者不解，解者不收。秤头之积余，收者得之；及其交纳之添
> 坠，解者倍焉，岂得为平乎？况钱粮无缓急皆当报完，未可于
> 方收之时，已拼留几仓作欠也。且相宗立法制律，明开那移借
> 贷还充官用者准盗论，附余钱粮私下补数者以盗论。盖为钱粮
> 必必各项明白，始得不紊。若混而乱之，则其弊可胜言
> 哉？……②

隆庆四年八月丙午山东巡抚梁梦龙《条上赋役三事》，其一为正夏
税秋粮之规，言顷行一条法鞭，同时并征，民必不堪，奸弊滋起，
宜如旧例，以次第征解。又一为正分收分解之规，言：

> 　　往者编佥大户，分定仓口。近今为一串铃法，总收分解，
> 转滋侵匿，常课益亏。宜复旧例，给大户收完，交纳司府，司
> 府差官类解。③

按一条鞭多亦行总收之法，故反对者，两法同时并举以为言，由此
亦可见两法关系的密切了。一串铃的名称初时似从它的收解的手续

---

① 以上为节录，用《穆宗实录》卷六。
② 以上用原文；见《葛端肃公文集》卷三《宽农民以重根本疏》。
③ 《穆宗实录》卷四八。

而得来，及后又有以一串铃编派的。如山东曹县自万历四年知县王圻议立一条鞭后，行了三十年。因里甲流弊复炽，故于万历三十五年由知县孟孔习改为一串铃法，每年佥役两甲，一正一副①。其详此不具述。

由上可知纲银法、征一法、十段锦、一串铃等法，它们在基本原则和主要内容上皆与一条鞭相同，然所包括的范围大都比条鞭稍狭，——谓为"具体而微"，颇为恰当。但诸法在施行上亦颇有与条鞭法相异之处，且各名均有其独立的存在，个别的历史，故不宜与条鞭混而为一。《万历兖州府志·户役志》云：

> 条鞭者，一切之名，而非一定之名也。为粮不分厫口，总收分解，亦谓之条编；差不分户则上下，以（地）丁为准，亦谓之条鞭；粮差合而为一，皆出于地亦谓之条编。丁不分上下，一体出民，地不分上下，一体出民，此地之条鞭……其目夥矣。……岂必胶柱而谈哉？"②

这种广义的看法，对于条鞭内容的了解甚有裨益，诚不失为通论。然应注意，有时虽内容颇相同，而以另一名称出现，如上述一串铃诸法皆是。

总结以上所说，一条鞭的名称甚繁：有已具一条鞭的内容，而尚未得一条鞭的名称者：亦有以他名出现者。还有当时并未名为一条鞭，事后始有人进加此名者，如前记王仪等所行之征一法，便是。至于一条鞭亦有种种不同的写法或简称：如"编"字是正字，然俗写多作"鞭"，间亦作"边"。"一"字常省去，故简称条鞭，

---

① 《天下郡国利病书》卷三九《山东五·曹县赋役》。孙葆田：《山东通志》卷八一。《田赋·后叙》云："（一串铃）所以杜诡寄躲差之弊，祝条鞭法加密焉，天启初东抚据其法上之、通行各属，顾一切官收官解，渐至吏不能堪。"

② 于慎行：万历《兖州府志》卷五《户役志》。《天下郡国利病书》卷三八《山东四·兖州府役论》。

或条编（条边）。"鞭"字有时亦省去，称"一条法"。"一条"二字常省去，称"鞭法"。偶亦称"条法"。又有较详细的名称、如"条鞭均徭法""均地条鞭……此外"明编""类编""总编""通编""总赋""十段条鞭"，皆为条鞭的别名，至如十段锦等法。其主要内容虽皆与一条鞭相同，但因人们所注意之点不同，往往给以另外的名称，故不宜与条鞭名称相混。最后，一条鞭法的名称除应用于赋役上，亦常施于盐法、杂项课税，以至军政各方面。

日本清水泰次教授在所著一条鞭法论文中，说一条鞭亦名"单条鞭"，据云出处在《政和县志》卷三[①]。查该书载有"比征单条鞭则例"。其意为比征单上所开载的条鞭则例，所谓比征单，即为催征单、比票、由单一类的东西，乃用以催征钱粮者。清水因"单"与"一"的意义相近，故以为有单条鞭的名称，恐未尽然。

（原载《中国社会经济史集刊》第 7 卷，第 1 期，1944 年）

---

① 《桑原博士还历纪念东洋史论丛》。

明代一条鞭法的论战

明太祖朱元璋开国以后，所订定的田赋制度大体上沿袭唐宋元以来的两税法的遗规。两税法在明代施行了一百六十余年的光景，到了明代中期，因种种关系，无法维持，渐为一条鞭法所替代。自此以后，直至清代、民国，我国四百余年间的田赋制度，大体上仍是继承着一条鞭法的系统，主要的变革甚少。所以我们要研究现代的田赋制度，至迟不得不从一条鞭法下手。田赋的本质，不外为国家对人民的一种剥削，它本身不但反映出来当时的国民经济的情形，并且暴露出来社会各阶级利益的矛盾。根据以上的认识，我们对于一条鞭法的论战的真正意义，才可以有比较深刻的了解。

一　一条鞭法以前的赋役制度

自唐代中期以后，我国田赋制度向行所谓"两税法"。两税，即为夏税和秋税的简称。农业的收成，普通分为夏秋两季——今日所说的"上下忙"；政府依据农民的收获季候分为两期征税，对于夏季征收的叫作夏税，于秋季征收的便叫秋税，这是两税名称的由来。

秋税这个名词，在宋代偶亦称作"秋苗"，元代亦偶称"秋租"，但到了明代，最普遍的是用"秋粮"两字。

明代的两税制度：夏税以小麦为主，秋粮以米为主，但有时各得以丝、绢、绵、钱、钞等物去代替——即所谓折纳。米、麦，均名曰"本色"。折纳品名曰"折色"。折纳的比率，由官方规定，各地并不一致，有高有低。

两税征收的期限，依据各地收获的早晚，皆有规定。逾限有罚。

课税的方法，普通是根据土地的面积，有时亦根据生产量，并参酌土地的种类、用途及沃度，以定税率的高低。土地的分类法，除了像田、地、山、塘等系以自然来区分之外，最普通的分类法是以所有权之所在而分为官、民两大类，官民田地之下又常有各种不同的名目，如官田有所谓还官田、没官田、断入官田……之分；民田有新开沙塞、寺观田……之分。这些名称，各地是不一致的。它们各有特定的意义和历史的来源，它们的租税负担，亦各自不同。一般地说，官田的税率，比民田的税率高，因为前者实际上兼有租的成分。税则的多寡，各县不同。多者，有时一县至千则以上；少者，一县仅一则或二则不等；普通皆以三等九则起科。

征收的税粮分为两部分：其一，"存留"，即留供本地开支的部分；其二，"起运"，即解送中央或他地的部分。各项税粮，大都有其指定的输往仓库，及其指定的用途。凡距离起解所在愈远的，或运输上较困难的仓库，名叫重仓口，距离愈近或运输上较便较易的仓库，名叫轻仓口，用途较急的为急项税粮，较缓的为缓项税粮。根据款项的缓急以定起解的先后，急项尽先起解，缓项依次起运。

两税本身，名曰正项。此外，尚有"杂项"税粮，原本不属于两税范围以内，但因为种种原因到了后来亦随同田赋一齐征收，一齐缴纳，所以后来亦列入两税的名下，使得两税名目异常庞杂，有时在一州县内竟达十几种之多。如鱼课、茶课，及近于户税性质的农桑丝，原本与两税是风马牛不相及的，但因为它们随同田赋征收，所以即在后来的官书上竟亦有列为两税的一部分的。

关于征收和解运的事宜，在明初，多由地方公推出来的粮长、里长，或甲首负责。这种制度，名曰"民收民解"。但这班粮、里、甲长，并不是真正地由民意产生；他们的出身，虽然多数还够不上"劣绅"，但总不失为"土豪""恶霸"。他们一方面勾结官府中的胥吏，一方面侵欺贫苦无告的农民。对于税粮的征收和折纳方面，上下其手，黑幕重重，此处不必细说。

我们很简单地将明代田赋制度介绍过后，还要将明代役法附述一番。理由有二：一，明代的役法，有一部分——甚至可以说有一大部分是根据土地亦即田赋来决定的；所以谈了赋法后，不能将役法撇去不谈。二，从历史看来，一条鞭法的产生，它的最初和最主要的目的是为改革役法；田赋方面的改革是由于役法的改革而来。

关于役法，从课税本体说来，可分为两大类：一类是对户所课的；一类是对丁所课的。人民初生，即登记其姓名于户籍（当时名曰黄册）之上。男曰丁，女曰口。成年的女子曰大口，未成年的女子曰小口。男子十六岁以下曰不成丁，十六岁始成丁。成丁以后便需服役，至六十岁始免。户籍大致分为军户、匠户、民户三种。军户服兵役；匠户服工役；至于民户所服的徭役，主要的有以下三种，一，里甲，二，均徭，三，杂役。

里甲，成立最早。它本来是一种户口编制，也就是州县行政上与人民半自治式组织的最低一级的单位。它的办法，是以地区相邻近的一百一十户为一里。一里之中，推家产殷富或丁多田多的十户为里长，其余一百户分为十甲，每甲十户。十户中推一户为首领，名曰甲首（间亦名甲长）。每年由里长一名，甲首一名，率领该管甲内的人户往应徭役。按这样的编排，每十年之中，每一里长，每一甲首，皆率领一甲十户轮流应役一年。当差之年名曰"见（与"现"字同）年"，其余曰"排年"，十年届满，仍依原定次序编排，每年复以一甲应役。如原定的里长户内果有财产人丁消乏事故，许于一百户内选丁粮近上者补充。里内如有逃亡户绝者，亦许于带管畸零户内补凑，如无畸零，方许于邻近里内之户拨补。——凡鳏寡孤独及无田产不任役之户，带管于一百一十户之外，列于里甲黄册之后，名曰畸零户。

里甲之役，主要的以丁、产两项为标准；亦有用门、丁、事、产四项作为标准的（详见第四节）。在农业社会里，所谓资产，主要的是田产，即土地、房屋，及牲口、农具等。为估计资产的便利起见，有许多地方便索性用土地所纳的粮作标准。但不管用哪一种作标准，里甲的对象，总是以户作根据。凡家道殷实之户，即列为上户；以次，列入中户、下户。或分九则（上上、上中、上下、中上、中中、中下、下上、下中、下下），或分三则，五则不等。根据户则的高下，以定役的轻重。里长一役，皆以家道近上的户充之。从理论上说，它应当比一般的户负担重些，这本来是立法的初意。但因为里长之户，它的经济状况优越一些，且又为管领一里内的事务的头目，他可以利用他的地位，将自己的负担转嫁给贫难下户；有时又遣富差贫，借端勒索。所以他的实际上的负担往往比之一般的贫户还要来得轻些。

里甲一役，是各种徭役中的躯干，其他诸役大半都是直接或间接地根据它来决定的。

关于里长的职务，初时只限于传办里内的公事，及催征里内的赋役，其后政府征敛日繁，凡祭祀，宴飨，营造，馈送……种种事务或其费用，皆责令里长负责供应。里长又责之甲首，甲首复责之各户，层层剥削，层层地转移负担。除非一里内的人户逃亡得干干净净，里长才会是最后一个吃亏的人。根据历史的记载，明代中期以后，里长、甲首，也都赔累不堪，由此可知人户逃亡情形的严重。

均徭，发生较晚，它是服务于官府而有经常性的差役。如库子、斗级、巡栏、狱卒、皂隶等差，都是均徭中的名称，均徭、编役的对象是丁，与里甲以户为单位的办法略有不同。均徭分为两大项：一为力差，二为银差。由被编的人亲身前往应役的叫作力差——力差初时只限于本人亲身充当；但不久便变为亦得由本人自行设法，或请人或雇人替代，凡由被编的人自行料理者，仍得名曰力差。纳银于官府，由官府募人应役的叫作银差。银差的发生，是在力差之后。银力两差项下名目繁多，负担的轻重不一。大抵力差皆较银差为重。力差多派于富户，银差多派于下户。这样的办法，一方面的目的，固在求负担的适合于能力；另一方面，还有实际上与行政上的理由，例如力差的库子、斗级两役，其职务在掌管税粮，为在税粮短欠亏空时，易于追究起见，故例以殷实大户派人充之。

均徭应役的次序，多与编定里甲时一同排定——即为每十年编审一次，至其服役的年份则编在里甲役歇后的第五年，此法行于浙江、福建等处。此外，五年一编审的办法亦甚普遍；间亦有二年或三年一编的。

均徭以外，凡一切在官府或在民间非经常性的服务，总称曰"杂役"，或"杂泛"。这些，多属于临时的性质，随时随事编派，并不固定的，换言之，无非是例外的剥削。

此外，有两种特殊的劳务，各州县例皆有之。一为驿传，一为民壮。驿传的职务，在备办人夫马骡船只以传达官厅的公文，及措办廪给口粮以款待和迎送持有关符过境的大小官员。民壮，亦名民兵，自民户内抽取，所以补助自军户抽取的卫所军卒之不足。初时设立的本意，专为捕盗守城之用。其后，遂以迎接宾客、拘拿罪犯和转递公文等事为务。

以上，里甲为正役，均徭、驿传、民壮皆为杂役（此义与前述之"杂役"又微有区别）。四者合称四差。以上各役的负担的轻重，大体上皆以各户名下的丁粮数目的多寡为依据——丁粮多的编役较重，少的编役轻。赋与役关系的密切由此可见一斑。

然而当时赋的课征对象是土地，征收的是实物；役的对象是人户，所征收的是劳力，赋与役的征收期限，在此时当然是无法一致的。即就赋内各项或役内各项分别来说，它们的种类和性质往往各有不同之处，所以主持征收的机构及其人员，有时亦不得不分别设立去处理它们，而无法完全一致。

由上可知，明代中期以前的赋役制度确是繁琐复杂不堪。使得这种赋役制度更趋繁复的还有一个重要的因素——就是优免的制度。明代优免赋役的场合甚多，但最重要的是对于贵族、官吏和缙绅的优免。好贪心的贵胄官绅，他们并不以法定限内的优免为满足，他们还要努力非法地扩大他们享受的权益，如私受投靠的佃户种种。

我们姑且不谈制度本身的内在的困难，当时有几种矛盾的势力，也就使得上述那样繁琐的制度无法不日趋破坏。第一，政府与人民的利益的矛盾，这是显而易见的；第二，社会上各阶层的利益的矛盾，如贵胄官绅代表的是大地主的利益，粮里甲长代表的是富农的利益，一般平民大多数代表的是贫农和雇农的利益；至于地方上的较高级的官吏，如知县大老爷等，所代表的既非政府的利益，更非老百姓的利益，只是个人的利益。此外，如攒造书册手和征收小胥等，可以说是代表吸血寄生虫的利益。这些各阶层的利益都是彼此矛盾。纵有完备的制度也难以维持，更何况是繁杂而无当的制度？其结果，只为狡狯之徒多开些营私舞弊的机会罢了。究竟一条鞭法的改革，代表哪一方面的利益，我们在后面要加以检讨。

二　一条鞭法述要

一条鞭法的内容，这里无法详述。作者有关于一条鞭的论文数篇，载前中央研究院社会研究所的《中国社会经济史集刊》中，读者可以参阅。简言之，一条鞭法只是当时在历史上的和地域上的一种发展的趋势，它在各时各地的办法并不一定完全一样的。但它与昔日两税法最不同的特点有四：其一，役与赋的合并；其二，往日里甲十年内轮充一次今改为每年一役；其三，赋役征收解运事宜往日向由人民自理的今改为官府代办；其四，赋役各项普遍地用银缴纳，实物与劳力的提供反居次要的地位。以上四点，是彼此互相密切地联系的。例如在往日征收实物时，由于当时运输技术和运输工具的粗劣，政府自以借重民间力量为比较合算；但自折收银两以后，运输问题简便得多，虽由官府自收自运亦未尝不可。且自折收银两以后，官府得以募人代役，无须维持往日里甲十年一轮亲自供役的麻烦制度。诸如此例，可以类推，无须细述。不过，应当注意，各时各地所行的一条鞭法尽有精粗深浅程度的不同，它们有些已将前述四点办法彻底施行的，亦有只行一两点，并且行得不甚彻底的。好在它们均以一条鞭法为名，我们也就可以作一概括的介绍。

我们现在拟专就内容比较复杂的第一点加以检讨；其余二、三、四数点，办法简单，不拟再加解说。所谓役与赋的合并，有种种方面：或为种类与名目上的统一，或为税则的简单化，或为征收和解运的期限的划一，或为征解人员与机关的裁并。而尤其值得注意的，是编派方法的统一。此点可从课税的客体及其根据的原则的统一两方面去说明之。所谓课税客体的统一，如赋的对象为田地，役的对象为户丁，今将役的负担的一部分或其全部课之于田地，这就是将课税客体合并了和统一了。所谓原则上的统一，例如里甲一役本以户为应役的单位，均徭则以丁为单位；均徭中力差与银差原来的分别是：力差需亲身供应，银差许出银雇人代替；力差供应本地，负担较重，多课之富户；银差支应外地，然负担较轻，多课之贫民。今将这些区别一律取消，所以均徭得以归并于里甲，力差亦合并于银差之中。换言之，昔日各项赋役用作根据的不同的编派原则至此都归消灭，另改用同一的原则去处理。

再细一点分析，赋役的合并又有三种不同的方式：其一，役内各项的合并；其二，赋内各项的合并；其三，役与赋的合并。以上每一种的合并，又可分为完全的或不完全的。然第一二两种，仅为赋役本身内各自的合并，其最后的结果不过是税率上的变动，并无本质上的变化。至第三种的情形，则因赋役对象不同，性质迥异，其依何比例将役的负担以分配于丁田两项，以达到合并的目的，便不能不因时因地以制宜了。自丁田分配的比例上言之，有以下四种不同的方法：其一，以丁为主，以田为辅；其二，以田为主，以丁为辅；其三，丁田平均分担；其四，徭役完全由田地担承——即所谓"尽摊丁入地"。所谓主辅，又可有三种不同的说法：其一，就税额的分配而言：如某一县的役银原共计一千两，今定丁仍出六百，田代出四百，便是以丁为主，以田为辅。其二，就税率上比较而言，如原定每丁出役银一两，今改为每丁出役银四钱，又每田一亩代出役银六钱，便是以田为主，以丁为辅。其三，就每一单位的役银内丁田所占的比例而言，如每征收役银一两，丁出六钱，田出四钱，便是丁主田辅。再从摊丁入地的方法观察，又有以下三种的区别：一，随面积摊派，如每田一亩派役银若干；二，随粮额摊派，如每田粮一石派役银若干；三，随赋银摊派，如每粮银一两派役银若干。

总而言之，一条鞭是一种执简驭繁的方法。

三　一条鞭法争论的经过

一条鞭法，发轫于嘉靖初年，至隆庆，万历初始盛行，万历中年以后范围几已普遍全国。在推行的过程中，它像所有的改革一样，有人支持，有人反对。今先专就《明实录》的记载，略按年月编排，并稍加考语，庶得以明了朝廷上争论的焦点，而整个历史发展过程的大概亦自明白。然后再在本文第四、五两节，汇集正反双方的论据，一特重地方志的记载；按其性质，条分缕举，以便省目。这样，对于朝野间关于这种改革运动的论战，或可收览全貌，且进一步地了解其真正的背景。

一条鞭法最早的记载，见于明《世宗实录》卷一二三（以下所引《明实录》，皆以影印江苏国学图书馆传钞本为底本，间用他钞本校正错字）。

> 嘉靖十年三月己酉，御史傅汉臣言："顷行一条编法。十甲丁粮总于一里，各里丁粮总于一州一县，各州县总于府，各府总于布政司，布政司通将一省丁粮均派一省徭役。内量除优免之数，每粮一石，审银若干；每丁，审银若干。斟酌繁简，通融科派，造定册籍，行令各府州县永为遵守，则徭役公平，而无不均之叹矣。"广平府知府高汝行等以为遵照三等九则旧规，照亩摊银，而不论其地之肥硗；论丁起科，而不论其产之有无，则偏累之弊，诚不能免。宜更查勘，取殷富之产，补沙薄之地，然后周悉。奏入。俱下所司。

上引傅氏之言："布政司通将一省丁粮均派一省徭役"，后来各省采行一条鞭法时，都是如此做法。这种"量出为入"的原则，在中国财政史上殊不多见。高氏以为"照亩摊银，而不论地之肥硗；论丁起科，而不论其产之有无"，正是一条鞭法执简驭繁的精义所在。

嘉靖末年以后，条鞭法逐渐通行，尤以江西、南直隶、浙江等处所行的成绩为最著；而北省如北直隶、河南、山东诸处亦有在试办期中者。此后关于条鞭法的论战，渐趋剧烈。《穆宗实录》卷七载：

隆庆元年四月戊申，户部尚书葛守礼等奏："直隶，山东等处，土旷民贫，流移日众者，以有司变法乱常，起科太重，而征派不均也。夫因田制赋，按籍编差，国有常经。今不论籍之上下，惟审田之多寡，故民皆弃田而避役。且河之南北，山之东西，土地硗瘠，岁入甚寡。正赋尚不能给，矧复重之以差役乎？往臣在河南，亲睹其害，近日行之直隶，浸淫及山东矣。山东沂，费，郯，滕之间，荒田弥望，招垦莫有应者。今行此法，将举山东为沂，费，郯，滕也。夫工匠佣力自给，以无田而免差；富商大贾，操资无算，亦以无田而免差。至袯襫胼胝，终岁勤劳者，乃更受其困，此所谓舛也。乞下明诏，正田赋之规，罢差役之法，使小民不离南亩，则流移渐复，农事可兴。又，国初征纳钱粮，户部开定仓库名目及石数价值，行各省分派。小民照仓上纳，完欠之数，了然可稽，其法甚便。近年定为一条鞭法，不论仓口，不开石数，上开每亩该银若干。吏书因缘为奸，增减洒派，弊端百出，此派法之变也。至于收解，乃又变为一串铃法，谓之夥收分解，收者不解，解者不收。收者获积余之资，解者任赔偿之累，是岂得为平乎？且钱粮必分数明而后稽查审，今混而为一，是为挪移者地也。不惟不便于民，抑不便于官。宜敕所司查复旧规。其一条鞭等法，悉为停罢，庶岁额均而征派便矣。"（方仲按：上引《实录》文乃节录原疏，原疏见《葛端肃公文集》卷三《宽农民以重根本疏》，所载远为详尽。）上曰："尔等以司计司农为职，兹所奏，悉举行，其他可以足国裕民者，宜弗避嫌怨，尽心干理，以副朝廷委任之意。"

葛氏乃反对一条鞭最力之一人。他的大意以为条鞭法审田编役，不适用于土地硗瘠的北方。且工匠富商，皆因无田而不编役；差役只由有田的农民负担，亦非事理之平。他又反对混一征收及分解的办法。他的言论，在本文第五节中还要引到。

隆庆四年六月壬寅，吏科给事中贾三近疏陈时事曰：

> 臣闻圣王攘外必先安内。安内之本，在于休养百姓，而加意于四方守土之臣。方今四方民力疲矣，九边将士，终岁防胡，中原山海寇盗，处处蜂起，加以岁恶不入，民且艰食，转徙流离之状，言之可为痛心。诚于此时守土之臣，循祖宗之法，去烦蠲苛，与时休息，安养民命，犹可以维系本根，培植国脉；乃相习以建立为能，安静为钝，驾言通变，锐意更张，兵方销而议招，官甫裁而议设，或均丈土田，或更革驿传，或分派税粮用一条鞭，或论金里甲变十段锦，或革除库役代以吏胥，或审编徭役兼用丁田，诸所变更，难以悉举。语其措注，大约病农。务本者，子立之身，并应租庸；逐末者，千金之子，不占一役。视法如土梗，变法如狷毛，移文旁午，议论纷纭。计其究竟，曾无毫发之效。夫以频年灾害未息肩之民，方呻吟喘息之不暇，而又加以劳扰之法，愈不得休息，是以强者共相啸聚，而弱者竟展转于沟壑，民不堪命，坐阽危亡，譬诸尪羸之人，惟当断绝外事，安坐饮食，假以岁月，以渐复已耗之血气，若朝从而擩之，暮从而澡之，则元气日消，危期且至，今之吏治何以异兹？臣以为法在天下能去其所以弊，除其所以害，则虽因今之法，而有余；弊不能去，害不能除，则虽百变其法而不足。善治者守法宜民，因法救弊，则斯民受赐多

矣。……（《穆宗实录》卷四六）

同年八月丙午，巡抚山东都御史梁梦龙等《条上赋役三事》云：

"一、正夏税秋粮之规。言：税粮征收，载在律例明甚。顷行一条鞭法，同时并征，民力不堪，奸弊滋起，宜如旧例以次第征。一、正分守分解之规。言：往者编佥大户分定仓口，近为一串铃法，总收分解，转移侵應，常课益亏。宜复旧例，给大户收完，交纳司府，司府差官类解。一、正均徭原编之规。言：料价银五万三千余两，乃均徭正额，今派入地亩，偏累农家。抛荒流徙，职此之故。亦宜仍旧编还均徭，各州县如数征解。"户部覆奏，从之。（《穆宗实录》卷四八）

条鞭法以银代役，——原定缴银以后，不须再服役。但其后重役之事不久便发生。这一点甚为一般人所攻击。万历四年（1576）三月壬寅，刑科右给事中郝维藩条陈二事，一谓：

亲民莫切于均徭。银差，宜照额均派，以时催科；力差，宜量力佥役，听民自便。若条鞭之法，既用其力，又敛其财，民安得而不困？……（《神宗实录》卷四八）

同月丁未，户部左侍郎李幼孜又言：

"近日行一条鞭之法，金花与各项钱粮无别，故诏书但蠲别项钱粮，而小民无知，便谓金花亦在其内。有司莫知所辨，业已混行催征；小民不明其故，辄谓诏书不信。以后征收，虽行一条鞭法，务款项开明，如某户秋粮若干，本色若干，折色若干，金花银若干，漕银若干，某项最急，某项次急，某项虽诏下不免。每户各即给与印单一纸。庶几小民观听不迷，输纳亦便。"得旨："内外诸司，凡事一遵祖宗成法，毋得妄生意见，条陈更改，反滋弊端，违者定以变乱成法论。"（《神宗实录》卷四八）

先是，嘉靖三十七年（1558）奏准：天下正赋，户给青由，先开田亩粮石，仍分本色，金花银，使民周知输纳。其一时加派，不得混入。亦不分官员举监生员吏户人等，一例均派。另给印信小票，与民执照。〔加派〕事毕停止（《万历会典》）。可知正赋各项，除系临时加派以外，一律详列青由上面。某项最急，某项次要，某项虽蠲免诏下亦不得蠲免，原自一目了然。向例，金花银不在蠲免之内。万历先年所下蠲免诏令，原亦指别项钱粮，金花银不在其内，至是江南诸郡金花愆期，积欠至一百六十余万两。时有御史方巡按江南还，误谓愆欠的原因，皆由条鞭法将金花与各项钱粮混征，以致民间误会以为金花本亦在蠲免之内，有司催征，实为失信。故李氏请复印单旧制，以为可以杜绝小民迷惑。其实某御史之言，并非实际，其详细情形可参看万历《武进县志》卷三《里徭》唐鹤徵之论。

万历四年八月辛未，户科都给事中光懋条议八事，其六曰"明示则例"云：

> 近年创立一条鞭法，一概混征。及至起解，随意先后。每遇查盘，有尽一县欠户而皆治罪，尽一户欠粮而皆问赎者。今后凡遇编派里甲，审定徭役，征收税粮，悉遵制各给户由，使人知遵照。（《神宗实录》卷五三）

所谓"尽一县欠户而皆治罪，尽一户欠粮而皆问赎者"，其意谓条鞭新法，赋役不复分为条项，一概混征，故无法查盘所欠的是哪款哪项，又因起解时随意先后，亦无法查明为哪家哪户所欠。

万历五年正月辛亥，户科都给事中光懋又上疏言：

"国初赋役之法，以赋租属之田产；以差役属之身家。凡是夏税秋粮，因其地利，列为等则，以应输之数，分定仓口，仓口自重而轻，人户自上而下，有三壤咸则之宜，寓用一缓二之意。至差有银，差有力。银差，则雇役之遗意也；力差，则力役之道也。论门户高下，定丁力壮弱而籍之，谓之均徭。稽籍定役，无与于田，所以少宽民力，驱游惰而归力本也。至嘉靖末年，创立条鞭，不分人户贫富，一例摊派；不论仓口轻重；一并夥收。其将银力二差与户口钞盐并之于地，而丁力反不与焉。商贾享逐末之利，农民丧乐生之意。然其法在江南，犹有称其便者，而最不便于江北，如近日东阿知县白栋行之山东，人心惊惶，欲变地产以避之。请敕有司，赋仍三等，差縣户丁。并将白栋纪过劣处。"部覆："条鞭之法，革收头粮长而用经催；革里甲均徭而用铺户；革身家殷实之库子，而用吏农；皆公私之大不便者。请江北今后赋役，照各旧例，在江南者，听抚按酌议。"得旨："法贵宜民，何分南北？各抚按悉心计议，因地所宜，听从民便，不许一例强行。白栋照旧策励供职。"（《神宗实录》卷五八）

按光懋对白栋之弹劾，实为诬告。当时幸得首相张居正拟特旨慰留，故白栋得不去职（见后第五节）。明代言官喜作浮游无稽之谈，未可多信。根据《实录》后来的记载，证明光懋之说，完全与事实相反。万历十三年五月，工科给事中曲迁乔疏言：

"民间患苦，近有四事：一曰大户，二曰均徭，三曰里甲，四曰头役。其祛民患苦，治行超绝者，臣得一人曰：原任东阿令白栋，初栋起家进士，为令。于万历二年，编徭之时，覆县中在册丁地，及一年赋役，每地一亩，征银一分一厘，差银九厘二毫；每人一丁征银一钱三分，而夏税秋粮，均徭里甲之额数，具是焉。既官收官解，又通改力差为银差，则大户头役俱免。行之一年，逃移自首归业者一万一千余家，民为祠，岁时祀不绝。后为御史，失柄臣意，中考功法去。"迁乔特疏荐之。称为一代循良焉。（《神宗实录》卷一六一）

今按《东阿县志·里甲》所载：

> ……自邑侯白公定条鞭之法，民治苏息。朱公（应毂，万历九年任）减里甲之费，民亦乐业。此何异于解倒悬而置之衽席之上耶？行之数年，其归业者万有余计。

同书《贡赋》云：

> 自条鞭之法行，则夏税，秋粮，均徭，带征，确有定额。里胥无由飞洒，奸豪无从规避，简易均平，尤为不刊之论也。

《均徭》云：

> 自条鞭法，而里胥无科派之扰；邑侯朱公又役而通融之。补偏救弊，因时化裁，取民有制，额外无需，官不废事，民不知差，岂不谡谡乎硕画也哉？

《河道》内所载，大意略同。山西《榆次县志·赋役》亦载张鹤腾之言曰：

> 条鞭之法，始于大理白公栋，创之东阿。后司国计者以为便，遥著为令甲。山陬海澨，罔不尽然，一囊于此法。

以上记载，可以尽推翻光懋的谰言。清康熙《延绥镇志》卷四之
二《人物传下》，有白栋传评，亦可参看。

万历五年十一月甲寅，先是，吏科给事中郑秉性条陈赋役一
款，大指谓：

> "均徭之善者，在十年一编，调停贫富；而其不善者，在
> 于行法之人，放富差贫。条鞭之善者，在于革库子斗级里长支
> 应；而其不善者，在于尽数征银，贫富无等。宜分银力二差，
> 审户定则。编上户银差，以至上中户；力差则编下户以至中下
> 户，仍十年一轮，以循我祖宗之旧。"户部覆言："条鞭一例
> 征银，使下地与上同科，贫民与富民同役。法之不均，莫甚于
> 此。请行省各地方官酌议。"上请，得旨："条鞭之法，前旨
> 听从民便，原未欲一概通行，不必再议。"（《神宗实录》卷六
> 九）

条鞭法最受人攻击的一点，就是它用银缴纳，不便于农民。万
历十四年三月乙巳，礼部陈言：

> ……国初两税，皆用本色。里甲均徭，从民之便，未尝以
> 菽帛钱谷相拘也。何也？五谷之产于地者，可随时而用，随时
> 而足。而金币则易竭者也。曩自里甲改为会银，均徭改为条
> 鞭，漕粮渐议折色，则银贵谷贱，而民有征输之困矣。夫既贱
> 鬻以输官，而又贵买以资用，民穷财匮，不亦宜乎？……
> （《神宗实录》卷一七二）

用银不便于农民，因为农民所收益的是五谷，必须以五谷出卖始可
得银。银的需求一多，谷的价格相对地下降，以至造成"贱鬻
（谷），贵买（银）"的恶现象，农民受了两重的剥削。

以上言者，对一条鞭法大抵皆采取批评的态度，然亦有奏请行

条鞭以救时弊的。万历十四年四月戊辰，"礼科给事中钟羽正因陈群敛重役，而民不得安；与投柜，称兑，里甲，行头诸害；及胥役之工食，一年之差役，欲请行条鞭法。并，京师困累，莫重商人，十库物料，需索至数百金家，即荡产破家，皆差役之弊，所当调停而便民者。部覆，谓：条鞭之法，委宜通行，然亦有不宜者。须详议妥当，以求便民。至于投柜称兑之弊，仍设法严禁。其商人交纳十库物料，需索动至数百。乞申谕内臣守法奉公，毋徇私索取，以恤贫商，且杜物料之冒费也"（《神宗实录》卷一七三）。按：羽正山东青州府益都县人。时益都知县张贞观意与钟合，亦申文请行条鞭。见万历《青州府志》第五卷《户口徭役》；及清咸丰《青州府志》卷三六《名宦传三·贞观疏》，今载《图书集成·食货典》卷一五二。钟张二人，《明史》各有传。

同年月甲戌，户部覆御史蔡系周条陈四事：一谨积贮之实；一议投柜之法；一议条鞭之征；一酌折色之议。有旨：投柜，条鞭之法，近来议论不一，只在该抚按官责成有司，便宜整理，不必又费文移，徒兹烦扰。内库绢不敷，照旧催解本色。余依拟。（《神宗实录》卷一七三）

条鞭初行之时，原定不许于额外增派，但官吏的贪污，无法禁绝，所以平民复受重派里甲的扰害。万历十五年六月丁亥，户部覆礼科右给事中袁国臣等题：

"条鞭之法，有司分外又行增派，扰民殊甚。宜行各抚按查验，除小民相安外，或有未便于民，中间应增应减，酌议妥当，务求官民两便。如有分外复派里甲者，听抚按官参治。"上曰："各处编审粮差，于条鞭之外，重派里甲，系有司任情扰害小民。着抚按官严行禁约，着实参治，不许沽恩纵容。"（《神宗实录》卷一八七）

万历十八年二月，户部奏言：

"工科右给事中曲迂乔议行条鞭之法，以差银必兼丁地，定地必较肥瘠，觅役必厚工食。我国家因田以制赋，按丁以审差，即古有田则有租，有身则有庸之意。但法久弊滋，于是不得已立为条鞭之法。总括一县之赋役，量地计丁，一概征银，官为分解，雇役应付，虽非祖宗之旧制，亦革弊之良法矣。但有司行之，有善有不善，是以地方亦间有称不便者，今宜行各抚按，将见行条鞭之法，或有司奉行未善者，则随宜酌处：如病在雇役，则宽议其工食，使人不苦于应募；如病在里甲，则严禁其暗用，使人得安于田亩。或则壤成赋，勿使下地暗包上地之粮；或九则征银，勿使贫民概应富户之役。调停即当，人自乐从。"诏如议行。（《神宗实录》卷二二〇）

按曲氏先于万历十三年疏言民间苦患四事，已见前引。

自此以后，朝廷上关于一条鞭的争论转趋沉静，见于《神宗实录》者甚少。先是万历十六年闰六月山西省奏准行条鞭（见下节）。条鞭法至万历二十年以前几乎已遍行全国，它的地位再也不能推翻。此后的问题再也不是存废的问题，而是如何巩固它，或使不致再有加派暗编发生等一类的问题了。今仍依《神宗实录》所载，略为排列如下，间亦附见以后他节。

万历二十九年九月丙午，广东巡按李时华言："广东界在岭外，禁网常疏，吏奸法弊。条鞭之后，仍用甲首，均平所编，尽入私橐，上下相蒙，恬不为怪。伏望严旨申饬，严贪官明违之例，重道府连坐之条，遵行一年，可救民间无名之供二十余万。"从之。（《神宗实录》卷三六三）

同年十月己卯，册立皇长子为皇太子。诏天下曰："……一、各省直赋役创为条鞭，里甲放令归农，此定例也。近闻不才有司条鞭外巧立名色，科索烦重，措备里甲城中，致妨农务。近日征倭讨播，量有科派加增地亩丁银粮；今事宁已久，增派如旧。各该抚按官严行查究禁革。"（前书卷三六四）

　　万历二十一年四月丁酉，户部议条鞭法。请饬有司奉行："一、条鞭既酌量征收，以充公费，不得金派里长挨月轮直，以资苛剥。一、库役不许金派民间富户充当。一、不许于预备仓廒金编斗级看管。一、条鞭所载供应上官及过往使客，俱有定额，不许分外巧立富民，义民，名色，借以供应。一、条鞭夫马，岁有定额，输银在官，而雇役于民。不许遇夫马紧急，复于粮上重编。一、不许以保甲人户充迎送，勾摄，打卯，应差。一、不许以省祭义民充勾摄管工承委之役。一、不许派民当行，价直半给，支领愆期。一、不许有司于罪赎之外，横肆科罚，折银充橐。一、征银不许里甲串同保歇吏考任意乾没。一、征米不许粮长串同吏书花户任意折乾。至官收官解，则严禁火耗斛面。一、通行江南直省府州县将一应田土查核见在户名。征粮之日，先行开派，定限收纳。逋欠者坐名查比，以免赔累积逋。一、凡内库之生绢阔布，俱照光禄寺料银，供用库麻蜡，改从官解。"奏入，从之。（《神宗实录》卷三八三）这一次户部关于条鞭法的禁令规定得最详细，当由于实行后的结果不佳。

　　万历四十年正月丙午，南京福建道御史王万祚上疏言赋役事，其中关于一条鞭法的积弊言之甚详，大略谓：

　　　　一条鞭法行，银力二差该括具备。今如令坊厢里长年年看仓，赔粮则利归仓官仓吏，设立斗级谓何？又如使乡里长月月解银，贴免则利归库官库吏，而布政司颁降法马谓何？又如答应驻临上司，修理公廨，畓入岁派，而辄委之坊长里长，则征银谓何？国有大事，不无籍力于富民。谓宜善蓄其余力，以待不时之需。刳剥烧铄，无时暂息，将都大郡县无殷实之民，欲如汉之徙关中，实塞下，并力灭夷，其谁任之？卖富差贫，非也；而有意消折富户，亦非也。父有数子，或富或贫，必令富者亦贫，则祖宗之门户去矣。（《神宗实录》卷四九一）

王疏所言条鞭弊病各点，皆为实情。但他后半截提出保全富户的主张，未免倒因为果，杞人忧天了，因为只要"卖富差贫"的现象存在一天，富户尚不致有消折的危险。

万历四十六年（1618）十一月丁亥，掌河南道御史房壮丽奏："自条鞭法行，州县派征钱粮俱令花户自行纳柜，吏书排年无所容其奸，法至善也。遵行日久，官府借口验封，加收火耗，至一钱一钱，屡经严禁不遵。今因东事加派，若将火耗一概禁革，小民必乐输将。职曩令襄陵时，见河东一路州县，二门外俱设收头房八间，昼则收银，夜则收柜，次日即令自倾成锭。或有司领解，或解户领解，并不入库拆封，惟悬锣严谕平收，及按期责令销批附卷。此法最宜行之今日。乞敕下户部，咨行各抚按，令所属有司一应钱粮听其自收自解，不许经手拆封，加收火耗，违者，抚按从重参处，追赃济边，则于吏治民生胥有裨益。"（《神宗实录》卷五七六。参看《神庙留中奏疏汇要》第四册《户部卷二》。）

四　赞成派的理由

1. 负担接近能力，比较公平

条鞭法的产生，最初为的是整顿役法。旧日里甲制度，十年一轮，每十年之中，一甲人户只应役一年，其余九年可以在家休息。明初公家事务比较清简，赋役无多，故易供给。且初时户籍与田籍的编制，尚能切近实际，故赋役大体上尚无大不均的地方。及后，公家支出增加，人民的负担亦随而加重。而贵族、豪强与缙绅，多以营求贿嘱的手段，与官吏差胥及粮甲里长等互相勾结，狼狈为奸，使赋役的负担非法地暗中移于贫民下户——如将田地飞洒诡寄，户则移上作下，等等，其结果，所有重粮重差，尽归下则之户负担；富户反获轻则之利，甚至逍遥赋役之外。这些恶势力的勾结，逼得贫农人口大量的流亡，造成土地大量的抛荒，更使政府着急的，就是赋役大量的逋欠。上述各种情形，至迟到了武宗正德年间（1506—1521）已日趋严重。然而这些恶势力的勾结，既是防不胜防，且亦根深蒂固，无法清除，因为政府的本身便操纵在这班人的手里。一条鞭法便是在这种无可奈何之中的一种最不彻底的改革。提倡条鞭法的人们，以为应废去里甲轮年应役的制度，不必再审编户则（这是在南方各省的一般办法，在北方则废去门银，详后）。只以比较难以隐匿的丁田两项为每年出办赋役的标准，使有丁有田的人户无所逃于赋役之间，较之审编户则以定徭役犹为接近实际。他们又以为往日十甲轮年的制度，实际上并不平均。例如均徭之役，每年银力二差，各有定额；然各甲产业的多寡，势不能齐。所以各甲每年所轮虽同，但因负担能力不一，则其牺牲亦不一致。于是形成如下现象：

> 轮甲丁粮（按即等于上说的"产业"）之多者，则其年所派之银数少而徭轻；其丁粮之少者，则银数多而役重。名为均徭，实大有不均之患在。

可参看清光绪北直隶《开州志》卷三《田赋》。提倡条鞭法的人们还以为有田的虽非尽富户，然亦相去不远——总是有负担能力的人。摊丁入地，不过稍损富人以益贫人，未尝不可。明末李腾芳《征丁议》中所引"君子之说"便是这个意思：

> 我有田一亩，不过加银三厘，而丁额具矣。今之有田者，皆巨室富人，积损其毫厘，以呴咻贫寡，何不可？（《李文庄公全集》卷五下）

按李氏为反对条鞭法之一人，他所引"君子之说"，乃设为问答之辞，并非他自己的主张。

2. 款目简单，舞弊较难

条鞭以前，赋役的款项过于繁杂，不要说防弊不易，即知之亦不易。如东南各州县到了嘉靖中末年以前，盛行所谓"三办"，是指供应户礼工三部的土贡、物料及备边银两，与协济他府等杂项开销而言。其第一大类为"岁办"，亦称"额办"，是每年派有定额的。第二大类，为"坐办"，乃额外的坐派。第三大类，为"杂办"，乃指不时的坐派。后二者皆为无定额的。三办名下的纤悉款目，合计往往达三四十种之多。皆与田粮一同派征，由里甲供应。以上三四十种的物料或价银，皆由官府给一条示，揭载某一款该随粮每石，抽银几钱几分；或某件随田每亩，派银几厘几毫。名目纷繁，在官或尚能抄记，乡落小民则无由识其要领。以致奸猾设计巧算，以小呼大，以无捏有；倚项数之多，逐件科敛；增耗一入其手，则浪费无存（参万历《绍兴府志》卷二五《田赋志二》）。按岁办初时本为任土作贡的性质，其后虽非土产，亦责之于农民，遂转为"买办"性质。买办，初时尚略给代价，后又改为无代价的"派办"。嘉靖（浙江）《武义县志》卷二《历代土贡》云：

> 凡民间所出土产，以供上用，谓之岁办，今谓之额办（按万历《休宁县志》卷三说，额办是二三年一用的，与每岁必用的岁办不同，复按三办的名称，各地并不完全一致），皆有常数。其或非土所有，则官给价钞，或准折税粮，令民收买送官，谓之买办。后因价钞多为官吏所侵，惠不及民，由是不复支给，故直谓之派办，民自输纳。[《天下郡国利病书》原编第九册，凤，宁，徽，国（明）朝岁赋之法一节，亦可参证。]

以上所引的，皆系南方的情形，至于北方役法的庞杂情形，亦不在南方赋法之下。如阎朴论山西盂县役法所说：

> ……今之（里甲等）正役，索费百端：有以"灯油钱"名之者，有以"柴炭钱"名之者，有以"下程钱"名之者，有以"折乾钱"名之者，有以"管饭钱"名之者，有以"银

朱钱"名之者，自以"募马钱"名之者，有以"支应钱"名
之者，加之以里老之科害，而民困不可言矣。杂役，则出入于
里胥之手，贫者无赀以求于彼，则有贫之实，而不得贫之名；
富者操其赢以市之，则无富之名，而有富之实。故贫者愈踣，
富者愈恣。愚民展转相慕，以为不如是不足以自庇也。甚至卖
田而鬻女，或死亡而转徙。况兼边鄙之事，或派之以买马，或
派之以籴粮买草，遂致村墟成空，忍闻仳离之叹。呜呼，弊也
久矣。……（《天下郡国利病书》原编第十七册《山西》页五
十三）

按，阎氏所记，似为盂县行条鞭法前的情形，是时尚征"钱"而
非征银。山西省奏准行条鞭法是在万历十六年闰六月，《神宗实
录》卷二○○载：

山西行一条编法，将每岁额征税粮马草酌定银数，分限征
收，以省纷纷头绪，致滋里书飞洒之奸。从抚臣沈子木之
请也。

里甲以外，均徭中的重役，如廪保，名义上虽编一两，实际上
如应役者雇人代役，须出至百余两；库子，虽编一两，雇人亦须出
至数百两始办。名目繁多，负担又轻重不一，这是一条鞭法以前的
赋役制度的严重的问题。（参明末杨芳著《赋役》）

一条鞭的优点，在于将各项粮差款目化繁为简，使纳税者易于
晓得，不至为征收书算人手等所蒙蔽。这就是，"类而征之，不多
立名，取其易晓，谓之一条编"，和"谓之条编，称名少而耳目
专"的意思。（参《天下郡国利病书》原编第廿七册《广东上》。）
一条鞭法，将本地十年以内的夏税秋粮起运存留之数，与里甲均徭
民壮驿站土贡等项的原额及其加增数，皆折成银额，合并计算，以
求出每年的平均总数。再统计本地的丁田两项，除优免以外，实在

额数若干。然后将每年的粮差土贡等项的平均总数摊派于丁田两项。定每丁一丁出银若干，每田一亩出银若干。但不再细分款目，总征银两，缴纳之于官府，名曰"条鞭银"——或简称"条银"，或"鞭银"。遇应解税粮，官自发价；应雇募差役，官自给值。所以叫作"总一征收，分项放解"。（参万历《帝乡纪略》第五卷《政治志·条鞭》。）明章潢《图书编》卷九一"一条鞭法"，畅论条鞭法与里甲制的比较，甚为详尽，特引于此。

> 一条鞭法者，通府州县十岁中夏税秋粮存留起运额若干，均徭里甲土贡雇募加银额若干，通为一条，总征而均支之也。其征收不输（按当为轮字之误）甲，通一县丁粮均派之，而下帖于民，备载十岁中所应纳之数于帖，而岁分六限纳之官。其起运完输，若给募，皆县官自支拨。盖输（轮？）甲则递年十甲充一岁之役，条鞭则合一邑之丁粮充一岁之役也。输甲则十年一差，出骤，易困。条鞭令每年出办，所出少，易输。譬则千石之重，有力人弗胜，分十人而运之，力轻易举也。诸役钱分给，主之官，承募人不得复取赢于民。而民如限输钱讫，闭户卧，可无复追呼之扰。夫十年而输一两，固不若一年一钱之为轻且易也。人安目前，孰能岁积一钱以待十岁后用者？又，均徭之法，通州县徭银数不可得减。而各甲丁粮多寡，势不能皆齐：丁粮多则其年派数加轻，丁粮少则其年派数加重。固已不均。而所当之差，有编银一两而止纳一两者，有加二，加三，加四五六者，有倍纳，四五倍，七八倍者，甚且相什佰。则名为均徭，实不均之大者。今合民间加纳之银，俱入官正派之数。均轻重，通苦乐，于一县十甲之中，役人不损值，而徭户不苦难，固便。如金银库，革定名徭编之旧，照司府例纳银，为募人工食费。令止巡守，不与支收；其支收委之吏。则毫末承禀于官，需索者不得行，而诛求者自敛。又以时得代，不久苦查盘，吏有身役，固不得窃库银而逃。仓中斗级，

下旧有募夫，亲充，偿所托固当；而募人为看守，其耗折亦徭户自偿，彼守而此偿，适教之使盗也。今募吏充，岁加脚费，而折耗责之，势不敢自盗。又年终而更，无岁久湮烂之忧。又甚便。诸递运夫马，俱官吏支应，势不得多取；即用之，不敢溢。诸利弊不可悉道。其大都征附秋粮；不杂出名目，吏无所措手，人知帖所载，每岁并输，可省粮长收头诸费，利固不可胜矣。通计里甲均徭驿传民兵，计合用银派之，名四差，皆视丁粮为差次。久之，民相安而享其利也。（参《天下郡国利病书》原编第十六册《山东下·安丘县志》页五十二。）

3. 征输便利

往日赋役名目繁多，且又各立征收人员与征收期限，以致农民终岁不遑宁处，吏胥随时恣意作弊。自行条鞭法后，征银入官库以后，一切征收解运及雇募事宜，皆由官府自行处理。人民但按限缴银，不致日受催科之扰。根据穆宗隆庆二年（1568）十二月江西巡抚刘光济奏请推行条鞭法的差役疏内所云：江西省原日的均徭款内，其中银差项下，如各官柴薪马丁，儒学斋膳夫等差，俱派员审编，以致贪婪有司，故将殷实人户自行坐占，因而加倍征收，渔猎无厌，此为银差弊病的一例。至力差项内，如府州县的斗库，及各驿的廪给、库子，则赔费不赀。如门皂（亦称门子）、防夫、禁子、弓兵等役，皆编徭户姓名；若募人代充，则抑勒需索工食；又如水马（按即驿传）、机兵（即民壮）等役，则各编头户及贴户——例如设机兵一名，该编役银若干，今集合数户或数十户，凑足此编定的银数以输于官，其中负责主持之户名曰头户，多以家道比较殷实的户充之，其余的花户，名曰贴户。这种以好几户合充一役的办法，名曰朋充。当时往往以数十户而朋为一役，贴户人数众多，住所窵远，且所贴银数又或不满锱铢，头户不能遍索，则只有自行赔足；如不愿自己赔垫，便惟有日日催索；当然以后一种情形为多，以上为力差之弊。刘氏建议，以为莫若将往日编某户为某役，或某户为头户，某为贴户的办法，一切废除。如为力差，则计其代当工食之费；如为银差，则计其扛解交纳的费用，各核其劳逸难易，而量为增减原定的额数。通计一年内该用银若干，止照丁粮编派。

至于里甲，初时自勾摄公事，及催办粮差之外，并无其他职责。其后官府不加体恤，凡祭祀、宴飨、造作、供帐、馈送、夫马，以至一切支应，皆令里甲值日管办。坊里长又坐派于甲首人户，以一科十，闾里骚然。刘氏以为应"革坊里，定经费"，以救其弊。凡岁用所需，旧系坊里自行出办者，今皆制定其经费，一律征收银两。这因为各种供应，其性质原有不同。如铺陈轿车幕次器用等项，是属于应当预先置造的种类；祭祀乡饮宾兴上司支用等项，是属于应当临时买备的种类；修理衙门工料，属于应临时估计的种类；接递夫马，属于应预先雇募临时拨发的种类。民间的输供，既往往不能与官厅的需要密切地适应，且徒然增加征收和输纳上的频繁与麻烦。条鞭规定自征银入官库以后，一切支应，皆由官厅自己统筹统理。掌印官但为之经纪，扣算各项实用的数目，责令属吏分别主管。随时随事给银，登记支销，以收"收支集中"的功效。至若买办差使人员，即于衙门隶卒内轮拨应用，与坊里绝无干涉，亦可收到"集中采办"的利益。在人民方面，只要依照州县颁布印牒，依期限自封投柜，解纳各费不必再交。

刘氏疏上后，至隆庆四年，经户部题准施行，说者多以为此乃一条鞭之始。窃以为不然，详拙著《明代江西一条鞭法推行之经过》一文，载《地方建设》第一二两期合刊。前引章潢《图书编》"一条鞭法"，其所记亦为江西事，当系就刘氏议行后的成果言之。

南直隶常州府武进县之行条鞭法，较江西还要早两三年。在行条鞭以前，夏税秋粮的派征款目甚多，除本色以外，有金花银、义役、谷草、公侯俸禄、本折布疋、扬州淮安寿亳等州盐钞，马役等银。其随时增加的款项，又有练兵、大工、贴役等，皆征之于秋粮，由"县总"若干名专管税粮的分派事宜。这些县总们，多以受贿的大小，定所派税粮的缓急先后的次序——贿赂大者尽派之以缓项，使其不必急于起解；仃贿小者尽派之以急项，使其急于解运。侵欺勒索，弊端百出。至世宗嘉靖四十五年（1566），知县谢师严始立征粮一条鞭法，尽革诸县总。税粮款项，不分缓急，皆总征之，贮之官库，以俟起解。征输弊窦，因此稍戢。（参万历《武进县志》卷四《征输》）

条鞭法以前，各地征收的混乱情形，以及征收人员的杂沓重复，实可怕人。今再引万历《嘉定县志》卷七《田赋考下》所载为例：

> 条编之法行，则岁中出入无虑数十万，而宿猾不得有所支吾。盖岁贡之目，有京库，有里甲，有均徭，有兵饷。旧以"粮长"主办京库；而有掌收者，谓之"折白收头"；则有"税粮县总"总计之。以"里长"主办里甲均徭；而又有掌收者，谓之"均徭收头"；则又有"均徭县总"总计之。又有"练兵书手"，总练兵之饷。出于民者一也，而其名多端，则多置册籍，可以藏慝，可以长奸。譬以千金尽置之一堂，而综其出入之数，虽有黠者，莫敢染指焉。分置之三室，而使三人主之，又教以挹彼注兹，往来假借，必有窃金者矣。条鞭之法，其数既定，则为循环簿二：一收之官，一付之吏，互相对验。一日之内，细收若干，总收若干，不待明者而知其异同也。一岁之内，收数若干，放数若干，亦不待明者而知其存积也。大府会计之下，常苦后时。而县中起征，常在十月之初，约计平米一石，先征银三钱三分，若四分，谓之冬季银。明年正月，征北运米。二月，征军储米。三四月，征折色，谓之春季银。盖征折色，则停本色；征本色，则停折色；农事兴，则概停征。而以官布等为九月之赋。盖视其缓急而先后之。……（亦载《天下郡国利病书》原编第六册《苏松》）

由上可知嘉定县自行条鞭法后每年分四限征收（如将官布等项算计在内，则为五次）。只北运米及军储米仍征收本色，至平米早就折色了。

以上俱为南方的情形，若在北方，像河南汝宁府信阳州属罗山县，其初行条鞭法之时稍后于江西。据万历《罗山县志》卷一《田赋志》引襄阳李公之言曰：

> 隆庆以前，银差以各项征，力差以审户定也。想其时，今日催此项钱，明日催彼项钱，应差人又讨工食，追呼无宁日也。且也，有一番追呼，则有追呼人〔之〕一番科敛，而民生困矣。知县应存初立为一条鞭法。一条鞭法云者，以各项银差并力差工食合为一处，计银若干数，然后照丁高下，粮多寡，以此银派征之。征毕，则分此以为银差起解，及为官觅力差人之工食也。百姓完此外，无一事矣。法诚良哉。……

按应氏行条鞭法，约在隆庆六年（1572），或万历元年（1573），见《县志》卷二《宦绩传》。襄阳李公，据《天下郡国利病书》原编第十三册《河南·附注四》云，乃李弘道，曾任罗山知县。（《四部丛刊》三编《天下郡国利病书》卷四九）

4. 税额确定

条鞭法量出制入。预计本地一年内的平均支出，摊派于本地所有的丁田"实额"之上（即优免丁田除外）。每一单位的丁或田，它所承受的赋役负担，或为定额的（如每一丁派银四钱，每一亩田派银六钱）；或为定率的（如每田粮银一两，随派丁银五钱），一经规定以后，便须公布。在开征以前，发给每户"由帖"一张，亦名"易知由单"，内载有该户丁地等则及其应缴赋役银数，立限征收。使人民依期如数输纳。在政府方面，又设有赋役全书，内载本地每年收支总数及细数，颇像近代的财政预算书——只是不须交付民意机关表决。它的体例，为四柱式，即：

$$旧管 - 开除 + 新收 = 实在。$$

其次序为，先列丁地原额（即旧管），次逃亡人丁及抛荒田地之数

（即汀除），次为实征数（即实在）；次起运存留；起运，分别部，寺，仓口，存留详列款项细数。至招徕人丁及新垦地亩（即新收），附载册尾。

按自行条鞭法，各地纷纷设立各种新的赋役册籍及新的征收单据，亦有在公署前勒石碑为记的，无非是希望赋役额数以后不致再增的一种表现。万历（山东青州府属）《安丘县志》卷八《赋役考第七》，论条编法谓："银有定例，册籍清而诡计无所容。"明末杨芳《赋役》论说："编为成书，刊为由帖，上无以饰宪司之观，下无以掩闾阎之目，贫富均适，出入有度，虽圣哲复生，莫之易也。"你看他对条鞭寄予多大的期望，但可惜是希望多数是落空的。

赋役各项能归入条编与否，要看它们是否有经常性和固定性来决定。凡有上述两种性质的条款始能归入条鞭，否则便不容易。所以在一州县内，往往仅有大部分的钱粮归入条编，另外一小部分是在条编以外的。

税额或税率虽已明令确定，但如仍任粮里甲长去征收解运则浮收乾没之弊仍不容易避免，因此条鞭法又定官收官解的办法。每届征收之期，州县衙门置银柜或粮柜于公庭或四乡，以官府派出的"柜头"若干人监守，农民自封投柜。直接征收方法较之委托征收，对于防止经征人员的作弊，按理说是容易一些，因为最少是经手的人员的数目少些。同样的理由，解运的人员又由政府自行募集，因为在追究查核上亦容易一些。

以上将赞成一条鞭法者的论调，分作四大理由来介绍。至于反对者论调，除了针对提倡者言论以立论之外，又因条鞭实行以后，弊端渐见，所以他们攻击的理由亦自多了几点。皆于下节中详之。

五　反对派的理由

1. 负担不公平

反对派以为一条鞭法以田地承办徭役，土地负担增加，将使人民弃本务末。且工，商皆无差役，差役只由农民负担，亦为事理之不公平者。隆庆元年户部尚书葛守礼《宽农民以重根本疏》，便代表这种意见：

> 尝总四民观之，士工商赖农以养，则皆农之蠹也。士犹曰修大人之事，若工商既资农矣，而其该应之差，又使农民代焉，何其不情如是！今夫工日可佣钱几分，终岁而应一二钱之差，既为王臣，有何不可？况富商大贾，列坐市肆，取利无算，而差役反不及焉，是岂可通乎？今科差于地者，不过曰计地而差，则地多之富家无可逃，然此务本之人也，与其使富商大贾逐末者得便，宁使务本者稍宽，不犹愈乎？（《葛端肃公文集》卷三）

按，葛氏此疏，当与本文第三节所引《实录》之文合观。葛氏本传，见《明史》卷二一四。葛氏是反对条鞭法的健将，他的言论，在后面还要引到。与葛氏持相同论调的，不乏其人，万历中年李腾芳的言论亦可作代表。他以为有田者不尽为富人，如尽摊丁于粮，则贫农小户，无法支持重担，有时有虽欲将田地变卖以求避免亦不可能的苦痛。他的《征丁议》说道：

> ……今之有田阡陌，为粮百数十〔石〕矣。然岂无有薄田数亩，为粮升斗，而为嫠妇，为黄口，为疲癃残疾，衣食无聊者乎？……若曰，此实有田；则将尽鬻其田而后可乎？……况乎穷乡极壑，有田不与大户邻，而鬻之不得者；有坟墓亲戚在此，而去之不能者；则计安所之？……至于丁之出钱，实与粮异。粮以石论，此石之所当出，不得溢于彼石。丁以人论，则一丁之钱，可以一户通出；而十人之众，可朋为一丁。凡一丁之最下者虽无田，而其工伎手作营顾贸易种艺诸法可以自活；即卖菜佣力，一日有一日之生涯。不致如薄田岁仅一收，

服铸之勤甫毕，而其人已偈腹矣。其上于此者，则有：积镪堆困，权子母而出之，而其家无田，不名一差；有操艇江湖，转盐积币，而其家无田，不名一差；有专卖屯种，肥膏至数千亩，而家无"民田"，不名一差；有四方逋逃，作过犯科，而第宅连云，舆马豪侈，借资冠盖，出入荣宠，其家无田，不名一差。此其人，或子孙鼎盛，或奴仆拥翼，而谓之无丁可乎？谓之寡丁可乎？以是而论，则丁之不可不归之于人，而考核其实以处之，亦足以佐民之困，而济田之穷，诚一良法也，但至于逃亡绝户，则不可不议。……（《李文庄公全集》卷五）

按李氏此议，作于万历二十二年，时内阁大学士王锡爵与吏部郎中顾宪成交恶，东林党议兴，李氏罢归里居。（参光绪《湘潭县志》卷六《赋役一》。）李氏本传，见《明史》卷二一六。葛、李二议，自以李氏之说较为精细。葛氏以为有田者即为务农之人，殊误。大多数的田主，本身并不从事耕种，只将土地出租给佃农，或雇人代自己耕种，对于这些地主，实在应当重税，不致有驱民弃本务末的可能。但如将丁赋完全归入田粮之中，其意义即为丁赋的本意已完全消失，对于人民对国家服务的观念不免起冲淡的作用。诚如李腾芳《征丁议》中所说的：

　　毕竟从古帝王所立之天下至于今数千年，而户口土田两者，未尝肯销其一，以并于一。……专征粮，则四海之内，但有土田，而无户口。而试问国无户口，何以为国？……使地方有急公之役……须抽丁远行，将可以粮往乎？又使本地有守御征发之役……亦将可以粮守乎？若以为有粮则有丁，假令一富人者有粮百十〔石〕，而其人只一二丁，又将安得多指而驱之乎？若以为有粮有银，可以募人，不知彼时田粮之所出者，以供刍牧兵饷，尚恐不足，而奈何不深思而熟虑也？……

李氏议中，以为如果丁银这样地增加下去，"则异时（湘）潭之有田者，不至如今之长（沙），善（化）一望数百里而尽弃之，素封大家化为逃亡，不止也"。其后，明末年，洪懋德说长沙府一带有些州县，亦有类似的情形，他说道：

> 带丁之制，其害无穷。今之湘，非昔之湘矣。田十年而五六易其主，且就荒焉。民无十世之族，而散之四方，皆自此起。……今湘既无丁矣，则是国家有湘之土，而无湘之民也。……无丁，则赋役之事，一委之于田，而民遂视其田如荼毒，去之惟恐不速。田一去，则脱然为世外之游民，而天子不能使，邑宰不能令，是惰之利而勤之害，民何利而不相率以为游惰乎？于是而世业之田皆归之无籍之豪民，惟其意以侵上而渔下，郡邑之长吏不能皆廉，又将视田腴薮，可以取给于苛求，豪民之势张，则兼并以图目前之利，时移势谢，脱屣而去，无籍以求之，而田粮又付之不可诘问之新主。赋何恃而不逋？田何恃而不芜？民何恃而不逃乎？……（《丁粮或问》）

李洪两人所说，我们纵不能全部地承认为事实，但至少可知长沙附近几个州县自行条鞭法后，土地的易手较前频繁，且多集中于志在规避赋役的豪强新地主的手里——按万历四年，长沙府茶陵州及攸县先后行条鞭法，见徐希明《平赋役序》及刘应峰《核田碑记》，均载《古今图书集成·经济汇编·食货典》第一五一卷《赋役部·艺文四》。

总括反对派所言，他们以为一条鞭的不公平之点有三：一，赋役专责于有田的农民，而工匠商贾皆无异于差役；二，丁役不应由田粮出办，因为丁自丁，田自田，两者的性质与目的都不一样，不应混而为一；三，田多丁多的大户不应与田少丁少的贫户出同一的赋役，——故纵令每亩所出的丁银数目相同，但纳税户的实际牺牲已不一致。且田有肥瘠之不同，其负担赋役的能力亦自不一，若按同一等则征丁，则上地的实际负担亦不相等。不但此也，如一州县以内尽泯昔日户分等则的办法，改按一则起科，如条鞭法之所常为，则此州县与彼州县内各纳税户间的牺牲亦不一致，造成上县原编列下户的吃了亏，下县原编上户的占了便宜的现象；换言之，各州县间的赋役负担亦不公平。如葛守礼《与姜蒙泉中丞论田赋书》说道：

> 闻今布政司分粮，量为上中下〔三等县〕：上者每石价九钱，中者八钱，下者六钱；则既体悉（恤？）下县矣。一县户亦有上中下，可以例推也。且虽上县，未免有下户，一条鞭论上县之下户亦九钱，何以堪也？下县未必无上户，一条鞭论下县之上户亦六钱，何其幸也？（《葛端肃公文集》卷十四）

按蒙泉为姜廷颐之字，隆庆元年八月至四年二月任山东巡抚（见吴廷燮《明督抚年表》卷四）。葛书当作于此时。

关于反对派所提出的上列数点，我们拟先提出一、三两点来检讨，其第二点留在后面。第一，反对论者以为商贾无异于差役，考之事实，殊不尽然。万历（山东）《东昌府志》卷十五《户役志》云：

> 万历十五年，条编法行。……阖境帖然，如就衽席。近议有便有不便者。夫条编非尽便也，相提而论，便多于不便也。世所称不便者，大概谓贾贩得脱免，是为利末而病农；门丁不加征，是为幸富而祸贫。夫丁银所出几何？土人列肆，可屈指数也。临清多大贾，业征房号钱；且其人皆侨居，不领于有司之版籍。独云田无等差，斥卤茅沙，与平皋腴壤，按亩科征，诚非鸤鸠之平耳。……

可见当时对于侨寓临清之富商，除有商税外，另课以"房号钱"；唯于本地小贩，则因其能力有限，且又为数不多，故或不征之。上述情形，各地必有歧异，未可一概而论。

　　第二，反对论者以为条鞭法不分等则起科，以致造成各县各户各田地间负担的不均，在理论上说确是对的，但在事实上并不如此。上引《东昌府志·户役论》之文其前段已提及这一点：

　　　　条编法，《兖州志》论之晰矣。大概谓便不便〔相〕埒，要以国家〔昔日〕三等九则之制，规画较然，不欲使二百年成法夺于新议耳。夫因时之弊以立法，因法之弊以救时。正德前，民朴，畏法自重，差役稀少，有司第其赀产登降之，旬日立办。嘉靖间，赋役横出，门户稍上，破产相寻。于是黠者工其术于诡寄析分，饶者恣其费于结纳请托。每至审编，弊端如牛毛茧丝，虽廉令察宰不能根究窟穴。豪吏猾胥，播弄上下，浆酒藿肉，其门如市。柳子厚所谓"富户操其赢以市于吏，有富之实，无富之名；贫者无资以求于吏，有贫之实，无贫之名"，州县皆然。万历十五年，条编法行。吏无巧法，民鲜危役，阖境帖然，如就衽席。……

万历《青州府志》卷五《户口徭役》说：

　　　　小民畏则，甚于畏差。畏则之虚名，尤甚于畏差之实祸。虽差由则迁；有差无则，计一了差则帖然；若有则无差，以为重则之压身，不知何日可去，而寝食有不安者。择害宁轻，故条鞭为便也。（《天下郡国利病书》原编第十六册《山东下》页卅三至卅四亦载此。应与本文第三节所引《神宗实录》万历十四年四月戊辰条合看。）

可见细分户则以求适合纳税能力的办法，因为实际流弊甚多，在当时是不容易办到的。话虽如此，有些地方仍然斟酌地方肥瘠，与丁的贫富，以定税则，如山东曹州便行所谓"调停赋役册"：

　　一条鞭之法，缙绅类能言之。然或有谓其当行，或有谓其不当行，其见盖人人殊矣。然无论缙绅，即父老百姓，愿行者十有七八，不愿行者亦有二三。查得各处条鞭，不问丁之贫富，地之肥瘠，一概征银，殊失轻重。是以贫弱小民，多有不愿；而富民田盈阡陌，多方诡计，营干下则者，反得借口鼓惑小民，腾谤官长，百计阻挠。官府摇动于浮言，牵制于毁誉，屡行屡止，致使忠实良民，田鬻大半，户口〔之则〕尚高，经年累岁，独当各样重差，无息肩之日，苦累不可胜言，如本州中上户侯贵等岁当重差，饿死单县漫坡是也。今酌议条鞭，地论肥瘠，面征银之多寡既异；丁论贫富，而户口之高下悬殊。名虽条鞭，而实为调停之法，故命名曰调停赋徭册。盖不拂愿行者之心，而亦善体不愿行者之意。卒之规制一定，士民胥庆，即有一二奸民，亦无以为辞矣。……即以达于天下，似无不可行者……（《天下郡国利病书》原编第十五册《山东上》页一七五）

今按"地论肥瘠，而征银之多寡既异"句下，原注云：

　　马应梦序日："户自中下〔则〕而上，银递加多，所以役富也；自下上〔则〕而下，银顿减少，所以恤贫也。照税银四分有奇，而沙碱瘠硗，则量为等差，所以示公也。"（前书，附注，第十五册页四六一七）

一条鞭法原不限于一则编派的，今特举一两例而已。

2. 南北经济情形不同，条鞭法便于南而不便于北

说者谓南方土地肥沃，田赋原本就重，差徭一向比较的轻，故如归徭役于田，所增加的负担有限，其势较便。北方则地土硗瘠，田粮本来就轻，差徭较重，倘以役归田，田地将不堪重负。葛守礼《宽农民以重根本疏》中有云：

夫江南以地科差，盖田之收入既多，又十年始一应差，故论地亦便。若河之南北，山之东西，地多瘠薄沙碱，每亩收入，不过数斗，而寸草不生者亦有之，又年年应差，并之于地，无怪农民之失所也。……（《葛端肃公文集》卷三）

又《与张吉山论豫郡田赋书》亦云：

〔一条鞭法〕南方曾行之。南方十年一役，北方岁岁有差，何可比而同也？（《葛端肃公文集》卷一三）

关于南北丁田负担的比重，万历《帝乡（凤阳府泗州）纪略》卷五说：

户口已载之黄册矣。此外，复有审编丁则者，以江北税役比江南不同。江南田地肥饶，诸凡差徭，全由田粮起派，而但以丁银助之，其丁止据黄册官丁，或十而朋一，未可知也。江北田稍瘠薄，惟论丁起差，间有以田粮协带者，而丁常居三分之二。其起差重，故其编丁不得不多，故其审户不得不密，期以三年为限，而法以三等九则为准，有不足九则者，亦不妨变通之以便民，此审编之大略也。（明刻《帝乡纪略》卷五《政治志·户口·附审编丁则》）

仅隔一水南北情形便有如许不同，所谓"十而朋一"，即为十丁合当一差，极言其轻。嘉靖《全辽志》所言，其包括之地区，更为广泛：

国家赋役之制，以田以丁。江淮以南，赋于田者厚，而丁则十年次待。河，济以北，役于丁者多，而田则什不税一，此其大较也。

因为南方只重在田，以致丁多脱漏；北方所重在丁，以致田多欺隐。万历时徐贞明《潞水客谈》云：

> 东南多漏役之民，西北罹重徭之苦，以南赋繁而役减，北赋省而役重也。

崇祯间吴侃亦说道：

> 淮〔河〕以北，土无定亩，以一望为顷，欺隐田粮。〔长〕江以南，户无实丁，以系（事？）产为户，脱漏户丁。（《在是集》二之七）

按道理说，如果要真正地整顿赋役，在上述情形之下，在南方应先从整顿户籍下手，在北方应先从整理田籍入手。但一条鞭法只是一种因利乘便的办法，它本意并不在解决基本上的矛盾，因之它循着最低反抗力的路线来发展，只分别就原有的税基上加以调度或摊派，但求适应财政的目的便算罢了。原来编查丁田，各有各的困难。田地虽然是比较不容易隐藏的东西，然浮粮之累，吏胥飞洒之弊，必须首先清核，然后可得实际。至于审定丁则，则以人户之财资物力为据，其困难更甚于审订田则。（福建泉州府属）《永春县志》云：

> 今之徭役，西北出于丁，东南兼论田。西北之民，田愈多则累愈重，故役不可以论田而论丁，东南之民，以田为贫富之差，故兼丁田而论之。论丁必以资力，故分九则，其法常病于难均；论田惟镯浮粮之累，禁吏胥之弊，则民受其利矣。然西北之民，一丁而几岁差，一差而岁几次。民或十岁成丁，七十不免。而东南有穷老不事事之民。南北生灵苦乐之异，又可不知之哉！（正德《永春县志》卷四《版籍志下》）

因之，不只南北的丁田负担的比重不同，两地的编役方法也不一致。北方编差，多以门、丁、事、产四种来作标准。"事"和"产"的分别，大概就是动产与不动产的分别，但前者并含有职业的划分的意义在内。合"丁""事""产"三者构成"门"的等第。"门"的意义，代表各户的一般财产状况以及它的社会上职业上的位置。因为北方土地价值不高，所以田地被包括入"产"的项内，不另独立地提出，自成一项。南方的情形不同，土地沃度较高，收获较丰，地价较高，故编役一向注重在田与粮。葛守礼《与郑葵山论中州（河南）地差书》云：

> 北方民差，旧在人丁；地多者，令多出门银，此古租庸调之法，必不可易者。后因南方诸公，以本处之法行之，一切征诸地。……（《葛端肃公文集》卷一三）

《与张吉山论豫郡田赋书》亦谓：

> 大抵北方，田自有赋，役当在人，前有迁执先生，故以南方〔条编〕之法施之河南。……（《葛端肃公文集》卷一四）

浙江绍兴府属《余姚县志》说：

> 北方门，丁，事，产，四者兼论，每以门银为上，产银最下，地土犹致抛荒。吾邑有职役者始登版籍，无职役者每多隐丁，故编役则专重田产。（万历《余姚县志》卷六《食货志》）

可知东南隐丁之户，多属于不须应役的豪强大户。编役专重田产的用意，无非使有田产的大户多少负担些赋役而已。关于北方徭役旧制，门丁事产四者兼论，万历《兖州府志》论云：

旧法编审均徭，有丁银，门银，而无地银，则以赀本产业
櫽括并论也。今〔条编法〕去其门银，而以地银易之，则田家
偏累；而贾贩之流，握千金之费，无陇亩之田者，征求不及
焉，此农病而逐末者利也。上八则人户，旧有丁门二银，今去
其门银，而易以地银，未有加也。下下丁户，止有丁银，旧无
门银，今丁银既无差等，而又益以地银，是下户病而中人以上
利也……古人制赋之法，以租庸调为善，而我〔明〕朝用之。
所谓丁银者，即有身之庸也；所谓门银者，即有家之调也；所
谓税粮者，即有田之租也。今田既有税粮，而益以地差；差出
于门丁，而反去其门银。是田不止于租，而家可无调也。非法
古之意矣。又不但此，有户有口，自上古以来，未之有改；今
去其门银，而但以丁起差，则按图而披，不知某为某门，是有
口而无户也。……（万历《兖州府志》卷一四《田赋志》，又
参于慎行《谷山笔麈》卷一二《赋币》）

《寿光县志・户口》说：

国朝均徭，分为九则，审编则轻重因乎贫富，可谓尽制
矣。法久弊滋，有司改弦调编（"调"字通行本作"条"），
盖有四利三害者焉。头役无包赔之苦，收头免侵牟之患，里甲
免见年之费，均徭无诡寄之忧，此四利也。不论赀本，则商贩
漏网；门银易以地银，则贫户受病；包纳荒田，则里甲难支，
此三害也。去害就利，莫若严明于审编，使丁无所漏，而富家
大商无所欺匿，庶庸银益多；而富商时出调银以助征派缓急，
编氓庶有瘳乎？所宜留神筹划者矣。（《天下郡国利病书》原
编第十六册《山东下》页四五）

前言南北编役的标准，各有不同。但自正德以后，北方各省已有照
田土编役者，其事且在条鞭法正式成立之前。说者以为这是北方受

了南方的影响。嘉靖初何瑭论河南省的均徭制度说:

> 　　或问近日审编均徭,以田土为主,其法如何? 曰:此非祖
> 宗之法也,盖流俗相传之误也。祖宗之法,……田土纳税粮,
> 户口当差徭,其不相混也,明矣。今乃照田土当差,是岂祖宗
> 之法哉? 或曰:人户有上中下三等,盖以其贫富不同也,贫富
> 难明,田土多者必富,少者必贫,则照田土编差,盖法外意
> 也。似无不可。曰:户有上中下三等,盖通较其田宅赀畜而定
> 之,非专指田土也。若专指田土,则施于农民可矣,工商之家
> 及放债居积者皆不及矣。……况差役以人丁为主,以上中下三
> 等较贫富,以为派差之重轻,此法意也。今舍人丁而论田土,
> 盖失其本矣。……此周文襄〔忱〕作俑之过也。宣德年间,
> 周文襄巡抚南畿〔按《明史》卷一五三《周忱传》载宣德五
> 年九月巡抚江南〕,患民间起运税粮之不足也,乃令税粮正数
> 之外,多加耗米以完之;除办纳税粮外,有余剩者,谓之余
> 米。……凡民间户丁之差役,料物之科派,皆取之余米。……
> 本传谓:小民虽出耗米,然耗米之外,再无差科之扰,深以为
> 便,东南多遵用其法。后又自税粮变为田亩。故东南有田差,
> 粮差之说。南士仕西北者渐推用其法。故西北近年亦有田土当
> 差之役,此盖不考祖宗之法,而惑于流俗之传者也。……或者
> 曰:审如此,则寄庄人户不当差役者皆幸免矣。曰:此有司不
> 知守法之过也。使有司知守祖宗之法,审定三等户则之时,不
> 论士农工商,凡田土,赀本,市宅,牲畜多者,俱定作上等,
> 派与重差,则寄庄人户,虽买别州县之田,而难逃本县之差
> 矣,何幸免之有? 今惟不守祖宗之法,审编均徭,舍户丁而计
> 田土,故寄庄人户有躲差之弊,欲革其弊,盍求其本乎? ……
> 或者曰:今之富家,或田连阡陌,或赀累巨万,较之小民,岂
> 止十倍。若止照三等户则,计丁当差,其丁多者出银固多;其
> 丁少者出银甚少,岂不为幸免乎? 曰:古人为国,藏富于民,

盖民之富者，官府之缓急资焉，小民之贫困资焉，时岁之凶荒，兵戈之忽起资焉，盖所恃以立国者也，平时使之应上户重差，法如是足矣。必不得已，则准北畿事例，上户丁少者量出门银亦可也。岂必尽取所有，使之尽与小民之贫者相若，然后为快乎？……（《何文定公全集》卷八《均徭私论》）

何柏斋此议，真正的用意在保全富户的利益——从最后数语可以看出来。但从上文，可知照田编差之法先行于南方，后乃行之北地。南方起初是随粮派差，后又改为随田亩征派。田亩较之粮赋尚稍为容易核实，且比较不易隐匿，改变的理由，似即在此。然随田起差，则本县人民在他县的寄庄田地将无法征税，故或者以是为问，且恐寄庄人户有幸免差役的毛病。何理学先生遂以诡辩应付，说是只需审定户则，以田地资本多的列为上等，派与重差，便可解决一切困难。可惜的事实上真正的上户永远派不到上则！不过，南北经济情形确有些差异：南方地土肥些，作物种类丰富些，农民的收益亦较高，且有乡村副业的补助收入，他们的经济状况，一句话，比北方的农民好些。并且，当时南方的商业化的程度及其货币经济的发展，均比北方略高。有了这些原因，南方便于雇役，北方仍以力役为便。《巩昌府志·徭役论》云：

……以余观于巩之徭役，而知新法条鞭之为北境累矣。何者？盖南境气候既燠，物产复饶，有木绵粳稻之产，有蚕丝楮**纻**之业，又地僻力余，营植不碍，民间贫富不甚相悬，一切取齐条鞭，奚不可？北境则不然，地寒凉，产瘠薄，即中路，又苦冲烦，贫富相去，何啻倍蓰？然条鞭未行之前，民何以供役不称困？盖富者输资，银差无逋；贫者出身，力役可完。且一身既食于官，八口复帮于户。讵惟存贫？兼亦资养，吏习民安，兹其效矣。自条鞭既行，一概征银。富者无论已，贫者有身无银，身又不得以抵银，簿书有约，催科稍逼，有负釜盂走

矣。征输不前，申解难缓，那借所不免也。……《天下郡国利病书》原编第十九册《陕西下》页二五）

《府志·驿递论》又以为巩之驿站夫役，亦不宜用招募法，有云：

> 条鞭虽良法，而俗有弗宜，未有不反为害者。

上引《府志·徭役论》内所说的条鞭将力差改为银差，不便于巩昌的贫民，因为贫民一身以外更无长物，若不许他们亲身当差，只征差银，他们的差银从何出呢？况且贫民在服役时，就食于官，亦是养生之一道。如果定要追银，他们只好挈家逃亡了，你看他说得多惨！论中所云：南方地境较僻，不若北地交通的冲烦，似未尽然。至说道南方贫富不甚悬殊，尤非的论。但南方便于雇役，北方便于亲充，则为事实。万历《常山县志》卷八《赋役表》云："秦，晋便差役；吴，蜀便雇役。"崇祯间吴侃论徭役一条亦说：

> 四方不同：吴，蜀之民，以雇役为便；秦，晋之民，以差役为便。……李常言：上户富安，下户空乏；富安，则以差为病；空乏，则出力为宜。（《在是集》二之七）

好在贫民有的只是穷命一条，倒无所谓便与不便。究竟便不便之说是怎样来的呢？都是从士大夫一张嘴里说出来的。万历间唐鹤徵《论武进县里徭》云：

> 万历初，兵道广平蔡公仿江右条编法，将行之，询于鹤徵。鹤徵笑曰：差不使于士绅尔，齐民则诚便已。然以私计之，毋乃身为士绅之日寡，子孙为齐民之日久耶？毋乃士绅之不便轻，而子孙之长便重耶？蔡公笑曰：请从其久者重者。盖先是优免虽有制，京朝官常得全免。即以入粟拜光禄鸿胪者，

田至一二百顷，率得免焉。介民一堂重役，旦夕破家。诡寄冒免之弊，时方盛行，余故云然。条编者，大略与岁编同。概一县之役，计银若干；科一县之田，亩银若干。第不分银力，率附正赋而征之。既征银入官，官为之雇募应役者也。一时民情翕然称便。既而有行之山东者，齐鲁之民，群起哗焉。盖条编主田为算，而每丁折田二亩。江南地土渥饶，以田为富，故赋役一出于田，赋重而役轻，以轻丽重，且捐妄费，安得不利？齐鲁土瘠而寡产，其富在末，故赋主田而役主户，赋轻而役重，以轻带重，田不足供，安得不困？……（万历《武进县志》卷三《里徭》。参看万历《常州府志》卷六《条鞭》。）

上文广平蔡公，即为兵道蔡国瑞，他行条编法于武进，乃奉巡抚朱大器之檄为之。事在隆庆四年（参万历《常州府志》卷五《里徭》），谓在万历初，实误。上文后半截详言南北赋役状况的不同，所以摊派的方式亦异，可于前面参看。上半截将言不便者的真相戳穿，了解他们的真正动机以后，真无怪连犹太人都会说出"有钱人要进天国比骆驼穿过针眼还要困难"的至理名言了。关于说条鞭不便的人们的阶级和立场，我们还可以多引几条记载作证明。万历四年，（长沙府）攸县知县徐希明《平赋役序》云：

> 大抵此〔条鞭〕法，至公至平，但便于小民，而不便于贪墨之官府；便于贫乏，而不便于作奸之富家；便于里递，而不便于造弊之吏胥云。

江西《吉安府志·徭役》亦谓：

> 大都兹法之行，利于下，不利于上；利于编氓，不利于士夫；利于闾阎，不利于市胥。（《天下郡国利病书》原编第廿三册《江西》页五七）

再就前节所引《曹州志》所云："然无论缙绅，即父老百姓，愿行者十有七八，不愿行者亦有二三。"这不愿行的十之二三的老百姓究竟为什么缘故呢？因为一条鞭法并不是根本的改革，并且它有许多不适合环境令人不满意的地方。这些以后我们还要提到。

条鞭法到了万历初年发展得甚快。这件事与当时首相张居正锄抑豪强的政策实相配合。如果没有居正的极力支持，条鞭法恐怕不易推动。从这点说，我们认张氏是推行一条鞭法最有功的人亦未尝不可。今从张氏书牍中摘录数则，以证实吾说。《答楚按院向明台》云：

> ……一条编之法，近亦有称其不便者，然仆以为行法在人，又贵因地。此法在南方颇便，既与民宜，因之可也，但须得良有司行之矣。……（万历庚戌〔卅八年〕高以俭等校，唐国达刊，《张太岳文集》卷二八，页二二）

《答总宪李渐庵言驿递条编任怨》云：

> ……条编之法，近旨已尽事理，其中言不便十之一二耳。法当宜民，政以人举，民苟宜之，何分南北？白令访其在官，素有善政，故特旨留之，大疏为之辩雪，殊惬公论，惜公不倡言于朝廷，而独以私示于仆也。……仆今不难破家沈族，以徇公家之务，而一时士大夫乃不为之分谤任怨，以图共济，亦将奈之何哉？计独有力竭而死已矣。……（前书卷二九，页一）

按渐庵乃李世达字，时任山东巡抚。书中白令，指东阿知县白栋，万历五年正月，为给事中光懋所劾（见前第三节）。知非居正拟旨留任，白栋早已落职了。又《答少宰杨二山言条编》云：

> 条编之法，有极言其便者，有极言其不便者，有言利害半

者。仆思政以人举，法贵宜民，执此例彼，俱非通论。故近拟旨云："果宜于此，任从其便，如有不便，不必强行。"朝廷之意，但欲爱养元元，使之省便耳，未尝为一切之政以困民也，若如公言，徒利于士大夫，而害于小民，是岂上所以恤下厚民者乎？公即灼知其不便，自宜告于抚按当事者，遵奉近旨罢之。仆之于天下事，则不敢有一毫成心，可否兴革，顺天下之公而已。（同卷，页十）

按二山疑为吏部左侍郎山东武定府海丰杨巍之字。江陵拟旨事，亦见前第三节万历五年十一月甲寅条。书中可睹江陵愤懑之意。

同时，在各省推行条鞭法最著成绩的几个封疆大吏，都是江陵得意之人。如属于早期条鞭法创办人之一，且于万历初年又在江西省积极推动条鞭法的潘季驯，就是江陵提拔之人（《明史》卷二二三本传）。先在浙江，万历后又在福建等处，推动条鞭法最有名的庞尚鹏，当时亦为江陵起用与信任的人（《明史》卷二二七本传）。又如与条鞭有密切关系的应天巡抚宋仪望，其擢用亦由于江陵（《明史》卷二二七本传）。庞宋二人，虽后皆失江陵之意，以致移官，但那已是后话。

3. 征收银两对于农民不便

这是一条鞭法很受攻击的一点。攻击者的理由已分别散见于第三节，与本节（2）。总括起来说：

第一，农民有的是五谷，但无银。征银，是舍其所有，责以所无，它的毛病，像顾炎武所说的一样，"夫树五谷而征银，是畜羊而求马也"。并且对于国家财政亦无好处，因为"倚银而富国，是倚酒而充饥也"。（《亭林文集》卷一《钱粮论》）同时黄宗羲也是抱这种见解。（《明夷待访录·财计篇》）

第二，农民必须在完税期限以内出卖谷子去换银纳税。无形之中，将谷价压低，银价抬高，受两重的损失。如果因为完了税，以后的粮食便不够吃的话，在青黄不接之时农民还要以高价买进粮食，他的损失又增加一层。

第三，北方的农民，多数是收入低微的，苦命一条还有，多余的银毫无。叫他们亲身力役，还可以借此机会混一两口衙门饭吃，尽管吃得不饱。若是跟他们要银子，那就惨过要他们的命了。所以征银特别不适宜于北方。

在这里，我们要补充说明两点：第一，是一条鞭法征银的实际情形。第二，明代用银的历史。

用一条鞭法去征银，据我现在所知，似乎先在徭役方面其后才扩充到田赋方面。徭役之中，又似以力差的折银为最早，然后才到里甲。原本就法令上的规定而言，田赋的折银并没有徭役折银那样来得广泛和普遍，例如东南各省的漕粮，还有边卫的军粮，它们到了明末，仍规定全部地或部分地征收本色。不过，田赋一经征银以后，尽管常有税率上的增高，回到征收本色的事例却少见。至若徭役，虽经编折了银，往往仍不免有再征力役的法外苛求。所以就征银的实施程度而言，田赋方面较之徭役方面却来得彻底一些。

赋役征银，仅为整个财政制度的一般趋势，今先从货币制度说起。明代的货币制度，在普遍用银以前，大致可分为两个时期：第一，用钞的时期；第二，用钱的时期。明开国的前后，曾数次铸钱，令与历代古钱通用。但因民间沿元朝的旧习，多数喜欢用钞，并不欢迎使钱。于是在洪武八年（1375）明定钞法。是年三月造大明宝钞，以桑皮及禾茎为币材。规定每钞一贯，准折铜钱一千文，或银四两；钞四贯，准黄金一两。民间得以金银易钞，但不得以金银买卖交易，违者治罪。钞法行后，不到数年，便已发生阻坏；还不到廿年的光景，钞价已跌落到不及原定法价的六分之一：时在洪武二十六年，两浙、江西、闽、广的人民，皆重钱轻钞，有以钱一百六十文折钞一贯的。二十七年，朝廷乃令军民商贾所有铜钱，有司收归入官，依数换钞，不许行使铜钱。洪武三十年，及成祖永乐元年（1403），重申交易用金银之禁。但因朝廷出钞太多，收缩无法，以致物价不断腾贵。例如洪武十八年（1385）冬，诏天下有司官禄米皆给钞二贯五白文，准米一石。但到了宣宗宣德元年（1426），米一石须用钞五十贯——四十年间米价涨了二十倍之多。先是民间往往用布帛米麦及金银交易，恢复实物交换的方式以求避免币值不稳定的损失。至宣德此时，乃弛用布帛米麦交易之禁，然以金银交易及囤积货物看涨的行为仍须受罚款的处分。此外，又利用各种税课征钞的方法，以吸收钞贯回笼。如老早已施行的"户口食盐法"，令人民军官，计口纳钞领盐。继又令税粮，课程，赃罚，市肆门摊诸课，以至各种新旧杂税，无一不相继折钞。种种措施，不外想将宝钞回笼。但除了英宗正统（1436—1449）因钞不足，钞价一度上涨以外，终竟无法挽回颓势。至宪宗成化（1465—1487）末年，钞一贯已不能值钱一文——较之洪武八年的法定比率，降至千分之一以下。虽然在孝宗弘治元年（1488）仍令一小部分的税课全征钞贯，或钞钱兼支，但是每钞一贯仅折银三厘，恐怕比之纸价工本高不了多少，钞法至是已濒绝境，用银日益普遍。最后一次，世宗嘉靖四年（1525），令宣课分司收税，每钞一贯仍折银三厘。从此以后，政府收税用钞的事例便绝了迹。

关于钱法，它的历史并不见得比钞法的顺利得几多。明朝的钱制，是本朝铸钱与历代古钱并用。本朝诸帝屡有铸钱，各记年号，统名曰制钱。制钱与古钱之中，还有新钱，旧钱之分；与大钱，小钱；好钱，低钱种种的差别。除京师铸的钱外，尚有各省铸的钱，神宗万历间各王府皆铸造私钱。至于民间私铸的钱，势力亦甚雄厚，足与官钱相颉颃。以上形形式式的钱，品类固繁赜不堪，且成色，重量，以至民间对它们的爱恶程度都是不一致的。而政府往往任意规定比率，且常加以种种不合理的流通上的限制。初时政府为要推行钞法，屡下禁止行使铜钱的令——甚至连本朝自铸的铜钱亦在内，此事最令人民失去对钱的信心，尤为钱币畅通的甚大障碍。有了以上种种原因，更加以每次铸造数量过剩，其结果，使得任何一种的铜币，均不能稳定其价值，且只有日见降落的趋势。

如果政府真有决心去维持铜钱制度，它也不是毫无成功的希望的。但政府并无此决心，它的一切打算，尽在目前最大的财政收益，至如币值稳定的长期利益非所顾及。所以钱法屡次试行，均归失败；最后，唯有出于用银之一途。这一点我们只就政府征收商税杂课上的规定来检讨便可作充分的证明。关于税课的征收沿革，据《明史》卷八一《商税》，说："凡诸课程，始收钞，间折收米，已而收钱钞半，后乃折收银。"《明史》的说法，大体上是不错的。但如较仔细地分析，我以为在收钞以前，应补上收实物，和钞钱兼收两个阶段；此外中间几个阶段，亦可以较精细地列举出来，它们的全体过程略如下所示：

实物——→钱钞——→钞——→钞钱银米等——→

钞钱银——→钱——→钱银——→银

自然，上面所指的仅是大多数税课的共同的一般趋势；若就个别税课而论，可能有微异之处。如《明史》同卷所载："直省关税：成化以来，折收银；其后，复收钱钞；〔嘉靖〕八年复征银，遂为定制。"这里应注意的是某一个阶段可以重复地出现，然不论如何，各种税课到了后来几无不收银了。

　　如果我们要追问上开转变过程的理由，除了由实物的转为货币的征收一段另有理由不谈外，其余凡属于货币性质的转变的——例如由钞至钱至银，差不多全可以从政府的自私的立场去求得答案。第一，每一种转变都是代表前一种的货币在不断的跌价中且已到无法维持下去的时候——例如钞。第二，政府既明令允许新征另一种币以后——如铜钱，便不管民间市场的需要情形如何，总想办法极力增加这种币的数量，以致往往造成铸量过剩的现象，重蹈前一种币的覆辙。第三，政府总想在比价上套取便宜，它的办法有数种，但与我们的讨论最有关系的，便是下述一种办法。它有意无意地对某一种币过高定值（overvaluation），但在征收之时并不接受这种高估的货币，却限定只用另一种低估的币。此事我们需要作较详细的说明。在嘉靖初年，多种税课俱明定钱银兼收的，当时法定的比价是每钱七文准折银一分，但按之实际铜钱的市价远较官价为低，因为在当时市面上往往是银一分叫换到铜钱三十至四十文——到了嘉靖末年甚至一分银可换七十文钱。但终嘉靖一朝以至后来，政府始终维持在1∶7的官价。政府所以要如此地做，因为它还有其他巧妙的补充办法去讨便宜，就是它规定一切税收只接受银而不接受钱，但一切的支出如官俸兵俸多仍以七文钱准一分银计算。因此，在明代历朝之中，以嘉靖一朝推行钱法最为积极，铸造次数最多，但扰民最甚最惨。

钱法继钞法失败以后，何以必须用银？这因为民间对银最有信心。银的使用至迟自英宗正统（1436—1449）以来已甚普遍。银两是依重量计算价值的，它虽非铸币，但辨别容易，价值稳定，且不若钱的笨重，所以民间乐用，终竟取得钞银的地位而成为通货。《明史》卷八一《钱钞》云：

> 英宗即位，收赋有米麦折银之令，遂减诸纳钞者，而以米银钱当钞，弛用银之禁，朝野率皆用银，其小者乃用钱。惟折官俸用钞，钞壅不行。

上文乃指自正统元年行金花银后，除小额贸易仍用钱外，朝野皆已惯于用银。金花银的内容，系由朝廷指定南畿、浙江、江西、湖广、福建、广东、广西，七处，各划出一部分税粮，总共米麦四百余万石，每石折银二钱五分，合计折银一百余万两，输送京师内承运库，以备支放官俸之用。由此可知田赋折银，并不开始于一条鞭法，——即在明初亦已有折银的事例，虽其范围与数量均远不及金花银。何以金花银行后，论者多说其便利，而一条鞭法征银，论者反说不便呢？此中一个主要原因就是如上所说的钱银的比率定得太不合理。我们有了这个认识，才能够明白当时人疏章内所说的真意。隆庆三年（1569）七月辛卯，总督蓟辽兵部左侍郎谭纶陈理财五事，其中之一"通钱法"云：

足国必先富民，欲富民必重布帛菽粟而贱银，欲贱银必制为钱法，增多其数，以济夫银之不及而后可。今之议钱法者，皆曰"铸钱之费，与银相当，朝廷何利焉？"臣以为岁铸钱一万金，则国家增一万金之钱流布海内，铸钱愈多则增银亦愈多，此藏富之术也。又曰，"钱虽铸，民不可强。"夫钱者，泉也，谓其流行而不息也，今之钱惟欲布之于下，而不欲输之于上，故其权恒在市井而不在朝廷。又识以年号，亦不免有壅而不通之患。臣愚请朝廷岁出工本银一百二十万〔两〕，分发两京工部及南北直隶各布政司，所在开局，设官专任其事，其所铸钱即以备次年官军俸粮，兼支折色之用，其后铸钱益多，则工本当益省。铸钱制以轻重适均，每钱十文直银一分；不足，则稍重其制钱，钱五文直银一分。其钱俱以大明通宝为识，期可行之万世，从前嘉靖等钱，及先代开元等钱，或行或否，悉听民便。新钱盛行，则旧钱当止。布钱之日，令民得以钱输官。如税银起运折色，则银六钱四；存留折色，及官军俸粮罪赎纸价，俱从中半收钱，如此，则百姓皆以行钱为便，虽欲强其用银而不可得矣。（《穆宗实录》卷三五，《谭襄敏公奏议》卷六）

隆庆四年二月丙寅，山西巡抚靳学颜应诏上理财疏，其大意与谭疏相同，今节其大略如下：

臣又见近世之言理财者曰，"财无从生也，惟有节费而已。"臣以前代生财之法较之今日尚缺一大政焉。……而钱法是已。……今天下之民愁居懑处，不胜其束湿之惨，司计者日夜忧烦，皇皇以匮乏为虑者，岂布帛五谷不足之谓哉？谓银两不足耳。夫银者，寒之不可衣，饥之不可食，又非衣食之所自出也，不过贸迁以通衣食之用矣；而铜钱亦贸迁以通用，与银异质而通神者。……今独奈何用银而废钱？惟时天下之用钱者曾不什一，而钱法一坏，久矣其不举矣。钱益废，则银益独行；银独行，则豪右之藏益深，而银益贵；银贵，则货益贱，而折色之办益难。而豪右者又乘其贱而收之，时其贵而粜之，银之积在豪右者愈厚，而银之行于天下者愈少，再逾数年，臣不知其又何如也。……臣窃闻江南富室有积银至数十万两者，今皇臣上天府之积，亦不过百万两以上，若使银独行而钱遂废焉，是不过数十里富室之积足相拟矣。……今之为计者，谓钱法之难有二：一曰"利不酬本，所费多而所得鲜矣。"……其二曰"民不愿行，强之，恐物情之沸腾也。"臣愚以为历代无不用之，至称为钱神，我先朝又用之，只见其利，不闻其病。正德嘉靖以前犹盛行之，盖五六百〔文〕而值一两，今七八十岁人固多，尚可一召而讯也。独至于今，屡行而屡废，甫行而辄辍焉，何哉？臣窃详之，钱比钞异，于小民无不利也，独所不便者奸豪尔：一曰盗不便，一曰官为奸弊不便，一曰商贾持挟不便，一曰豪家盖藏不便，此数不便者与小民无异（应为"与"字之误）也。臣窃闻往时但一行钱法，则辄张告示，戒厂卫，不先之于卖菜之佣，则责之以荷担之子，愚而相煽，既闭匿观望之不免；而奸豪右族依托城社者，又从旁簧鼓之，以济其不便之私。一日而下令，二日而闭匿，不三四日而中沮矣。……臣闻施恩泽者自无告始，行法令者自贵近始，岂惟贵近，自朝廷始可也。请自今以后，追纸赎者，除折谷外，而责之以纳钱；上事例者，除二分纳银外，而以一分纳钱；存留户口则兼收钱谷；商税课程则纯用收钱；此谓自朝廷始。又因而赐予之费，宗室之禄，百官之俸，则银钱兼支；又因而驿递应付，雇夫雇马，则惟钱是用；又因而军旅之饷，则分其主客，量其远近，或以代花布，或以充折色；此谓自贵近始矣。此数者，有出有入，而民间无底滞之患，诚以上下交会，血脉流通故也。……（见《明经世文编》卷二九九，参《穆宗实录》卷四二，及《明史》卷二一四本传。）

谭、靳两人，对于铸钱足以富国的过度乐观的看法，正足以说明政府屡次滥铸的动机。当时破坏钱法的，除政府自身以外，是与盗窃的利益打成一片的豪门和官僚商人阶级，一如靳氏所言。明末张溥《钱法四弊》亦说：

> 诸解京贡赋之入，固必精良白金；即藩省禄给，存留盐税，薪俸工食之类，又辄以钱不便行而不收。（《国朝经济录》）

至于非收钱不可的只有卖菜和挑担的老百姓。

善夫明末徐光启《农政全书》序文所言"金银钱币，所以衡财也，而不可为财。方今之患在于日求金钱而不勤五谷，宜其贫也益甚，此不识本末之故也。"可惜朝廷却不懂这个道理。

4. 年年应役，过于频繁

旧日里甲制度，十年之中，只有一年服役，其余九年皆空闲在家，自行条鞭法后，徭役从丁田两项起派，折成银两，每年起征。从此，往日十甲轮差一劳九逸之制不复存在，人民每年都要出役银。换言之，即将昔日十年内须出办一次的差役总额，分为十年输纳，每年各输十分之一。关于这点，论者的意见不一，有以为新制较旧制利便的，已略见第四节（3）。《吉安府志》综合正反双方面的理由，再加以批判，还是赞成新法，今引其原文如下：

> 旧于十甲之内，十年轮当一差，虽曰一劳九逸，顾其应直之年，数繁役重，力且不胜。况以民事官，入役之初，常例费已不赀，而责办于上，需求于下，有编银一两，而费至十倍百倍数百倍者，苦乐不均，于是豪民巧为规避。户之低昂，吏得私易之，而低者反昂，昂者反低，民之穷困，十户而九。隆庆间始易为条编。分均徭，里甲，民兵，驿传，名曰四差。计四差之银，通融各为一则，摊分十年输纳。斗库诸役，出自官

募。夫一分为十，则役轻；征价于官，则民便；轻重通融，苦
乐适均，则差平，而吏不得持低昂之柄，是宜乎万口称便矣。
然议者或谓旦旦而号之，农商无终岁之乐，户户而比之，县官
有敲朴之烦，则不若征其价而仍复轮差为便，斯盖长吏自为计
之说也。夫十而一之，孰与夫一而十之？矧齐民朝不谋夕，谁
乃岁积其一以待十年之输也？今岁输十之一，役轻易办，一输
之外，民可闭户而卧，孰谓其无终岁之乐耶？其视轮差之岁，
苦于弊多费重，以致鬻儿破产者，万万相悬矣。……（《天下
郡国利病书》原编第廿三册《江西·徭役》页五十七）

《汶上县志·条鞭法议》以为条鞭法的税基比较广泛一些，说道：

惟是以一县之力，供一县之役，则众而易举也；以一年之
输，分十年之限，则轻而易办也。（《天下郡国利病书》原编
第十五册《山东上》页一七二）

但万历《常山县志》与上正持相反的意见，它以为常山县原日的
编役颇为得法，可以每隔一年休息一年；条编行后，反为催科逼
迫，且人民服役过频，适足以妨碍他们谋生之计。其说如下：

按条鞭之法，使民无偏重之累，多则之扰，甚盛德也。顾
物情不一，难以概齐，固有便于江西越东，而于吾衢不便者，
如秦晋便差役，吴蜀便雇役之类是也。且原国初立法……其意
谓劳逸相间，则服役不勤。故自税粮之外，一年里甲，一年粮
长，一年丁田（按粮长丁田皆役名），一年均徭，一年造册
（属于银差之一种），十年之中五作而五休之，少得喘息，以
并力于供应也。今行条编之法，则官府日日催征，百姓时时输
纳。盖有一当排年，则终岁奔走钱粮，日不暇给，凡耕读事畜
之业尽废矣。予尝与宁绍一士夫论条编不便于军门徐部院之

前。其人曰："譬如人日行百里则艰；若分作十日，日行十里
则安舒，不亦善哉？"谨应之曰："日行十里，是日日行路也。
使人尽废百事，而为行路之计，问馆舍，筐枕簟，持糇粮，亦
日可矣，他将不暇为生乎？"曾因董获至三村，见壁间有无名
氏题诗曰："此村不是石礦村，夜夜尝闻吏打门。半亩庭荒无
鸟雀，一年岁晚少鸡豚。新丝欲卖谋诸妇，旧谷难偿累及孙。
何日条鞭闻报罢？相公功德满乾坤！"则人情可睹矣。……
（《常山县志》卷八《赋役表》）

5. 总一征收，过于促迫

《常山县志》又攻击本县条编法曾一度行之不得其当，致有各
项齐征，过于逼迫的情形，说道：

况彼时既经条编，则当条征条解可也。而该房各摘其所
需，称为紧急，一时各项齐征，不及半年，殆将完满，大非用
一缓二之道。自今知县傅良言至，限为朔望，每两追银五分，
分俵缓急起解，民始少苏……（万历《常山县志》卷八）

湖广《辰州府志》亦说：

且他时编派，分正，杂。正，杂之完纳，又分本，折。故
追征期宽。自条鞭法行，天下受其划一。而辰迫驿骚。盖巨猾
缘而作奸，更立压征，预征，实征，诸名，遂征无虚日。今年
之谷才登，来年之赋已迫。……（万历《辰州府志》卷三
《田赋》）

以上所说的，是两地一条鞭法施行后的流弊实况，并非各地一
般的情形。平心而论，条鞭法所规定的征收期限，较之以前稍为划
一。有一年分为三限征收的，见霍韬《渭崖文集》卷九《吏部公
行·应诏陈言以裨圣政以回天变事》。有分四限征收的，见万历

《广平县志》卷二，及万历《邯郸县志》卷四。有分六限的，见前引章潢《图书编》卷九一，所记江西的条鞭法。有分七限征收的，见万历《大田县志》卷九，及万历《龙游县志》卷四。亦有分十限的，见崇祯《邓川州志》卷五《官师志》。分三限征收的方法，行之于山西忻州及榆次县的，是"春〔征〕三分，夏三分，秋四分"（见万历《忻州志》第一册，及万历《榆次县志》）。但武进县由三限改为十限，最后定为五限，见万历《武进县志》卷四《征输》。

6. 混一征收，混一支用，易于侵吞

旧日赋役各项皆各立名目，按款按项征收，且亦按款按项开支起解。立法本意，初非不善。但因头绪过于纷繁，且征收解运人员过于庞杂，往往因缘为奸。自行条鞭法后，原来各项赋役名目仍予保留，官府于开征前照例将本年内本地方所有应收应支的款项及其银两总数，以及各花户应分摊的细数，一一公布出来。到了征收的时候，便向各户按照公布的数字征收一个总数——这一个总数是各该户所应交的各项赋役的合计的总数目。换言之，在征收时并不需分别开所征的银两，其中有多少属于某款某项，又另有多少是属于他款他项，而只是将一个总数统一地收回来。及遇有支用时，即于已收存在官库的款银内拨给。这种收支的方法，当时人叫作"总收分解"法。所谓总收，即统一征收；所谓分解，即分项支拨。有些人以为这种的收支制度，往往发生侵吞埋没的弊端，已略见第三节引葛守礼奏疏中。万历六年（1578）江西南昌府新建县知县张栋《上刘峨山（名斯洁）抚院书》论及该县行条鞭法后的情形，说道：

　　　　再照四差银两，虽有里甲，均徭，民兵，驿传之殊名；而百姓之输纳，本县之征收，初未尝分开何者为里甲，何者为均徭，又何者为民兵，驿传也。既混一而收之，又混一而用之，随收随放，漫无分别，而县官又公务缤纷，不能一一稽索。侵

欺冒破，何能以保其终无哉？（《可庵书牍》卷一《新建书牍》

上函内所言"混一而用"，乃指一切支款统从"漫无分别"的总收入内支付而言，与上面所说的"分解"一词，包含起解到另一个地方，意义微有差别。

7. 不分仓口，不分石数，易于舞弊

旧日税粮的输送，分为远近仓口。输于远仓的税粮，费力较大，折耗亦较多，所以实际的负担当亦较重，故多派之于富户。输于近仓的税粮，用力稍省，折耗稍低，实际的负担亦较轻，故多派之贫户。远仓名曰重仓口，近仓名曰轻仓口。用仓口的远近来调剂贫富户的负担，使之比较接近公平，这是当时规定的本意。嘉靖初年，何瑭著《均粮私论》论河南的田赋说道：

> 国初定粮，失于分别，一概定作每亩粮八升五合。后官府以下田人户办纳不前也，乃议令起运重粮，多派于上田里分；存留轻粮，多派于下田里分。盖亦哀多益寡，称物平施之意也。虽未尽得其宜，而民病亦少苏矣。近年上司患里书挪移作弊，乃令不分起运存留，俱总定一价则，上田下田无所分别。虽曰可绝里书之弊，而下田民户固已不胜其害矣。（《何文定公全集》卷八）

上言原定的上田与下田的人户所享受的差别待遇，因里书挪移作弊，以致改为一则起科，使到贫户的负担增加，当系实情。自行条鞭法后，起运与存留合一，仓口亦不分远近，昔日调剂人户贫富或土地肥瘠的功用，随之消失，自遭受人们的批评。隆庆元年葛守礼《宽农民以重根本疏》中有云：

> 国初……分定各项仓口，仓口由重而轻，人户自上而下，明白开派某人某仓口粮若干，给与由帖（按即一种收税通知

单），使其执照，各赴该仓收粮大户处投纳……其法简易，可以百世通行无弊。近年不知何故，乃变为一条鞭派，不论贫富，一切同摊，既不显仓口，又不开石数，只开每亩该银若干，致使书手任意增减，漫无底定。虽小民黠慧者，亦莫知端倪；而况蠢愚，只应凭其口说，从其愚弄也。不惟小民莫知，虽官府亦岂能于分厘毫忽之间算无遗乎？

又《与刘安峰论赋法书》亦谓：

> 山东均徭征输旧规，称为最善，近多变更，小民莫知端倪。如派粮本有原坐仓口，轻重等差一视户则，虽妇人稚子，莫之或欺。不知何故，变为一条鞭，使书手得以因缘作弊。后又谓一条鞭难为贫者与富人同科，乃又变为三等银则，弊愈不可穷矣。夫照各仓口分派，令人查纳斗斤若干，价钱几何，晓然人知，何等简易？今乃不显仓口，冒然谓某某该银几何，小民听然输之，无复可以查算，是与书手以神术弄愚民，且又涂民之耳目，装之囊中，任其舞弄也。（《葛端肃公文集》卷一三，参同书同卷《与鲍思庵论徭役》）

按以前分别轻重仓口之时，是征收本色的，且由民收民解；自行条鞭法后，改征银两，且由官收官解，故办法当不能与旧日一致。

8. 合丁徭杂项于土地，启加赋之先声

说者谓徭役杂敛合并于田粮之中，虽得一时苟安，但其后遇有紧急需要之时，后人仍不免重蹈覆辙，遂开田赋加派之渐。且历时稍远，后人或忘记本源，复于田赋上毫无顾忌地附加，更不易防阻。这种见解，明末黄宗羲发挥得淋漓尽致，他从历代的赋税史上作了一番检讨，认为自三代以至明朝都有同一的趋势，关于明代，他说：

　　有明两税丁口而外，有力差，有银差……嘉靖末行一条鞭法……是银力二差又并入于两税也。未几，而甲年之值年者杂役仍复纷然，其后又安之，谓"条鞭，两税也，杂役，值年之差也。"岂知其为重出之差乎？使银差力差之名不去，何至是耶？（一本"至是"下多"杂役"两字。）故条鞭之利于一时者少，而害于后世者大矣。万历间旧饷五百万〔两〕，其末年加新饷九百万；崇祯间又增练饷七百三十万。倪元璐为户部，合三饷为一，是新饷练饷又并入于两税也。至今日以为两税固然，岂知其所以亡天下者之在斯乎？使练饷新饷之名不改，或者顾名而思义未可知也。此又元璐不学无术之过也。（《明夷待访录·田制三》，中华书局《四部备要》本。）

梨洲这番说话，确是普遍存在的事实。如湖南《宝庆府志》所说，足资证明：

　　自一条鞭法行，地租与丁银故未合也，其时增辽饷，所谓九厘饷，是辽饷与条编相并行，故世谓之条辽，又谓之条饷。自丁银摊入地租，而麂皮班匠优免皆同，于是粮户又谓之摊，而凡诸租赋皆合于一。则一条鞭法后之又一条鞭也。诸州县盖各有科则云……（道光《宝庆府志》卷八四《书户二》）

今再多举数例，以实黄说。万历十一年御史张贞观"请定徐州里甲夫差"，上疏云：

　　自民间苦里甲，而后有条鞭之法；是条鞭之行所以苏里甲之困也。然里甲之累有一分未除，则便是条鞭之行有一分未尽。但据所知，则固有已征鞭银，而复役里甲者；亦有限年头役名色依然照旧金派私贴无算者。业以（已）征其银而复役其身，是民昔之所苦者一，而今之所苦者二也。且头役私帮出自现年，偏累犹昔，何称鞭法？臣尝备员山东，见鞭法之行较若划一，民间大称苏息，何江北辄不同也？臣谓较若划一，既已改行鞭法，即当悉去现年。其间有重差，如提锁甲首，走递马匹之类，私帮之数，视正额固多，俱应明鞭，不应暗贴；俱应派之合境，不应帮之里甲。至于官府一应供应之数，宁从其优，无过于减。仍严为申禁，必不使里甲复至私用，庶里胥之科扰可杜，而灾地之累苦亦尚可少舒矣。……（《敷陈里甲条鞭审派疏》，参乾隆《江南通志》卷七六《食货志·徭役》）

又如河南汝宁府信阳州罗山县亦有类似的情形，《县志》云：

会银，昔未有也。以里甲供亿，不才官费之不赀，乃酌一年应费之银，定银有额，入条鞭内，征收入官用之，名之曰会银。会银设，而费有限矣，此节爱之良法也。何近时又令十甲里长轮流支使，岂免包赔，而里长又焉得不派之各人民哉？抑且指一科十矣！是既有会银，复用里甲也。为小民之困，不滋甚乎？（《天下郡国利病书》原编第十三册《河南》）

在南方，这种重税的现象亦甚普遍，万历间南直隶应天府上元县自行条编后，除征收工食银两以外，差使仍令入直亲供。知县程三省条议上的"县事宜四款"其第四款免重差云：

照得上〔元〕江〔宁〕二县，条编银两已奉明文一则均派矣。每年仍有各衙门库斗诸役。工食取之条编，差使则令亲役，每一入直，则有常例，有买办，有守候，无名之费，诸难枚举。……奈何正赋之外，复有重赋如此哉？（万历《上元县志》卷一二《艺文志》）

凤阳府亦有同样的情形，《凤书》云：

凤之……最苦者，役于官与役于官府营缮者，如宋顾（雇）役之法，一切取办于编银。虽云嘉〔靖〕隆〔庆〕前徭里甲法不均，其时□粮长马头库子等色，坊里之长操权横甚，户民一不当意，指名定役，富民立破产，小民糜碎。然自条鞭法行，而此属肆其大害未尝减也。名曰一条，而四差依然存也。（天启《凤书》卷四《赋役篇第二》）

总之，种种苛索的名目，横征暴敛的状况，自条鞭行后，仍不减于以前，万历初，工科给事中张栋（昆山人，万历进士，知新建县）言之最详，《张给谏集》内《国计民生交绌敬陈末议以仰裨万一疏》云：

四曰：审均徭。臣按条鞭之法，虽概行于东南。而行之称善者则莫过于江右。臣先任新建县知县，已亲行之，而亲见其宜民者也。乃若浙，直地方，民非不行，实未尝行。何以证之？夫条鞭之称善，正以其征银在官。凡百费用，皆取于官银。民间自本户粮差之外，别无徭役；自完本户粮差之外，另无差使。吏胥无所用其苛求，而民相安于无扰耳。今既云行此法耳，胡复有均徭之审耶？解户，收头，修衙，修舡，下程酒席，其害不可枚举，请言其详：盖钱粮既征在官，则以官收，亦以官解，宜也。何为而又金大户？一领一纳，库吏皆得上下其手；解户甘心赔折而不敢言。甚至有发与空拟，先令完纳，而后听其索□于小民者，此解户之所以称累也。征收钱粮，除用柜头，其害不待言矣。即如派定各区，每名收千两，则收完其责亦完，宜也。何故必责之以管解？所收之银未经解尽，收头之责终于未完。库吏因而为奸，受贿多者首先发解，否则有候至十年而不得完者，此收头之所以称累也。修衙，修舡，既有征银在官矣，即当责之工房吏书管理可也。今乃仍点大户，官银不足，倾家赔偿，而该吏人等犹且从之索贿；不得，则以

冒破禀白尤贲，以致浮费之数，反倍于赔□之数，夫焉得不称
累？下程酒席，亦既额有官银矣，即当责之礼房吏书买办可
也。今乃仍用里甲，赔费不赀，荡产从事，而该吏人等亦且因
之为利；不得，则以苟简禀官罚治。以致官用其一，而吏反用
其二，又焉得不称累？抑且有奉上取资赎镪，无以应求，而亦
派办于徭户矣。其间贫不能胜此役者，每民量田数多寡，又派
空役银入官公用。不知原编公用银两作何支销？大都皆为吏书
所乾没，有司者未必能一一而查之耳。此徭役之当议者也。
（《皇明经世文编》卷四三八。参《明史》卷二三三《李献可
附传》，清道光《苏州府志》卷八三《人物·宦绩八》。）

上疏言条鞭征银以后，复编审均徭。其中解户，收头，修衙，修
舡，下程酒席诸役，旧病一点未除，而另以新的姿态出现，如解户
复佥大户；收头又责以管解；修衙，修舡，仍点大户；下程酒席仍
用里甲。种种积弊，张氏以为皆由于衙门中如吏胥书手等属于下级
的职员勒索乾没的行为所致，至于州县中的高级官吏则亦"未必
能一一而查之"。其实，州县首领官所负的责任并不低于吏书，前
者的贪污程度恐怕有过后者而无不及。今引稍后的奏疏来作证明。
万历中吏部赵南星《朝觐合行事宜疏》云：

今士人一为有司，往往不期月而致富。问其所以，率由条
鞭法行，钱粮经有司之手，重收而取羡余，加派在其中矣。而
数年来又以军兴加派，则加重收而取羡余，是加派无已矣，有
司之贪如此，民安得不为盗？小盗起而大盗随之，皆有司为之
竿也。（《赵忠毅公文集》卷一四。参《明史》卷二四三
本传。）

大约高级的官吏总爱将害民的责任推诿到低级的胥吏的身上。
思宗崇祯三年（1630）河南巡抚范景文上《革大户行召募疏》亦

以为盗贼水旱不足为百姓的大患，百姓的大患皆由"官患苦之而莫可解免"，且"莫如差役"。且他所指的官为民患，并非指真正的官，乃指"胥徒"人等为患百姓而言。范氏建议，改革河南的差役制度，应参照他万历末年在山东东昌县任推官期内所行的条鞭法，实行官收官解，废除佥派民户的办法，以免胥徒从中作梗。今节录疏文如下：

> ……如钱粮之收有收户，解有解户，驿递有马户，供应有行户，皆佥有力之家充之，名曰大户……而所佥实非真大户，何也？大户之钱能通神，力能使鬼，不难幸免；而免脱雄罹，大半中人耳。中人之产，气脉几何？役一着肩，家便立倾；一家倾而一家继，一家继而一家又倾。辗转数年，邑无完家矣。即彼所谓能通神能使鬼以免一时者，亦渐日朘月削。免与不免同归于尽。此不水旱而荒，不盗贼而慝者也，岂不痛哉！往时建议者心痛（一作"隐"）之，变为条鞭法，以阖境之力役，均于阖境之丁粮，此其苦宜少苏矣。而试观民间，有不经年累月奔命于公家者为谁？有不卖妻鬻子罄资于津赔者为谁？是条鞭之行者自行，而大户之革者未革也。总之役在民则官便，役在官则民便，此不两利者也。便在民，则民欲革；便在官，则官不欲革；此不两立者也，夫官民之不相胜也久矣，有司官即不无念及民瘼者，无如胥徒之中为格何！盖佥派一行，则手得高下，口得低昂，日市其重〔役〕于民间，而民奔走以奉之。嗟嗟，民间，天子藏富之地，而反为彼外帑，以致官日富而民日贫，在官之人日富而民日贫。臣剚心蒿目，议下有司，实行条鞭之法，一切差役，俱归之官。钱粮官雇人收，为议廪饩；官差人解，为议盘费。仓漕为之议脚价，官委人置（一作"买"）。驿递为之议刍豆，官募人养。供应以市值平买，不立官价名色。凡夫倾销，添搭，帮赔之费，彻底蠲除。百年患苦，一旦洒然，不亦快乎？是非移民之害于官也，官任之而害

自减耳。……在民免于害，而官亦并受其利，所虑失利者（一作“所不科者”），独胥徒耳。……（《范文忠公文集》卷二，参《明史》卷二六五本传。）

大约一些少数的清廉之官，像张栋及范氏等，或亦“不无念及民瘼”，但他们只是绝对少数；大多数都是贪婪之官，所以“士人一为有司，往往不期月而致富”，——一如赵南星之言。况且出身于士人之官，虽或主观上念及民瘼，但都客观上脱离民众，岂能洞悉民隐？所以官若与胥斗法，永远是官失败。根据范疏，我们知道当时国家与官吏，官吏与人民，彼此间的利害的冲突，已经很可以；并且官与胥吏，大户与中户、小户，彼此之间的利害更是充满着尖锐的矛盾。

范疏中主要的建议，是停止编佥民户当差，一切徭役皆折征银两入官，由官招募——换言之，严格地执行原有一条鞭法的真髓。相同的意见，在崇祯十年八月二十日户科给事中丁允元题奏内亦可看到。丁氏题请朝廷整顿故乡山东日照县的条鞭法云：

照民之逃于赋者十之四五，逃于役者亦复十之三四。盖条鞭一法原合仓库马夫收头诸役公费俱在其中，而迩来州县官应查盘，则以条鞭册应，其实则一年一编佥也。夫编佥之害，在民间则佥一以扳十，在衙蠹则诬贫而卖富。究不至富者贫，贫者徙而转沟壑，其势不已。……（清乾隆庚寅重刻《丁右海先生疏稿》页九至十。参《天下郡国利病书》原编第十五册《山东上·里甲论》页一四一至一四二。）

总之，自行条鞭法后，各地加派、暗编的事件仍是层出不穷。如万历间王圻所说的“小条鞭”（见《神宗实录》卷四一六，万历三十三年十二月乙卯，颁诞育元孙诏中语；及《天下郡国利病书》原编第十五册《山东上·曹县志》），天启，崇祯间艾南英所谓

"条鞭之外,更有条鞭"(见《天佣子集》卷六《书六·与郑三尊论〔江西〕南城马役书》),万元吉所说"条外有条,鞭外有鞭"(见《墨山草堂初集》卷一《收支疏》),都是指重征叠税而言。

9. 预算不易编定

条鞭法设立的初意,原本以为各项赋役一经编定以后便可成为定额,希望后来不再有增加。所以各地自行条鞭后,莫不纷纷勒石为碑,或刊刻书册,俱明载编定额数,冀垂之久远。但这个希望是不容易达到的。原本,能编入条鞭银的款目,大半都只限于有经常性与固定性的;其余凡属于临时或意外的款目自不便编入鞭银以内——这点我们在前面已说过。可是,想制成一个定额还易,想这个定额在一个长的时期内仍能维持便难了。这就是当时人的"预算"问题所在。如果定得太严的,则后来有意外不时之需,便无法去应付;如定得太宽,又怕引起经理人员的浪费以至挪借或侵吞的弊端。万历《安丘县志》把这番道理说得最具体而清楚:

> 四差合征,则力难毕完;输银在官,势且轻用;以难完当轻用,则折阅必多。一旦有意外水旱灾伤之蠲,部派军兴诸卒然之务,将于何取给之?若欲预为之羡,以备蠲减,如宋曾布所言,则浚民者将濡首焉,是先病之也,……(卷八《赋役考七》)

事实上也证明编额无法过于低减,因为裁削太过,则支出不敷,且有因此引起民变兵变的。万历十一年八月癸丑,户部覆浙江抚按张佳胤张文熙各疏言:"浙省徭役条鞭之法,刻成〔两浙〕均平录,经久可行。近编经制书,裁削太过,以致酿变兵民。自万历十一年为始,每年派银四十四万九千五百三十一两零,以均平录为准,永为遵守。"从之。(《神宗实录》卷一四〇)关于《两浙均平录》,余另有题跋,不久即将发表。

因减削工食几致酿成兵变的事例,在河南亦发生过。万历二十午四月丙中，河南巡抚吴自新奏："陈州卫军以新行条鞭，工食未给，适本营署印同知赵贞明阅兵，法行纠众鼓噪，拥至教场，给给数千金始散。"兵科给事中王德完谓："条鞭利贫不利富，利军不利官，故武弁百计阻挠之。创制在法，行法在人。闻陈州指挥青若水善抚士，能定变，宜委任以责成功；又别选才干县正履亩清查，使条鞭必行，则帝泽流而军心萃矣。"疏下所司。（《神宗实录》卷二四七）为什么条鞭利军不利官呢？因为饷额一定，长官任意克扣的机会难些。

万历初江西新建县知县张栋《上刘峨山抚院书》亦说明原额不宜定得太紧。

> 兹奉道府转奉牌行另议条编规则……案照隆庆六年奉两院案行粮储道议定各衙门一应公费款册，颁发下县……皆分有定款，派有定数，每年每月每日计其所用若干，编银若干，刊定规则，一毫不可增减矣。但当时之立法者，既先限以一成之额；而逐日之所用者，未必能如原定之数。有原编十两而用至二十两者，有原编十两而用至三十两者，又有原未编而续奉举行因而取用者。一时奉票，县官敢抗拒而不即送用乎？此原数之不足，不可不为酌议者也。（《可庵书牍》卷一。又《明史》卷二三三《李献可传附》）

末数语说出上级机关与下级机关在财政上的矛盾。

因此，后来张栋上疏主张议定条鞭银两时，应留有余地，以备不时之需，而免加派包赔之弊。地方长官，不可贪一时之虚名，贸然裁减原定的额数。他的《陈蠲免裁减纷更三事疏》内说道：

> 二曰，裁减无实利，何也？节省，美名也。皇上躬行俭德，中外臣工，夫谁不曰节省？顾省所可省者，斯足为民□；省其所不可省者，未足为民利，而实足为民害，此无庸枚举为

也。即如条鞭一事，其初议也，未始不因地方之繁简，而定公费之盈缩也。一岁所用，取足于一岁所输，民未见其为病也。有司者欲投时好，博高名，则取于原定之数，而且请缩焉。然不能缩于用也。遂令所入无以支所出矣，而包赔加派之弊滋矣……则又何如因其旧而不必减，使众易供之为愈也？（《张可庵先生奏议》卷二。按此疏亦见《张给谏集》，原题为《琐拾民情乞赐采纳以隆治安疏》，末二语，奏议不载，今据《给谏集》补入，亦载《西园闻见录》卷三三《节省》。）

欲博高名投时好的长官，一方面作毫无实利的裁减，一方面压低雇役的工价，与购买物料的市价，以致工商皆受其害。这种两重人格的官一定天生来有两副的面孔。老百姓见了他们，啼好还是笑好？万历间徐渭著《会稽县志·徭役论》云：

> 余闻诸长老云："徭赋之法，盖莫善于今之一条鞭矣，第虑其不终矣。"其意大略谓：均平之始行也，下诸县长吏自为议，县长吏以上方从俭，奈何令己独冒奢之嫌？乃忍取其疑于奢者一切裁罢以报。而今者每一举动，或承上片檄，则往往顾橐匣而局脊，掌橐之吏与铺肆之人，且愁见及矣。至于雇之繁且苦若仓传者，亦往往值不称劳，莫肯应募。……（《徐文长集》卷一八）

所以《吉安府志》以为如真想将条鞭能够长期维持下去，必应注意两事：一，编定预算额应当稍宽；二，发给雇役的工价应当稍厚：

> 必欲维之而使不变，其说有二：夫议法者始乎宽，则其将毕也不弊。盖始事亦尝从宽议矣，后乃一二沽名者减其数以悦上，上之人从而悦之，于是数核而用不舒。夫千金之子，尚交

而亦义，犹且见大而捐其细眇；况乃主一郡一邑，顾使之秤薪而数粒，束缚之若湿薪然，岂可久之计哉？又兹法之行，本以恤民，而官所募之人，若库役斗级禁子杠夫之类，此岂独非民也？不损其直而使之微有利焉，斯皆所以永条编之法者。……倘舍此而复轮差，则何异夺衽席而涂炭之？……（《天下郡国利病书》原编第廿三册《江西》页五七）

按，当时沈鲤《典礼疏》，载《亦玉堂稿》卷四；徐桓《乞加休养以保元气以永治安疏》，载《皇明经世弘辞续集》（日本宫内省图书寮藏本）卷十五；大意亦如此，今不录。

六　结语

在上面两节，我们已将正反双方面的理由择要列举出来。今再征引调和之论数起以结束本文，并略附己见于末。《天下郡国利病书》原编第十五册《山东·上户役论》（页一五一至一五四）云：

或问条编照地之法，昉于江南，近日府境州邑，有行之称便者，他邑争效焉。而稽之舆论，亦有以为不便，如葛大司徒之疏（原注："户部尚书葛守礼隆庆三年疏"），何其相戾也？曰：法固有便有不便也，而其所以便，又不系乎照地与否也。盖国朝赋役之制，本唐人租庸调之法，以夏秋税粮，征之地亩；银力二差，派之门丁。犹惧其不均也，复准则壤成赋之遗，立为三等九则之目，因其消长登下，而轻重其役焉，法至善也。积习既久，弊端渐生，于是一二有司，更为条编之法，以为划一之制，见谓改弦另器，耳目一新，而其中有便不便者焉。请言其故。旧时力役之法，每夫一名，该银若干，即审有力一人，佥充头役，而以花户贴之，代当之人，止向头役打讨。而所谓贴户者，人数众多，住居窎远，所贴银数，又或不满锱铢，头役不能遍讨，甘于包赔者有之。自条编法行，差银上柜，召募代当，按季给银。代当者领银于官，无准折之滥；应差者纳银于官，无包赔之苦，此不坐头役之便也。旧时征派税粮，即选殷实之家，佥充大户，分定廒口，使之坐收，钱银入手，不免妄费。及期亲解，势必赔偿，甚有鬻产质田，尽室流徙者。自条编法行，粮银上柜，但以柜头守之，不得侵牟，亦无赔补之累，此不佥大户之便也。旧时里甲，十年一轮，谓之见年，一切买办支应，俱出其手，九年之息，不足以当一年之费，今将里甲银数，并入差银，上柜收支，官为代办，而轮当支应之苦，皆得免焉，此不应里甲之便也。旧时门丁均徭，三年一审，鬻产多者，则自下升上；置产多者，则自上擦下。故里书造册，有诡寄之弊；士夫居间，有请托之弊；里老供报，有贿买之弊。自条编法行，均徭不审，产有更易，田无增减，而此弊尽除矣，此不审均徭之便也。盖其所谓便者如此，而有不便者何也？旧法编审均徭，有丁银，门银，而无地银，则以赀本产业槩括并论也，今去其门银而以地银易之，则田家偏累；而贾贩之流，握千金之赀，无陇亩之田者，征求不及焉，此农病而逐末者利也。上八则人户，旧有丁门二银，今去其门银，而易以地银，未有加也；下下丁户，止有丁银，旧无门银，今丁银既无差等，而又益以地银，是下户病而中人以上利也。兖之属城，固有平皋垦壤，地利尽辟者，以地科差，可矣。至如东南沂费郯滕，皆荒弃不耕之地，西南曹单金城皆濒河被水之区，当其受灾，一望无际，颗粒不收，秋夏税粮犹累里排包纳，若更加地差，则里排亦不能支矣，是成垦之田利，而荒弃之田病也。盖其谓不便者如此。而要之所以称便，在四事之得法，不为其照地与否也。诚使府属州邑，皆能仿此四法，而又得良长吏行之，即不必照地科差，而条编之法，亦可通行无弊矣。何也？条编者一切之名，而非一定之名也。粮不分廒口，总收类解，亦谓之条编；差不分上下，以丁地为准，小谓之条编；粮差合而为一，亦谓之条编。其目夥矣。天下有治人，无治法，顾行之何如，岂必胶柱而谈哉？然犹有说焉，物惟不齐而思以齐之，分惟不均而思以均之。我朝成法所以分三等九则者，正以齐其不齐而使之均也。今不分三等九则，而概以丁田之数，比而一之。第无论丁之贫富，田之厚薄，或相倍蓰，或相千万，而于祖宗之旧制，亦少更矣。不但如此，古人制赋之法，以租庸调为善，而我朝用之。所谓丁银者，即其身之庸也。所谓门银者，即有家之调也。所谓税粮者，即有田之租也。今田既有税粮，而益之以地差。差出于门丁，而反去其门银。是田不止于租，而家可无调也，非法古之意矣。又不但此，有户有口，自上古以来，未之有改，今去其门银而但以丁起差，则按图而披，不知某为某门，是有口而无户也。夫政先正名，事必师古，为治之大经大法在焉，较计利害，又其末矣，此葛公之指也。（按上文在前节 2，已有节录）

总括上说，条编之"便"者有四：一，不坐头役；二，不佥大户；三，不应里甲；四，不审均徭。但亦有"不利"者三：一，纵商则农不利；二，宽容中上户而下户不利；三，宽容垦田而荒地不利。且丁不论贫富，田不论厚薄，皆以一则起科，既有不均之患。田已有税粮，复令其出差役；差本出于门丁，今去其门银而但以丁起差，亦非事理之平。其结果，是田不止于出租，而户可无调，驯至有"有口而无户"之失。然条编之四便，皆属于征收方面，与照地编派与否无关。问题的关键，仍在用人得法。故曰："诚使府属州邑皆能仿此四法，而又得良长吏行之，即不必照地科差，而条编之法，亦可通行无弊矣。"万历中刘永澄《答赵念莪书》中最能将此意表达出来：

　　征输以条鞭为正，而设法所以济其穷。况设法之害，甚于加赋，尤不得不袭前人之陋，所谓知其非义则速已者也。然条鞭，设法，二者犹是虚位，顾行之之人何如耳。天下无必可行之法，亦无必不可行之法。苟心乎利民，无论条鞭，即设法亦仁术也；苟心乎自利，无论设法，即条鞭亦贪泉也。数千年外，风土各殊。弟焉知大名人情何似，俗尚何似，利害何似？又焉能借箸为兄画刻舟求剑之策？是在兄而已，是在兄而已。（《刘练江先生集》卷六，页五）

这种"有治人，无治法"的唯心底信念，充满了过去中国的政治历史！

《南阳府志·田赋》论曰：

占田于民，则入赋于君，制也。三代以上，赋民之法最善，远莫寻矣。降而唐世，有租庸调法，犹为近古。我国朝多用之者，有田则有租，有户则有调，今之税粮是已；有身则有庸，今之均徭是已。祖宗二百年来率用，未闻不便，近因均徭告困，更以一条鞭征焉。夫役之一年，休之九年，成法于民甚佚，民犹至困，岂诚困在分年甲哉？弊在甲分有贫富，丁产有厚薄，优免有重复，人户有规避，而后财力有绌尔。里必十甲，甲必十户，其初贫富岂大悬者？惟优免为数则有不齐，又有射利之徒，各家占籍以重免，由是无免之家，其役始重，役重而力不支，产必入于巨室，巨室得之复免，而小民之役愈重，中稍豪猾更择轻所转投之，而存者遂大困矣。建议者不谓役之不均，由前四弊，而谓不均在分年甲，乃类计而年征之，弊非不稍革，役非不稍均，特无甲无徭，无年无输，几若昔人所云"一年强半在城中"也。即有司尽无扰，里正尽无需，乡间之民裹粮走州邑，伺输纳，身亦有费，况费不止乃身哉？是以均年之法，殆不若均甲之当也。税粮之科起于地亩，则犹守之成法，而近又多告不均矣。南阳郡中，南召〔县〕为甚，成赋率以则壤，南召虽饶瘠，困何此极？其至此极，则岂尽其坟埏步武间也？豪右兼并而寄之外邦，或假之屯御，甚有与地贫民，不收其直，而令代纳倍粮，身则艺无粮地，名曰佃粮。贫民不能给，则必弃捐，鞠为茂草。富民或转鬻，则转承袭，终为闲原。荒愈久愈不可耕，闲愈久愈不可考，而国之额粮不可少，斯迫胥旁及取盈焉，且相率驱之捐瘠矣。计无所出，乃以丈地均之，意岂不善？顾主其事者势不能履亩而核，必有托之乎人。其人或怠于事，或汩于利，鲜一一肯以实告，由是地虽丈而粮终不均，民且起嚣然讼，上之人见其讼，则更丈，丈至再三。版籍日繁，稽察日难，而奸蠹日广，且每每为公私扰，淹起征期。今南召税粮不得派者垂二年矣，与其徒劳若此，孰与明为要束，严为赏罚，使有土者各首其实，而后官为覆核，逸且有成哉？呜呼，均年之法，时论方尚之也；均甲之事，畏而莫行者也；丈地之举，知不易而不得不为，为之且难其人者也。然则祖宗划一之规，易简之政，果真不可复哉？果真不可复哉？（《天下郡国利病书》原编第十三册《河南》页九五至九六）

上文谓均徭告困，乃由于甲分有贫富，丁产有厚薄，优免有重复，人户有规避，四大毛病，四病交乘的结果，使田产尽归巨室，巨室尽得优免，而小民之徭役愈重。所以徭役之不均，由于十年轮甲或每年征差的影响反居次要。欲求徭役之均，则均年之法不若均甲，均甲又必须认真核实田地，使地与粮真正适合，而不致有不均之患。然丈地一事，亦因种种原因，特别是豪强的阻挠，与委任之难得其人，而无法得其实际。于是丈地虽至再至三，徒使民间诉讼嚣然，官府税粮之起征仍然延滞如故。嘉靖末年唐顺之与苏州知府王仪讨论均徭的通讯中与府志表示相同的意见：

大抵论诡寄，贿买〔户胥〕两弊，则系乎〔守〕令之疆察与否，不系乎轮年与不轮年也。论花分，移甲两弊，则系乎册籍之精核与否，不系乎轮年与不轮年也。（《唐荆川文集》卷九《答王北厓郡守论均徭》）

总括言之，一条鞭法仅为一种不彻底的改革。如果它有些优点，那是纯属于征收便利方面，公平的原则一点也谈不上。如万历《安丘县志》论曰：

余观条鞭法，非即宋免役雇役者哉？行之有十利焉：通轻重苦乐于一邑十甲之中，则丁粮均而徭户不苦难，一也。法当优免者，不得割他户以私荫，二也。钱输于官而需索不行，三也。又折阅不赔累，四也。合银力二差，并公私诸费，则一人无丛役，五也。去正副二户，则贫富平，六也。且承禀有制，而侵渔无所穴，七也。官给银于募人，而募人不得反复抑勒，八也。富者得弛担，而贫者无加额，九也。银有定例，则册籍清而诡寄无所容，十也。所谓此法终不可罢者邪？……（卷八《赋役考七》。亦载《天下郡国利病书》原编第十六册《山东下》页五二。）

以上列举之十利，除第一，第二，第六，三点还勉强扯得上与公平有些小关系以外，其余各点皆就征收利便而言。即就上三点说，亦只侧重在实征实收以求负担达到比较公平的地步，它们本身并不足代表真正的公平的办法，所以具有积极作用的关于公平原则性的规定在一条鞭法中并找不出来。当时的社会，充满着种种矛盾。破坏赋役公平的主要的恶势力，是豪强大户。一条鞭法并不敢正面地向他们挑战，只令有田的人多少增加一点徭役的负担。然而光是这一点小小的改革，已引起许多豪门大地主的反对。他们利用种种借口，去攻击一条鞭法。他们的观点与立场，纯粹站在本人阶级的利益，尽管他们在表面上说得怎样的冠冕堂皇。一条鞭法各种的改革当中，最能具体地说明这一点的，莫过于将征收解运的权力由一向委托人民办理的收归官厅自己直接办理一事。这一改革，多少意味着企图行政权的集中，所以它的发展与张居正的整顿吏治的时期约略同时。可是政府并没有勇气向豪门大户开刀，它所能做到的，只是将乡村中的里甲长的人户的权力削弱一点。这班里甲长户，是以中农或富农的成分居多，职役是仍所不免的。若真正大户，皆享有优免的特权，是无须应役的了。一条鞭法由民收民解制改为官收官解制以后，对于平均贫富户的租税负担，是不发生作用的，可是因此引起问题的重心，转移到官与吏胥的斗争上面来。因为中国历史上的官，皆由读书人出身，他们对于民众是一向脱节的，他们离开了书办粮房，一切政令的推动，好比"老鼠拉龟，无从下手"。结果，是里甲长的势力，虽已削弱，吏胥的作弊，仍然一点无法防止。所以，一条鞭法行了不久，便又百弊丛生。贫农的负担，一点也不能减轻，豪强大户，仍然逍遥赋役以外。

然而，就制度本身而言，一条鞭法究竟亦与以前的两税法有不同之处。今分为赋役两方面来说：在役法方面，一条鞭法以"丁"为编审徭役的根据，与旧日以"户"为根据的办法不同。在赋法方面，自行条鞭法后，田赋的内涵，因为掺进了许多与田赋性质原本漠不相关的附加杂项进去以后，使得田赋的性质，田赋的款目，日趋复杂与膨胀。

原来在一条鞭法以前，旧日的役法，以里甲为主干，均徭等项杂役皆以里甲为根据而编定的。而里甲的制度，又以审编户则为先行的条件。编户成甲，积甲成里。按照户的等则，以定各种徭役的轻重多寡，这是里甲的制度如此。户则的高低，定于两个重要的因子：一为人丁，一为资产。——这是最简单的说法，在北方有些地方分为门丁事产四项，已见前。但人丁与资产两个因子所占的比重，随南北而不同。在北方以人丁为重，在南方以田产为重。一般说来，在编定户则时，资产比人丁所占的分量应当重些。比如丁少产多的户，例皆编为上则；但丁多产少的户，似可编入下则。可见单独丁数本身，不能决定户则，它必须与资产联系起来才能决定户则的高下。所以丁多的户并不一定是上户；但上户的丁必为上丁——如丁亦分等则的话。这是以前审户的方法。但因里甲十年一编，时间太长，往往与实际社会经济情形的变动无法契合，除此内在的缺点，再加以外存的种种的恶势力，如豪强与官府的勾结，里甲长与胥役的串通，以致户则的编审，完全不切实际。一条鞭法为避免编审上的弊端，故索性不编户则，只以丁田两项来定差役。因为这两项比较难以隐匿。从此"丁"取得"户"的地位而代之。户反居于不重要的地位了。

再就资产一项去分析。旧日资产，并不只限于田地一项。凡户内的一般财产，如房屋、资本、牲畜、车船，一切不动产与动产都计算在内。自行条鞭法，各处多以田地为唯一的资产。役的轻重，自此多半以田为根据，田多的出役较多，田少的出役较少，无田的甚至可以无役。田地的负担无问题的增加了。尚不且此，以前的赋役制度，所注重的是审户，田是随户的，赋役的多寡，均按户而定。自行条鞭法后，所注重的是查田，依田问丁，赋役皆随田起派。从这点分析，田赋已从对人的税（personal tax）转变为对物的税（real tax）。但从另一方面来看，往日的制度，从赋订役，凡出赋多的则其出役亦多，然赋与役各有独立的范围，彼此之间仅发生一种间接的联系，自行条鞭法后，以役定赋，将一州县内的役额摊之于田亩之中，田赋的高低大小，再也不能不受所承担的役额的多寡的影响。自此以后，田赋已丧失其单纯的与独立的性质，因为它必然地包括差徭的成分在内。

总结以上所言，一条鞭法在田赋史上的重要意义有二：一，摊丁入地的办法，初时使得无田的人对于徭役的负担愈来愈轻；以后变成没有田地的人，便不需负担徭役。这一种发展，至迟到了清代中年，已经全国完成，并且演至丁税完全取消，人民对于国家更不须负担徭役的义务或人头税的缴纳，此种情形直到今日仍然。这是至关重要的一点。二，自摊丁入地的办法盛行以后，一切苛捐杂税，凡可以由田赋负担的莫不尽量摊入田赋以内，大升田赋附加的方便大门，给明清以迄民国的财政史上写下最黑暗的记录和一笔烂糊涂账。

（原载《社会经济研究》1951 年第 1 期）

传说上之三代井田制度考

——读书札记之一

　　井田制度在三代时曾否实际存在，学者纷纭其辞。南海康有为（长素）先生曰"制土藉田实为孔子定制，但世多是古而非今，故不得不托先王以明权，且以远祸矣。井田，孔子之制也。"（《孔子改制考》卷九，页二十一，庚申年京师重刊本，）胡适之先生则以井田为孟子"凭空虚造的理想的乌托邦"（参看《胡适文存》第一集，卷二，页二四七至二八四）。郭沫若先生则以为在周金中"寻不出有井田制的丝毫的痕迹"，且综合已发现之周金的材料可断言"周代自始至终并无所谓井田制的施行"（郭沫若：《中国古代社会研究》，页二九九至三〇五），而以为或为先秦学者据罗马之都邑田野划分法而创立之说（同书，追论及补遗十七页）。凡此种种，今姑置不具论。盖以自经济影响言之，井田制度曾否在三代时实际施行，尚未见十分重要。就令无此事实，然有此思想，有此传说，则亦已为后世土地改革之所取法。汉之限田、名田、代田，建武（武帝时年号）之际之度（见汉志），王莽之王田（前汉书王莽传），晋之占田，后汉之露田（魏志列传），齐之给授田（隋志），唐之口分永业田（唐志），宋之限田（宋志），清雍正中年之井田（皇朝文献通考），太平天国之均田（天朝田亩制度及日本稻叶君山著《清朝全史》），等等制度，何莫非以此传说上之井田制度为蓝本也。至如横渠先生（张载）更欲"与学者议古之法，共买田一方，画为数井，推先王之遗法，明当今之可行"［朱熹皇朝（宋）名臣言行录外集卷四］，是则欲以私人之力量，为井田之试验。故知井田制度只就其古来之传说，思想之本身而考究之，亦不无相当之价值，固不必因其有无历史上的真实性而忽之也。今兹之作，盖欲就其古来各家之学说而研究之，诸家附会揣测之说，亦多在讨论范围之内，良以所注重者在其思想，而不在其历史上之证据也。爰定凡例如下：

（一）关于井田制度最重要之典籍，为孟子，王制，周官，公羊，谷梁，韩诗外传，汉书食货志，司马法诸书，本文即就以上诸书所载比较而解释之。

（二）井田之制，有谓起于三代前者。杜佑通典云："昔黄帝设井以塞争端，立步制亩以防不足，使八家为井，井开四道而分八井，凿井于中。"钱塘溉堂考古录云："井田始于黄帝，洪水之后，禹修而复之。孔子所谓'尽力乎沟洫'也，沟洫既定，不可复变，殷周遵而用之耳。"但三代以前识于此。之历史究已渺茫不可考，故仍以断自三代起为合。

（三）本文详于孟子而略于其他各家。井田之说，孟子先言之：其他各书，疑皆演绎孟子而成（理详后）；则孟子之说在历史方面似较重要，故亦详述之。此其故一。孟子泛论三代，其言虽简约，然可辨证之处甚多，非若他书之限于周制，此其故二。王制井田之说，释之者有清谈泰王制井田算法解一卷载在金陵丛刻中。周礼井田之说，考之者有清朱克己井田图考两卷。此二子之作，皆穷经年之力而成。详尽蔑以复加。此外则他家之考证亦多。故不复再为论列。至若公谷韩诗……各书之言，终莫能逃孟子周官之范围，且亦乏新义，故亦不必细论。若孟子之论，则成为千古之聚讼；以科学之方法，析疑发覆，端待后人，不揣浅陋，亦欲稍识孟子之说之真义，而得以解释之。今兹之作，乃其发凡。详于孟子而略于他家，此其故三。抑且各家之说，既由孟子而来，则孟子之说既明，他家之说亦可思过半。此其故四。

（四）本文原为著者在清华大学经济班上之学期论文，所注重者乃经济之思想，至于历史上之考据，则以时间及学力所限，未得多及云。

（五）本文仓卒草成，错误必多。且为读书札记性质，芜杂驳之处，所在多有。大雅君子，尚望进而教之。

廿年五月六日，初稿。

一　孟子说

孟子井田之说，见于滕文公问为国章。此外北宫锜问（万章下），与"昔者文王之治岐也，耕者九一。"（梁惠王下），"五亩之宅，树之以桑，五十者可以衣帛矣。……百亩之田，勿夺其时，八口之家可以无饥矣。"（梁惠王上）等数语，亦可为互证。兹先将孟子所论之三代井田制度（贡、助、彻法）分述如下：

甲，贡法

孟子曰"夏后氏五十而贡。"朱子注云："一夫受田五十亩，而每夫计其五亩之入以为贡。"是为十取其一。龙子曰"贡者校数岁之中以为常。"盖谓不问乐岁凶年，均取足此常数也。然阎若璩（百诗）则以为龙子所言乃战国诸侯之贡法，而非夏后氏之贡法，阎氏曰："藉令乐岁不多取，凶年必取盈，赋何以有上上错乎？"（参看四书释地三续）是以禹贡解孟子者也。任启运亦曰："龙子所讥之贡是后世弊法，非禹本制，看夏谚兴歌休助，当时何曾有取民之虐来？"（四书约旨孟子卷三页四）则反证之理由尚欠充足耳。

禹贡甸服（即田赋之事）之法谓：百里赋纳总（禾本全曰总），二百里纳铚（刈禾曰铚），三百里纳秸（半藁去皮曰秸），事（服也，于纳总铚秸外又使之服输将之事也）。四百里粟（谷也），五百里米，盖量地之远近，以定赋之轻重精粗。今附：

（注）禹贡本论尧制，然托为禹所手定之书，故亦可通夏制。又崔述（东壁）曰："按五十而贡即禹贡之咸则三壤成赋中都也，禹承尧舜之后，故法皆因其后，与汤武承先世之业而崛起一方者不同，故凡经传所传夏礼，即唐虞之礼。此外无所谓夏礼也。"（考古续说卷一页十七）

按：贡法似无公田，故不能谓为井田制度。

乙，助法

孟子述助制曰："殷人七十而助。"赵岐注曰："耕七十亩者以七亩助公家。"其说仅就字面解释，将贡助彻之区分混而为一，自是错误。朱熹注曰："商人始为井田之制，以六百三十亩之地，画为九区，区七十亩，中为公田，其外八家各授一区，但借其力以助耕公田，而不复税其私田"。黄蔡峰所言亦略同。可知一夫授田七十亩，所耕则为七十八亩又七五。归于公者恰为九分之一，因其在私田之外，助耕而得，故名曰助。但与"其实皆什一也"一语不符。后儒喜为古人辩诬，故有种种解说，如任启运曰："九一以田之形言，什一以岁入之数言。"（四书约旨孟子卷三）焦漪园曰："九一以区数说，九区之中，把一区养君子，而野人收其八区。什一以分数说，十分之中，把一分赋君子，而野人得九。"桂含章曰："九一以田之区数说，什一以田之亩数说。"以九一说是指田之区数，理固可通，但何以解说田之亩数乎？故知其为牵强附会之说无疑也。朱子曰："窃料商制，亦当以十四亩为卢田，一夫实耕公田七亩，是亦不过什一也。"然仍为十一分之一，仍非什一。况卢舍之说已为后人痛驳无余（注），故朱子说亦不能成立也。

（注）吴昌宗引诗疏，读礼疑图两书驳论，断定朱子所说，只根据韩诗外传与汉书食货志而言，文多不具录。任启运亦曰："愚谓为庐必因地形稍高爽处，万无在田中之理，且如朱子之说，则夏公无公田，民皆露处耶？"问得甚有理。余详后。

然孟子以为周人亦用助法，故曰："诗云：（小雅大田之篇）：'雨我公田，遂及我私。'惟助为有公田，由此观之，虽周亦助也。"又曰："方里而井，井九百亩，其中为公田，八家皆私百亩，同养公田。"朱子注云，"此详言井田形体之制，乃周之助法也"。盖所取仍为九一，与"文王治岐，耕者九一"一语相合。孙诒让曰："周虽行彻，不妨兼存助法。"不为无见。（说见后）

由上观之：助法取民为九一，所谓"九一而助"是也。所谓

"其实皆什一也"者，意殆约略言之也欤？

丙，彻法

孟子曰："周人百亩而彻。"彻之解释甚多。今略举各家之说于下：

（一）彻取说　赵岐孟子注曰："民耕五十亩贡上五亩，耕七十亩者以七亩助公家，耕百亩者彻取十亩以为赋，虽异名而多少同，故曰皆什一也。彻犹取人彻取物也。"依此而言，则是贡，助，彻，均无分别也，故知其不确。

（二）彻助同义说　金鹗求古录释彻法曰："助彻皆从八家同井起义，借其力以耕公田，是谓之助。"通八家之力以共治公田，是谓之彻，其说与朱子相近。惟朱子通力合作指八夫同井而言，金氏则指公田而言，是其差别之点也。黄葵峰说与金氏亦同，曰："百亩者八夫各授私田百亩，又共授公田百亩也；彻者八家通出其力，以合作公田，惟据公田百亩所登之谷而收之于官也"，均以为彻有公田，实为错误。观于孟子之言曰："惟助为有公田"，则彻无公田可知矣。（参看崔适三代经界通考）

（三）合作均分说　合作均分说崔适主张最力，且矛盾之处尚少，然实源于朱子，故详论之，朱子曰："周时一夫授田百亩，乡遂用贡法，十夫有沟。都鄙用助法，八家同井，耕则通力合作，收则计亩而分。故谓之彻。"又云："公田百亩，中以二十亩为庐舍，一夫所耕公田，实计十亩。通私田百亩为十一分，而取其一"。两说均误，今请先辩正前说。依任启运言："孟子明言上农所食之别，若通力合作，计亩均分，则勤惰无分，安得复有食九人至五人之别？其不为许子齐物之论几希。"则可知合作均分之说决不能存在矣。崔适亦曰："果用彻而通力作之，计亩分之与，则八家共耕此九百亩之田，而君与民共分其粟，中外一也，安能指某田为公，而某田为私？果用助，而中为公田外为私田欤，则八家各自耕其百亩，而代耕上之十亩，十亩之粟以奉上，百亩之粟以自食，判然不相通也，又安得谓之通力而作，计亩而分乎？"（三代经界通考）。

故知朱子之说，不但不能存住，且亦自相矛盾也。至于后说，亦不可通。考庐舍之说，源于谷梁传宣公十五年云："古者公田为居，并灶葱菲尽取焉"。韩诗外传又演述谷梁传而有以下之记载："中田有庐，疆场有瓜，古者八家而井，田方百里为一井……其田九百亩……公家为邻，家得百亩，余夫各得二十五亩，家为公田十亩，余二十亩为庐舍，各得二亩半"。班固因之作食货志云："井方一里，是为九夫，八家共之，各受私田百亩，公田十亩，是为八百八十亩，余二十亩为庐舍。"赵岐从其说，注孟子五亩之宅，谓："庐井邑居，各二亩半以为宅"。又注方百里而井一节云："公田八十亩，其余二十亩以为庐井宅园圃家二亩半也"。何休注公羊，范甯注谷梁，宋均注乐纬，咸与班志同。按孟子言，井九百亩，其中为公田，八家皆私百亩，是百亩皆属公，何得以二十亩为民之庐舍也？八家同养公田，何得各取十亩治之也？且若公田仅八十亩，则八夫其耕田八百八十亩，以八十亩奉上，是亦不过十一分之一耳，仍非什一也，或又有强解所谓什一，乃为十与一之比者，更觉牵强。诗甫田郑笺云："九夫为井，井税一夫"，是郑亦谓公田百亩，而非八十亩矣。又据金鹗邑考云："五亩之宅，皆在邑中，犹今之村落然。诗所谓'中田有庐'者，乃于田畔为之，以避雨与暑，大不容一亩，必无二亩半之广，在公田之中也。"是则以普通常识观之，二亩半为庐舍之说亦站不住也。今于讨论彻之真义之际，附带谈论及之。

（四）通计税额说　姚文田周官辨非曰："彻之名义，似较彻取之义，尤为了当。然其制度何若，终不能明。惟周官司稼云：'巡野观稼，以年之上下出敛法'，是知彻无常额，惟视年之凶丰，此其与贡异处。助法正是八家合作，而上收其公田之入，无烦更出敛法。然其弊必有如何休所云，'不尽力于公田者'，故周直以公田分授八夫，至敛时则巡野观稼，令百一十亩通计之而取其什一。其法亦不异于助。故左传云：'谷出不过藉。'然民自无公私缓急之异，此其与助异处……谓之彻者，直是通盘核算，犹彻上彻下之谓，并非通融之义，于此求之，则彻法亦可想见。"（见求是斋自订稿）信如其言，则公田之存在，尚觉多事，反不如（七）说之直接了当耳。

（五）通年之上下地之远近说　孙诒让籀膏述林卷一彻法考曰："周定赋之法，与贡助不同者有二；司稼云：'巡野观稼，以年之上下出敛法'，此以年之丰凶为税法之差也。载师云：'凡任地近郊十一，远郊二十而三，甸，稍，县，皆无过十二'，此以地之远近之税法之差也。盖无论井田与不井之田，皆以此二法通计之，以较其赢朒而之敛法，是谓之彻。彻之云者，通乎年之上下，地之远近，以为敛法。"孙氏训彻为通，然在通征税之方法，而不在通贡助之制度。吾人对其以周官解释孟子其方法正当与否，不能无疑耳。

（六）通贡助而为一说　郑玄周礼匠人注曰："以载师职及司马法论之，周制畿内用夏之贡法，税夫无公田。以诗春秋论语孟子论之，周制邦国用殷之助法，制公田不税夫。"朱子乡遂用贡，都鄙用助之说，实本于此。然崔适三代经界通考云："按：彻也者，民共耕此沟间之田，待粟既熟，而后以一奉君，而分其九者也；是故无公田无私田。助也者，民各自耕所受之田而食其粟，而别为上耕其田以代税者也；是故有公田有私田。彻自彻，助自助，判然不能相兼，助则不能为彻，彻亦不能复为助也。……税其田之谓贡；不税其田而藉其力以耕之谓助；通其田而耕之通其粟而析之之谓彻，此贡助彻之法也。十夫有沟，八家同井，其经划之形势然耳。使沟间之田不税，而但藉之以耕，亦不得谓之贡；使井中之田有税，而不藉之以耕，亦不得谓之助。贡，助，彻，之名分于法，不分于形势。既谓之彻矣，安得复有所谓行贡法行助法者哉"。又曰："朱子集注云：周时，一夫授田百亩，乡遂用贡法，十夫有沟；都鄙用助法，八家同井，耕则通力而作，收则计亩而分。余按：谓乡遂十夫有沟是也，谓用贡法则不合；谓都鄙用助法是也，谓通力而耕，计亩而分，则混助于彻。余欲易其文云：'乡遂用彻法，耕则通力而作，收则计亩而分；都鄙用助法，中百亩为公田，

外八区为私田'，庶为分明易晓。"（孟子事头录下卷）是以贡,
助，彻，三者截然不同——盖崔氏之意以为彻者乃"合作均分"
之谓也。孙诒让籀膏述林卷一彻法考云："夫孟子综论贡助彻之法
而以为'莫善于助莫不善于贡'，明彻之为法必善于贡，而不及
助，则其立法之大要与行法之细目，必较然别异，非徒沿夏殷旧制
可知，说以一代税法之正乃不行于王畿，而唯行于邦国，其义亦有
难通者，非所敢信也"，亦可为此说不能存在之证据。

附注：清人东垣何贻霈著成周彻法演四卷（载徽辅丛书内）亦主彻为通贡助
为一之说。此书用周官王制司马法各书演绎彻法之一切制度，极为详尽。

（七）彻去公田九夫一井说　时人陈顾远云："我尝考'彻'
字有通字的意思，和'去'字的解释；'通'和'去'在现时很
不相同，然古时当无大异，所以孟子只说'彻者彻也'，可见
'彻'和'通'和'去'字义上原没有多大分别。那么，彻的意
思，大约是指把井田制度取消而通之为散地，每夫受田百亩，没有
公田。这彻字起初或作为动词用，后又变动词为名词，成为一种制
度上的称号。我虽没有正面充分的证据，却有一个较有理由的反
证。彻法是一夫受田百亩，以十亩所收，归之于官，乃十分取一。
所以论语'盍彻乎'一语，鲁哀公便答道：'二，吾犹不足。如之
何其彻也？'是明指十取一而不足。……照这说：五十，百亩，既
没有什么分别，不是彻和贡名异而实同吗？彻和贡的大要处，本是
一样；不过贡是计五亩之入以贡上，彻是百亩里头取出十亩以为君
耕，还带有井田制度一点余味。其不能成为井田制度的原故，因井
田制度里头，八家同井，中有公田；这里公田已彻，变成九家，每
家从百亩内取出十亩助耕公家，只好说是一夫所有的赋田了。"
（孟子政治哲学页八六至八七）考陈说源于任启运之说，任之言
曰："……至周而人益众。无田可给，不得不举公田授之民，而于
百亩之中，各取其十亩之入以为彻，故孟子曰：'惟助为有公田'，
则周无公田，断可知也。但此时君民相爱，故凶丰皆上下相通，到
得后来，民心渐狡，于是百亩之内，名以十亩与君，而私其丰饶，

上其瘠薄。君之所入日薄。于是鲁宣公躬行田亩,取其十亩之最丰饶以为例,而民亦无辞。其后哀公又不复计岁之丰凶,而但以田定赋,此彻法之所以变为校岁之贡,而为什而取二者也。"(四书约旨)又云:"周无公田,诗曰'雨我公田'何也? 商制公田在私田外,周制于百亩中取其十亩之入,则公田即在私田中"。(同书)又曰:"解彻法者,谓耕则通力合作,收则计亩均分,就同井而通计,此断非也。孟子明言上农下农所食之别,若通力合作,计亩均分,则勤惰无分,安得复有食九人至五人之别? 其不为许子齐物之论几希! 此同井中或一人以兵戍出及有疾病死丧,则此八家通力助之,所谓'凡民有丧,匍匐救之,疾病相扶持'也。其余则否。然则名彻何也? 以通乎上下而名之也。贡之法,校岁为常,特于省敛之时,权为损减;彻之法,则与年上下:年丰则君民同其有余,年凶则君民同其不足也。看贡字助字都从君民起义可见。"(同书)则以为彻之征税方法,为通年之上下〔参看(五)说〕,而与贡之校岁为常者不同也。

由上观之彻之真义,究未易骤明。以上各说,互有长短,未可尽非。求一较惬人意的解释,余意仍以为最后一说是也〔(七)〕。

或曰:"孟子不云乎:'请野,九一而助;国中,什一使自赋',考之朱注云:'周所谓彻法者盖如此'。是则彻法之义,孟子已明告吾人,本不必硬为求解矣。"曰:"是不然! 孟子此说,是否即为彻法,尚待考证。如任启运曰:'言请者,孟子就滕言滕,言为滕计,当如此耳,非周原有是定法也。'注:'周所谓彻法,盖如此',是朱子约略计度之词,原非正意。(四书约旨孟子卷三)又曰:'若谓请野节原是彻法,孟子要行彻法',则'盍彻乎,一语可了,何烦辞费乎?'(同书页八)可知孟子此说,未能遽即断其为彻法之解释也。至朱注理论上之不通,已详前第(六)说,兹不具述云。"

以上述贡、助、彻之大意已毕,今请更讨论其附属发生之问题。

其一曰："三代之所谓贡，助，彻，三法，其授田之亩数不同者何欤？"关于此问题，后儒有种种解说：或曰："夏时民多，殷渐少，周时至稀，故授田有多寡"。或曰："夏政宽简，一夫百亩，只税其五十亩，殷政稍急，增税七十，周政烦，亩尽税之"。或谓："夏时洪水方平，可耕之田尚少，故授田止五十。殷时渐广，周大备，故日增。"考之实际，各说多不可通。盖井田工程繁密，有一定之沟洫经界，若"取十夫有沟百夫有洫之地，而划之为九夫之井：取方里而井之地，而易之以十夫之沟百夫之洫，势必尽坏以前之封疆涂畛而别造之，民之扰不可胜言矣。又取他夫之田以益此夫，而复别取他夫之邻田以益他夫，递移递益，举天下之众，皆嚣然而不得宁，尚得为王政乎？"（崔东壁语，见三代经界通考）考蔡邕独断谓："夏尺十寸，殷九寸，周八寸。"是可为三代尺度不同之证。王制："古者以周尺八尺为步，今以周尺六尺四寸为步。古者百亩当今东田（东田即诗之南东其亩也，言南则以庐在其北而向南，言东则以庐在西而向东。一说古帝都西北，垦田偏在东南；周，秦，汉，偏居西，中原称东土，故云东田）百四十六亩三十步，古者百里当今百二十一里六十步四尺二寸二分。"孔疏谓："古者八寸为尺。以周尺八尺为步，则一步有六尺四寸。今以周尺六尺四寸为步，则一步有五十二寸。是今步比古步，每步剩出一十二寸，以此计之，则古者百亩当今东田 52 亩 71 步有余，与此百四十六亩三十步不相应。又今步每步剩古步十二寸，以此计之，则古之百里当今 123 里 115 步 20 寸，与此百二十一里六十步四尺二寸二分又不相应，经文错乱不可用也。"而陈澧谓：古步实为六尺四寸，周步实为五尺一寸二分。周步比古步，每步剩出一尺二寸八分。以此计之，则古者百亩，当今东田 156 亩 25 步 1 寸 60 分寸之 4，与孔疏当今东田 152 亩 71 步有余不相应，疏义所算亦误。由此推论，则三代井田面积之不同者，实因尺度之差，与亩法之异。今据陈澧所说，古步实为六尺四寸，周步实为五尺一寸二分推算之。假定夏制一百六十步为一亩，则夏之五十亩恰当周之一百亩。

假定殷制一百十五步为一亩，则殷之七十亩当周之一百亩而稍强。孟子之言盖以周之尺与步为准，而推算夏殷亩法，以其成数言之耳。是可见三代授田之亩数，名虽异而积实同也。

其二曰："井田之法必方乎？"任启运曰："程子张子尽之矣！方者有之，要不方者居多也。盖方是法不是形。古之九数，第一曰方田，以其事最重，而算亦最难，故为第一。若其田果方，则执度以往足矣，安用算乎！如今之法，横五尺，纵五尺，谓之一步，何尝不方？横七丈七尺五寸，纵亦如之，谓之一步，何尝不方？究其所谓方者，乃以东西并折半，南北并折半（如东十弓西二十弓则折作东西各十五），而以纵与广交乘之，算方而田不方，故谓之方田也。或疑古井田未及江南，此江南法，不可以论古，则齐、鲁、燕、赵、晋、卫诸境，余尝历之，其高高下下与江南无异。惟西北多山，东南多水，差异耳。而江南之圩田，其平广更胜于北，盖从古此地即从古，此山川山水之性皆以曲而善走，即广野平畴，其脉必自山出。大约中出者必中高，边出者必边高，断未有百十里直如丝平如砥者也。孟子方里云云，亦举一方以为例耳。如天子规方千里以为甸服，而周畿内自陕而入河南，其地斜长而曲，以开方法计之，则西都约方八百里，八八六百四十，东都约方六百里，六六三百六十；总计之，得方千里耳。孟子言滕绝长补短，将五十里，古人所谓方者大约如此。汉儒沟洫之图，只是画个硬局，与棋枰相似，其实天下安有此地哉！"（四书约旨孟子卷三页九）

任氏又曰："古人立法，必度土之宜，因地之利，如左疆以周索，疆以戎索，此其疆里之大不同也。如左氏异义，或九鸠当一井，或九度当一井；如今折平相似，是人不必皆百亩。周礼园廛二十而一，漆林二十而五。如今荡塘山竹地科则不同，赋不皆什一也，百亩什一，亦举平土以见例耳。"是言百亩什一，为当时（周）税法之常，然亦度土因地，而有出入者也。推之贡、助两法，亦何不然？

其三曰："三代之贡助彻法，是否通行天下乎？"曰："似不然！"崔东壁考古续说曰："世儒皆谓成汤代夏，改彻为助；武王克商，改助为彻。余按诗大雅公刘篇云：'彻田为粮，度其文阳，幽居允荒。'则是周之彻法，始于公刘，不始于武王也。公刘当夏商之世，而已用彻，则是诸侯各自顺其土宜，初未尝取五畿之法，强天下使皆从之也。民既相安于彻法矣，是以文武皆因之而不改。……然则商之用助亦当如是。相土上甲微以前，本用助法，故汤因之不改，非取贡法而改之为助也。"孙诒让云："助本殷之正法，而夏小正云：'初服于公田'。是夏时已有公田，为助法之权舆；彻为周之正法，而笃公刘亦云：'彻田为粮'，郑笺释为什一之税，是亦彻法之权舆。盖公刘当夏之末造，虽未有司载师之法，而其肇端，实在彼时。逮文武周公更斟酌损益之，而其法大备矣。知助法之不必始于殷，则可知彻法亦不必始于周，而周虽行彻，不妨兼存助法，亦无足异矣。九服之大，疆索不同，周承二代而贡助两法容有沿袭而未能尽革者，先王以俗教安，不欲强更其区畛，故周诗有公田之文，非谓周邦国尽为公田也。"（籀庼述林卷一页五）故知贡助彻三法，不过各为夏商周三代税法之正宗，未必通行天下也。且知贡法未必始于夏，助法不必始于殷，而彻法亦未必始于周；而曰夏贡，殷助，周彻者，则以三法各为一代之正宗，其规制在当时始最周详，故各以归之夏商周耳。

又近代学者，又以为井田之制，并非土地公有，而仅为贵族私有制。故种田之农夫，乃为佃民，而非田主。其测想之正确与否，著者未敢遽下定论。且此已涉及历史上之考据，超出本文范围以外，故不多及。

以上之枝叶问题，既已讨论完毕，则传说上之三代井田制度亦可得其大概。以下再言孟子以后之各家井田学说。

二　王制说

孔颖达礼记正义引汉卢植说谓："汉孝文皇帝令博士诸生作此

王制之书"，但经陈寿祺辨正，以为卢说出于史记封禅书，据封禅书，文帝时所作王制，乃本制，服制，兵制，非王制也。且史记谓文帝所作王制乃关于巡守封禅之事，今王制中既毫无提及封禅，而说巡守者亦只有一端，可见二者只是名目偶同，并非一书。俞樾云："王制者，孔氏之遗书，七十子后学者所记者也。王者孰谓，谓素王也。孔子将作春秋，先修王法，斟酌损益，具有规条。门弟子与闻绪论，私相纂辑而成此篇。"王是否指素王，实未易定言。王制是否由孔子"先修王法"所定之法制，亦难知之。唯为"七十子后学者"的儒家"斟酌损益"之记，则无疑问。至其出书年代，疑亦后于孟子。故其所言之田制，亦完全根据于孟子，毫无新义也。兹将此书中关于田制之记载抄录于下，而与孟子所载之说比较之：

"制农田百亩，百亩之分，上农夫食九人，其次食八人，其次食七人，其次食六人，下农夫食五人，庶人在官者，其禄以是为差也。"此则与孟子北宫锜问一章，几乎一字不易。

又曰：

"方一里者为田九百亩，方十里者为方一里者百，为田九万亩；方百里者为方十里者百，为田九十亿（十万为亿）亩；方千里者为方百里者百，为田九万亿亩。"按此节首句实源于孟子。孟子曰："方里而井，井九百亩，其中为公田，八家皆私百亩，同养公田"，即此制也。以下各句乃演释首句而成，毫无新义。王制又曰："古者公田籍而不税……夫圭田无征。"二语均不见于孟子。周礼：士田亦有征，士田即圭田也。故又与王制异。

此外王制中有关于当时（周）四海内地远近里数之统计，可资参考。（"自恒山至于南河，千里而近……"与"凡四海之内断长补短，方三千里，为田八十万亿一万亿亩……"两节均为此等记载。）

又王制所载尺度里数，所云"古者以周尺八尺为步，今以周尺六尺四寸为步……"均不可信，已详前。

孟子北宫锜问　章朱子注曰："愚按此章之说（谓班爵禄之制），与周礼王制不同（按王制班爵禄说与周官制亦不同），盖不可考，阙之可也。"程子曰："孟子之时，去先王未远，载籍未经秦火，然而班爵禄之制，已不闻其详，今之礼书，皆掇拾于煨烬之余，而多出于汉儒一时之传会，奈何欲尽信而曲为之解乎？"斯为得之。

三　周官说

周礼之来历，人人言殊：贾公彦以为周公所作（仪礼序及序周礼废兴），皮锡瑞以为孔子所作（三礼通论），何休以为六国阴谋之书，至姚际恒著周礼通论十卷始断定其为西汉末年之书，康长素先生更断言其为刘歆所伪托（伪经考卷三上页二十三至二十四）。各说中自以姚康两说为是，盖周官经六篇自西汉前未之见，史记儒林传河间献王传亦无之，至王莽时（即哀帝时）刘歆始列序著于录略。歆欲附成莽业，而为此书。则其出书年代，晚在孟子之后，可断言无疑也。周官所言井田制较他书独详，然与孟子公谷王制之说多相反。今略论之：

小司徒："乃经土地而并牧其田野，九夫为井，四井为邑，四邑为丘，四丘为甸，四甸为县，四县为都，以任地事，而令贡赋凡税敛之事。"

匠人："为沟洫……九夫为井，井间广四尺深四尺，谓之沟。方十里为成，成间广八尺，深八尺，谓之洫。方百里为同，同间广二寻，深二仞，谓之浍，以达于川，"按，郑注曰："田一夫之所佃百亩。"又曰："九夫为井，井者，方一里，九夫所治之田也。"又曰："此畿内采地之制……周制畿内用夏之贡法，税夫无公田……邦国用殷之助法，制公不田税夫。"是则郑氏之意以为此即贡法也。然贡法无"井田"，故愚意以为此即彻法。

遂人："凡治野，夫间有遂，遂上有径，十夫有沟，沟上有畛，百夫有洫，洫上有涂，千夫有浍，浍上有道，万夫有川，川上有路，以达于畿。"按：此处言十夫有沟，与上匠人所载"九夫一沟"之说不同。郑康成注则谓：遂人所言乃乡遂行沟洫之法，匠人所言乃采地行井田之法。郑樵通志力排其说，然其言更多舛错。清朱克己云："窃谓十夫有沟，犹云千亩之地有沟耳。沟本九夫所有，而云十夫者，盖一井九百亩，东畔为沟，自西而东，积至九井，共九沟，其极东一井，逼近浍水，井间三遂之水，直可入浍，故不复设沟。则是十井九十夫之地，仅有九沟，非十夫有沟而何？至于洫浍川亦然……然则遂人匠人之文，虽若有详略疏密之不同，而其为井田之法则同，盖匠人主分数，遂人主积数，读者但勿以辞害意，则知周家田井之制，实通行于天下，而无乡遂采地之别矣。"（朱克己陈基合订井田图考卷上页三十一）（按：朱氏另有郑氏沟洫井田图说辨附载图说七幅载在下卷可参考。）朱氏之说，亦颇有理。惟以为井田之制实通行于天下，则不无可疑之处。井田之地，必须于平地为之，若高原下隰之地亦为井田，则窒碍诸多，未见其可也。郑司农众释小司徒云："井牧者，春秋所谓井衍沃，牧隰皋者也。"——考左传襄公二十五年楚蒍掩书土田之法曰："度山林，鸠薮泽，辨京陵，表淳卤，数疆潦，规偃潴，周原防：牧隰皋，井衍沃。"可知古之井田但行于衍沃之地，非谓尽天下之地皆井也。郑玄注亦谓："隰皋之地，九夫为牧，二牧而当一井，今造都鄙授民田，不易，有一易，有再易，通率二而当一，是之谓井牧。"是只以井牧为标准，而山林薮泽之地，其制又各有不同也。马氏文献通考亦以郑（玄）说为是，故曰："行助法之地（此指匠人'九夫有沟'而言），必须以平地之田，分划作九夫，中为公田，而八夫之私田环之，列为井字，整如棋局，所谓沟洫者——直欲限田之多少而为之疆理。行贡法之地（此指遂人'十夫有沟'而言），则无论问高原下隰，截长补短，每夫授之百亩，所谓沟洫者——不过随地之高下而为之蓄泄。……是以匠人之田……必有一定之尺寸，若遂人止言夫间有遂，十夫有沟，百夫为洫，千夫有洫；盖是山谷薮泽之间，随地为田，横斜广狭皆可垦辟……非若匠人之田必拘以九夫，而其沟洫之必拘以若干尺也。"依马氏之说：则遂人所言，乃为不划井田而但制沟洫之制度。似比"井田通行天下"之说为较近理。

至于授田之法，周礼言之特长，为以前各书所无，亦可见当时经济思想之进步。今略述如次：

大司徒："凡造都鄙，制其地域而封沟之，以其室数制之：不易之地家百亩，一易之地家二百亩，再易之地家三百亩。"

遂人："辨其野之土：上地，中地，下地，以颁田里。上地夫一廛，田百亩，莱五十亩，余夫亦如之；下地夫一廛，田百亩，莱二百亩，余夫亦如之。"（注："莱谓休不耕者，郑司农云：户计一夫一妇而赋之田。其一户有数口者，余夫亦受此田也。廛，居也。"）

小司徒……乃均土地以稽其人民，而周知其数。上地家七人……中地家六人……下地家五人。"（注：一家男女七人以上，则授之以上地，所养者众也。男女五人以下，则授之以下地，所养者寡也。）

以上为三等授田法之大概：此外尚有以阶级而分之制度，其所授亩数为普通农夫田五分之一，如载师内之士田、贾田、官田是也，又有无税之田，如藉田（见天官甸师），加田（夏官司勋），等等是也。今均不事细述。

至于田制之行政，约略言之，则为遂人司井田间之交通，近人司井田间之水利，草人稻人司生产畅导之责。此外有五正（如卿正党正），四大夫，三师，二小司徒，一大司徒，其职在分配农地。今顺及之。

四　公羊传说

公羊至汉景帝时始由公羊寿与齐人胡毋子所写定（见钦定四

库全书总目），其释春秋宣公十五年初税亩曰：

"初者何？始也。税亩者何？履亩而税也。（何休注曰：'时宣公无恩信于民，民不肯尽力于公田，故履亩案行，择其善亩，谷最好者税取之'）古者什一而藉。（何休注曰：什一以借民力，以什与民，自取其为公田）。古者曷为什一而藉？什一者，天下之中正也。多乎什一，大桀小桀，寡乎什一，大貊小貊。什一者，天下之中正也。什一行而颂声作矣。"

毛西河四书剩言（卷四页十）曰："公羊传：'多于什一，大桀小桀；少于什一，大貊小貊'则似反从孟子语袭入之者。"盖定论也。

此外尚应注意，则公羊之释"初税亩"，只及税制，而不及田制耳。

五　谷梁传说

唐杨士勋谓谷梁为谷梁赤所作。徐彦公羊传疏则谓谷梁乃是谷梁氏之著竹帛者题其亲友，故曰谷梁传，当为传其学者所作。四库全书总目谓：疑徐彦之言为得实，但谁著于竹帛则不可考。阮元谷梁传注疏校勘记序则引郑氏"谷梁为近孔子，公羊为六国时人"之说，而断定谷梁先于公羊。又谓其书非出于一人之手。陆德明释谷梁传注疏序（按，序为杨士勋所撰）谓："谷梁子名淑，字元始，鲁人，一名赤，受径于子夏，为经作传，故曰谷梁。传孙卿，孙卿传鲁人申公，申公传博士江翁（按此二人均汉初人），其后鲁人荣广大善谷梁，又传蔡千秋，汉宣帝好谷梁，擢千秋为郎，由是谷梁之传大行于世。"综合以上各说观之，当知谷梁之书至汉初始写定。谷梁之释春秋"初税亩"一语则兼及田制，其言曰：

"初者，始也。古者什一，藉而不税。初税亩，非正也。古者三百步为里，名曰井田。井田者，九百亩，公田居一。私田稼不善则非吏，公田稼不善则非民。初税亩者，非公之，去公田而履亩十

取　也。以公之与民为己恶矣（集注：恶谓尽其力。）古者公田为居，井灶葱韭尽取焉。"

徐邈注"去公田而履亩十取一"，谓："除去公田之外，又税私田之十一。"是此时公田与井田之制仍在，其说当不可信。孔广森注谓："去公田而九家同井，每亩税取其什一。"是则公田虽废而井田仍在，且税法亦由九一而减为十一，更不足信。鲁宣公时当无井田制度存在，故知谷梁公羊均以孟子之井田制解春秋"初税亩"三字也。

胡适之曰："依我看来，'初税亩'不过是鲁国第一次征收地租。古代赋而不税，赋是地力所出，平时的贡赋和用兵时的'出车徒给徭役'都是赋。税是地租——纯粹的 Land Tax。古代但赋地力，不征地租。后来大概因为国用不足，于赋之外另加收地租，这叫做税。孟子不赞成税（他曾希望'耕者助而不税'），但他又主张'国中什一使自赋'。这可见赋与税的分别，宣公初行税亩，故春秋记载下来，其实和井田毫无关系的。"其言颇为切当。（参看胡适文存一集卷二页二七一）

六　韩诗外传说

汉文景时韩婴推诗之意而为内外传数万言，其外传言井田制云：

"古者八家而井，田方里而为井。广三百步，长三百步一里，其田九百亩。广一步，长百步为一亩。广百步，长百步为百亩。八家为邻，家得百亩。余夫各得二十五亩。家为公田十，余二十亩共为庐舍，各得二亩半。八家相保。出入更守，疾病相忧，患难相救，有无相贷，饮食相召，嫁娶相谋，渔猎分得，仁义施行，是以其民和亲而相好。诗曰：'中田有庐，疆场有瓜'，今或不然，今民相伍，有罪相伺，有刑相举，使构造怨仇，而民相残。伤和睦之心，贼仁恩，害士化，所和者寡，欲败谷巨，于仁道泯焉！诗曰：

'其何能淑，载胥及溺'！"

此则忧时之论而托古以见意也。至其"余二十亩共为庐舍"一语，乃由演述谷梁"公田为居，井灶葱韭尽取焉"两语得来。

七 汉书食货志说

汉书食货志之言曰："理民之道，地著为本。故必建步立亩，正其经界，六尺为步，步百为亩，亩百为夫，夫三为屋，屋三为井，井方一里是为九夫，八家共之，各受私田百亩，公田十亩，是为八百八十亩，余二十亩以为庐舍。出入相友，守望相助，疾病相救，民是以和睦而教化齐同，力役生产可得而平也。民受田：上田夫百亩，中田夫二百亩，下田夫三百亩；岁耕种者为不易上田，休一岁者为一易中田，休二岁者为再易下田，三岁更耕之，自爰其处。农民户人已受田，其家众男为余夫，亦以口受田如此。士工商家受田五口乃当农夫一人。此谓平土可以为法者也。若山林薮泽原陵淳卤之地，各以肥硗多少为差。有赋，有税：税，谓公田什一及工商衡虞之入也。赋，共车马甲兵士徒之役，充实府库赐予之用。税给郊社宗庙百神之祀。天子奉养百官禄食庶事之费。民年二十受田，六十归田，七十以上，上所养也，十岁以下，上所长也。十一以上，上所疆也。种谷必杂五种，以备灾害；田中不得有树，用妨五谷。力耕数耘收获，如寇盗之至。还庐树桑。菜茹有畦，瓜瓠果蓏，殖于疆易，鸡豚狗彘，毋失其时。女修蚕织，则五十可以衣帛，七十可以食肉，在壄曰庐，在邑曰里，五家为邻，五邻为里，曰里为族，五族为党，五党为州，五州为乡，乡万二千五百户也。……此先王制土处民，富而教之之大略也。"

班固汉书晚出，故其井田论尤为赅博，盖乃参酌孟子韩诗外传与周礼而成。其所言民受田归田之幸，尤为以前各书所无。且对于耕种方法，言之独详。由是可见井田之说，至汉时而大备。据胡适之言，汉代的井田详说，除食货志外，尚有下列两家：（一）何休公羊解诂。这又是参考周礼、孟子、王制、韩诗、食货志做的。他不取礼的三等授田法，一律每人百亩，但加了一个"三年一换主易居"的调剂法。（二）春秋井田记。后汉书刘宠传注引此书，所引一段多与何休说相同。（从何休公羊解诂一行起，均用胡适之原文。）

八　司马法

司马法一书，四部正讹谓为真伪相杂。姚际恒古今伪书考断定其为后人伪造无疑。又谓其篇首但间袭戴记数语。可见此书之成，更在戴记之后。然司马法今存之五篇，于井田制度毫未置喙。其论井田制者只见于逸文。逸文者，乃佗书所引，多不见于五篇中者也。（附注：汉志："原书百五十篇，今存五篇，他书所引，亦有不见五篇中者，皆逸文也。"）

其言曰：

"六尺为步，步百为亩，亩百为夫，夫三为屋，屋三为井，四井为邑，四邑为丘，丘有戎马一匹，牛三头，是四匹马匠牛。四丘为甸，甸六十四井，出长谷一，乘马四匹，牛十二头，甲士三人，步卒七十二人，戈楯具，谓之乘马。"

又曰：

"成方十里出革一乘。"（原注："案有脱讹字"）

又曰：

"六尺为步，步百为亩，亩百为夫，夫三为屋，屋三为井，井十为通，通为匹马，三十家，士一人。从二人。通十为成，成百井，三百家，革车一乘，士十人，从二十人。十成为终。终千井，三百家，（愚按：此应为千字，想系印误）。革车十乘，士百人，从二百人。十终为同，同方百里，万井，三万家，革车百乘，士千人，从二千人。"（录自张澍二酉堂丛书道光元年初版）

此则行井田之制，而寓兵于农也。由上观之：可知自井以上，有以四进者，有以十进者。说者谓以四进者为政治上之小单位，所以便军事上之贡赋。以十进者为政治上之大单位，所以谋封建授受之便利。世又以为此为文王治岐之法云。

（原载《广东留平学会年刊》第二三期，1932 年）

明代粮长制度

粮长制度是明代田赋史上一件很可注意的事。它本身不仅提供了田赋征收方面的种种特殊问题，并且蕴藏着深远的社会和政治意义。这一个研究可以帮助我们对于中国地方政治基层组织的形成，以及地主缙绅势力的扩张种种现象增加不少了解。粮长一职，建置洪武四年（1371）九月，当时明太祖以府州县胥吏征收田赋往往鱼肉百姓，乃令有司清查民田，以完粮一万石左右的面积划为一区，以区内田地最多之户派充粮长，管理本区粮赋的催征解运事宜。《明太祖实录》载此事云：

> 洪武四年九月丁丑，上以郡县吏遇征收赋税辄侵渔于民，乃命户部令有司料民土田，以万石为率，其中田土多者为粮长，督其乡之赋税。且谓廷臣曰："此以良民治良民，必无侵渔之患矣"。①

以下试分五节讨论之。

一　设立的用意

有财务行政上的动机，有政治上的动机，分述如下：

（1）免除吏胥的侵吞。其说已见前。洪武十八年（1385）令

---

① 《明太祖实录》卷六八。

复设十五年（1382）已罢之粮长。是年《御制大诰》内论及此事说："粮长往常民间不便，盖是有司官不肯恤民，止是通同刁诈之徒生事多端，取要财物，民人一时不能上达。如今教你每户家做粮长。"① 亦可为证。宋濂论此尤详：

> 国朝有天下患吏之病细民。公卿建议以为吏他郡人，与民情不孚，又多蔽于黠胥宿豪，民受其病固无怪。莫若立巨室之见信于民者为长，使主细民土田之税，而转输于官。于是以巨室为粮长，大者督粮万石，小者数千石。制定而弊复生，以法绳之，卒莫能禁。②

地方官回避本籍，其法至明且严（此事余别有撰述）。因他们既非本地人士，对于本地的情形不无隔阂，易受胥吏豪猾的蒙蔽，这是朝廷公卿建议以巨室为粮长的原因。

（2）取缔揽纳户。"揽纳"就是包揽别户的税粮代其交纳，以从中取利的行为。早在南宋时已有"揽户"名称的存在。理宗即位初年，廷臣以蠲赋实惠尽归于税吏揽户，而不及小民为言。请改进蠲免的办法③。是其弊端已见。自元入明揽纳之风仍盛。明太祖

---

① 《开谕粮长》卷六二，按《大诰》正续三编对于粮长之告诫甚多，由此可观初期实施之程度，以下将尽量引用之。《文渊阁书目》卷一，天字号第一厨书目中有"粮长规戒录一部一册"，原注"阙"，是正统间已失传矣。武进谢应芳：《龟巢集》卷七周可大新充粮长诗云："千里长江万斛船，飞刍挽粟上青天，田家岁晚柴门闭，熟读天朝大诰篇。"其又云："租吏无劳夜打门，桃源风景烈塘村，好将击壤歌中意，写作丹青献至尊。"应芳，元末明初人，此诗当作于明初。第一首可说明《大诰》对于粮长之重要。第二首反映粮长可直接谒见皇帝，以达民隐。两诗皆歌颂粮长制度之成功，试与第五节引桑悦嘲富翁诗比较观之，可见盛衰兴废之迹也。

② 《朝京稿》卷五，上海夏君新圹铭。

③ 《宋史》卷一七四《食货志一二七·食货上二·赋税》，"（宋理宗）嘉熙二年（1238）臣僚言：陛下自登大宝以来，蠲赋之诏无岁无之，而百姓未沾实惠。盖民输率先期归于吏胥揽户，及遇诏下，则所放者吏胥之物，所倚阁者揽纳之钱，是以宽恤之诏虽颁，愁叹之声如故。尝观汉吏恤民之诏当减明年田租，今宜仿汉故事，如遇朝廷行大惠，则以今年下诏，明年减租，示民先知减数，则吏难为欺，民拜实赐矣。从之"。按招揽纳制度发生于宋代，因宋有支移及畸零的规定。参见万历间徐栻《滇台行稿》卷四，有包揽役银的记载。

有鉴及此，乃规定了处刑的律例："凡揽纳税粮者杖六十，若洛赴仓纳足，再于犯人名下追罚一半入官。"但小户畸零米麦，因便辏数于纳粮人户处附纳者得不论罪①。揽纳的弊害，《大诰》中言之甚详，《揽纳户·虚买实收》第十九云："各处纳粮纳草人户，往往不量揽纳之人有何底业，一概收粮付与解束……及至会计缺少，问出前情，其无籍之徒惟死而已。"《籍没揽纳户》第三十七云："揽纳户揽到人户诸色物件粮米等项，不行赴各该仓库纳足，隐匿入己，虚买实收。"因为兜揽之户，有时为无产之徒，就令发觉其亏欠干没的弊病，亦无法追还损失。故以田地最多的殷实人户负征收解运之责，则损失可以减轻，这是设立粮长的第二个理由。② 以上所述皆偏重于消极方面。但亦有积极的理由如下。

（3）利便官民。特指征收手续而言。《大诰·设立粮长》第六十五云："粮者（应为长字之误）之设，便于有司，便于细民；所以便于有司，且如一县该粮十万，止设粮长十人，正副不过二十人，依期办足，勤劳在乎粮长，有司不过议差部粮官一员赴某处交纳，甚是不劳心力。……便于细民之说，粮长就乡聚粮，其升合斗勺数石数十石之家，比亲赴州县所在交纳，其便甚矣。"盖就其便于官府言之，明制各地赋额和税率非经奏准，不得变动，故只责成民间殷实大户去征收，在原则上应亦不至有流弊，虽则事实如何仍当别论，但官府征收的劳费至少无疑问地减轻了。至就便于小民而言，则粮户得就近向粮长交纳，无远赴州县所在地交纳的劳苦，——特别是畸零小户，他们一向为零星小款便须亲赴州县输纳，极不经济，今改为就地输纳当然方便得多了。自然税粮由粮长收贮，亦易发生弊病，如宣德中江南逋赋甚多，苏州一府积欠至八百万石。宣德五年（1430）九月乃擢周忱为巡抚往清理之。"忱见

---

① 《明律集解·附例》卷七，户律，仓库，揽纳税粮。参沈家本《寄簃先生遗书·明律目笺》卷二。

② 参见叶盛《文庄公两广奏稿》卷三，《禁革仓弊疏》。周用：《恭肃公集》卷一二，《与太守聂文蔚事目》。

诸县收粮无囤局，粮长即家贮之。曰此致逋之由也。"①

（4）笼络巨室。明太祖对待富室有两个极端相反的政策。其一用高压或防范的政策，如吴元年（1367）平张士诚后，以苏州民为张氏固守，故徙其富民于濠州②。以达到"强干弱枝"的目的，或径加刑罚，如富民沈万三秀③、华兴祖④。诸人的流戍、杀戮，皆因他们富埒皇室，恐其危害政权，故先为剪除之计。其二，用笼络政策，饵以官爵，如洪武十九年（1386）八月辛卯，命吏部选取直隶应天诸府州县富民子弟赴京补吏，当时与选者凡一千四百六十人⑤。粮长制度可以说是这个政策的前驱。太祖时定正副粮长限于每年七月中到京，面听皇上宣谕，领取征粮勘合，还乡催收税粮。其如期输粮至京者，得召见，语合，辄蒙擢用⑥。其待遇之优渥，因为明初经大乱之后，才人学者往往留恋田养生之乐，不肯轻离乡井，服务王室。茅元仪云："国初莫肯出仕，每以粮长富户充之……（盖）久乱之后，人不以仕进为荣。"⑦ 其实是鉴于太祖杀戮官吏太过所致，故但为苟全性命之计而已。

二　职务的分析及其特权

粮长最主要的任务，为催征、经收、解运三项事宜。前引《明太祖实录》洪武四年（1371）九月丁丑初设粮长条内关于职务方面只有"专督其乡赋税"数字，记载甚为简略。洪武六年（1373）九月辛丑始诏"松江、苏州等府于旧有粮长下，各设知数

---

① 《明史》卷一五三"周忱传"。

② 《明太祖实录》卷二六。

③ 刘三吾：《沈汉杰墓志》。《明史》卷一一三，"太祖孝慈高皇后传"，"吴兴富民沈秀者，助筑都城三之一，又请犒军，帝怒曰，匹夫犒天子军，乱民也，宜诛。后谏曰……民富敌国，民自不详……陛下何诛焉？乃释秀戍云南。"

④ 嘉靖《仁和县志》卷一三，"纪遗"。

⑤ 《明太祖实录》卷一七九。

⑥ 参见《明史》卷七八，"食货二赋役"。又详后。

⑦ 《暇老斋杂记》卷二九。

一人，斗级二十人，送粮大千人，俾每岁运纳不致烦民"①。大约两年前制度草创，对于运纳人夫名额，尚无规定。至是始明文限制额数，以节省民力。

关于粮长督办税粮的手续，洪武十九年（1386）三月，《大诰续编》内载：当催征的时候凡纳粮数少之户，集合三五户以至百户不等，自备盘缠，水路觅船只，旱路觅车辆，大众公举几个人做总领，跟随粮长赴各该仓分交纳②。洪武二十六年（1393）定凡设立粮长的地方，每年委官一员率领粮长正身，务要齐足，定限七月二十日以内赴京面听皇上宣谕，关领勘合，回乡催办税粮。征起以后，由粮长督并里长，里长督并甲首，甲首催督人户，装载粮米。粮长点看现数，率领里长并运粮人户起运。凡属于"对拨"项下的税粮，运赴指定卫所，照单点交。"存留"税粮运送本地各仓收贮，"起运"或折收税粮，照依定拨各该仓库交纳。务要依期送纳各该仓库。事毕之后，粮长即将纳过数目于勘合内填写，用印钤盖。然后将填完勘合具本亲赍进缴，仍赴户部明白销注。户部委官于内府户科将勘合领出立案，附卷存照，以凭稽考。如查出粮有拖欠，勘合不完，明白究问追理③。

从上可注意两点：第一，由面听敕谕以至勘合之关领及其注销，须经过种种严密的手续，可见其事异常隆重。第二，当时催征、经收、解运之责，似皆集中于粮长一身。以上两点并可证明初期粮长威望之高以及职责之重，均非后来粮长所可比拟。

关于关领勘合，永乐十九年（1421）国都迁建北平时，令各处粮长仍暂于南京户部宣谕给与勘合④。至嘉靖十一年（1532），

---

①　《明太祖实录》卷八五。

②　《大诰续编》卷七八，"议让纳粮"。

③　《万历会典》卷二九，"户部"16"征收"。

④　《正德会典》卷三七，"户部"22"仓科"，征收一，事例。吴宽《匏翁家藏稿》卷五二，"恭题粮长敕谕"："昔在高皇帝初定天下。以苏松等府，粮饷所资，择产厚之氏，俾理其事，号以粮长。每岁将征敛，例赴阙下。面听宣谕而还。自鼎迁于北，累朝恪遵其制，率下敕词于南京户部，人给一道。"《天下郡国利病书》卷八七，"浙江"25，永康县，粮长条谓："盖责慎之意"云云。

又改定宣谕敕书由南京户部预期差遣官员赍赴各布政司分投遣官转赍粮长勘合，随敕书发领，不必再令粮长吏典赴京听候，有误征解①。要言之，粮长自永乐建都北平以后，渐与朝廷疏远，朝见天子的机会从此没有了。

关于征收解运之责，从后期史料看来，各地多各设专人负责，粮长一词遂有冠以相当于各种职务的称谓，以资识别者。万历《上海县志》载：

> 国朝旧制……以粮长督一区赋税……县境……旧分九十二区，今存五十六区，每区设粮长一名而分三色：管征粮者曰催办，近改为总催；管收粮者曰收兑；管解运者曰听解；俱五年一编审，穷区每色以数人合为之。……②

按末一语即所谓"朋充"之法，后将详之。据县志所载，除上开三色粮长以外，其后又设有"南运""北运"各若干名，分别掌管运粮至南北两京的事务。崇祯《松江府志》有催办粮长（亦名公务粮长或经催）、收兑粮长、解户、南运、北运等项目③。岳州府有以里长兼办粮长之职务者，分别名之曰"征收税粮里长"④及"运解税粮里长"⑤。以上均为职务上分工之证。然亦有相反之例，正德间王鏊《论吴中赋税书》云：

> 粮长……旧惟督粮而已，近又使之运于京。⑥

---

① 《万历会典》卷四二，"户部"29"南京户部，粮长勘合"。
② 万历《上海县志》卷四，"赋役志上"，同治《上海县志》卷七，"田赋下"，云："明制……粮长每区一人专督本区赋税。隆庆中改置总催，而革粮长之名。"
③ 《天下郡国利病书》卷二一，"江南"9。
④ 见隆庆《岳州府志》卷一一，"食货考"。
⑤ 同上。
⑥ 《王文恪公集》卷三六，"吴中赋税书与巡抚李司空"。按李巡抚当即李充嗣。书中又云："自前代无所谓粮长者。"

人约各种职务离合增减之间各地各时殊不一致，然赋役在长期内不断增加，故分工的趋势较为普遍。

除上述三种主要职务以外，洪武十八九年间（1385—1386）先后规定粮长居乡时还要负下述四种责任：一、闲中会乡里，解说各处府州县设立社稷坛场之意，劝民耕种。二、劝导洒派诡寄田粮的豪户，使归于正，与小民一体当差纳税。三、具报灾伤及荒田亩数及此项该豁免的税粮。四、面奏不依期交纳税粮的刁顽人户①。于此我们不妨指出上开法令的矛盾性，关于解释第二项任务的理由，《大诰》"开谕粮长"内云："今民有数千亩万亩及百亩数千顷数十亩者，每每交结有司不当正差。此等之家往往不应正役。于差靠损小民，于税粮洒派他人。买田不过割，中间恃势移丘换段，诡寄他人，又包荒不便，亦是细民艰辛。你众粮长会此等之人使复为正，毋害小民。"我们要问粮长等本身不就是田多的豪户吗？这真不啻"与虎谋皮"了。

甚至有些地方的粮长兼握有听理讼狱的司法权。《英宗实录》载："正统十一年（1446）五月甲戌，湖广布政使萧宽奏：近年民间户婚田土斗殴等讼，多从粮长剖理，甚至贪财坏法，是非莫辨，屈抑无辜；乞严加禁约，今后不许粮长理讼。从之。"② 但万历末年江西章潢仍说道："今之粮长，即秦汉之啬夫。"③ 可见此事尚未能禁绝。

初期的粮长曾一度享有纳钞赎罪的特权。洪武八年（1375）十二月癸巳，太祖谕御史台臣曰："比设粮长，令其掌收民租，以

---

　　① 《大诰》"开谕粮长62续编议"，"襄纳粮78"。《明太祖实录》卷一八〇，洪武二十年二月戊子，"浙江布政使司及直隶苏州等府县进鱼鳞图册……上……遣国子生武淳等往各处，随其税粮多寡定为几区，每区设粮长四人，使集里甲耆民，躬履田亩以量度之，图其田之方圆，次书其字号，悉书主名，及田之丈尺四至，编汇为册……号'鱼鳞图册'。是丈量田亩以外，并襄预鱼鳞图册之编造事宜也。"徐光启：《农政全书》卷八，"农事，开垦"："公正者，粮长之别名，一区之领户也。前官查理坍荒，及催征钱粮率用此辈。"可见上海等地的粮长，又别名"公正"，且至明末时仍负有查理坍荒之责。

　　② 《英宗实录》卷一四一，先是宣德六年四月癸亥，监察御史张政言："洪武间设粮长嵩办税粮，近见浙江嘉湖，直隶苏松等府粮长，兼预有司诸务……词讼则颠倒是非……作奸犯科，民受其害，乞为禁治。"命行在户部禁约。（《宣宗实录》卷七八）。

　　③ 《图书编》卷九〇，"江西差役事宜"。

总输纳，免有司科扰之弊，于民甚便。自令粮长有杂犯死罪及流徙者，止杖之，免其输作，使仍掌税粮。"御史台臣言，粮长有犯，许纳钞赎罪。制可①。然此疑非通例，因考之实际，粮长以犯罪处极刑者亦不在少数，最显著的例如：山阴人诸吉士，"洪武初为粮长，有黠而逋赋者诬吉士于官，论死。二子炳、焕亦罹罪。（女）娥方八岁，昼夜号哭，与舅陶山长走京师诉冤。时有命：冤者非卧钉板，勿与勘问。娥辗转其上，几毙。事乃闻，勘之，仅戍一兄而止。娥重伤卒……"② 此事或发生在洪武八年粮长得纳钞赎罪诏令颁布之前未可知。然洪武中粮长输纳不如期者仍判死罪，例如武进人王友谅，"洪武中为税长，以输纳后期，法当死。（子）忠年十七，即诣京恳请代父。比至，会赦免"③。可见赎罪的法令似未能切实执行，纵或执行，当亦为时甚暂。从后来关于粮长刑罚记录之多，亦可概见。例如嘉靖间秀水石奇，尝任嘉兴府大粮长。"一日，公错系狱，见狱中有美少年者，问其故，曰，先世拖欠两世系死，今仅十金，无从乞贷，度亦不能出矣。……"④ "罪及妻孥"固为我国古时刑法的特点，不但此也，粮长一役且亦得由家庭内的成员代替充当。如陈访"世家东阳，从乡进士杨荣事举子业……时其家为租税长。曰：此弟子所当服劳者，遂往代其父兄执役不懈……弘治丁巳二月十二日以疾卒于家，年八十五。……"⑤ 又如明末上海富人史士能为粮长，主运漕米于京师，其兄士简，偕弟士端亦一同充役⑥。可见不但子可代父，且亦兄与弟偕，故与"民壮"等役之须

---

① 《明太祖实录》卷一〇二，徐学聚《国朝典汇》卷九〇，作"许纳铜赎罪"。
② 《明史》卷三〇一，"列女传·孝女诸娥"。
③ 康熙《常州府志》卷二三，"人物传·王忠"。
④ 《盐邑志林》卷四六，"朱叔良《犹及编》"。
⑤ 《章懋枫山集》卷五，"陈君墓志铭"。
⑥ 民国七年《上海县志》卷一九，"人物补遗，史士能传。"归有光《震川先生全集》卷二，"王邦献墓志铭"，"王君以嘉靖三十三年（1554）八月四日卒，享年六十有八。……君姓王氏，讳瑭，字邦献，其先后昆山之淀山湖，二百余年矣……正德嘉靖之间，东南之民困于粮役，蠹耗尽矣。自儒者皆躬自执役，君一任其僮奴，至于不给，终不以废学。"儒者皆躬自执役一语，殊可注意。王氏产破至不足自给的原因，或与其一以任之僮奴有关。

以本身充当者不同……按前引《会典》洪武二十六年（1393）关于粮长督办税粮的手续的规定，内中虽亦有"率领粮长正身"一语，然似仅指不得用他户顶替而言，若以子弟代替父兄，似无不可。可见粮长一役为户役而非身役。

苏、松、常、嘉、湖五府于漕粮之外，每年运输内府白熟粳糯米十七万四千余石，内折色八千余石；各府部糙粳米四万余石，内折色八千八百余石。皆令民运，谓之白粮船。主运之人，亦名曰粮长。自成化十一年（1475）长运法（亦名改兑）行，改民运为军运，但白粮民运如故①。主运白粮之粮长，赔累尤重。世宗即位时，御史马录巡按江南诸府，上疏言："江南之民最苦粮长，白粮输内府一石，率费四五石。……"② 所以佥此役时，"虽富人亦争衣褴褛，为穷人状，哀号求脱"③。其惨状可见。然白粮粮长仅限于苏松五府，他处无之，故不备论。

三　制度的衍变

第一，关于粮长的人数。洪武四年（1371）初设时为每区一人。洪武十年（1377）增设副粮长一人，"洪武十年五月，户部奏苏松嘉湖四府及浙江、江西所属府州县粮长所辖民租有万石以上者，非一人能办，宜增副粮长一人，从之。"④ 至洪武三十年（1397）又更定每区设正副粮长共三人。是年七月乙亥"命户部下郡县更置粮长，每区正副粮长三名，以区内丁粮多者为之。编定次

---

① 《明史》卷七九"食货志三，漕运。"《万历会典》卷二四，"户部14，会计三，漕运。"先是（成化八年后）樊莹知松江府，运夫苦耗折，莹革民夫，令粮长专运，而宽其纲用以优之。（《明史》卷一八六，"本传"）参见朱国桢《涌幢小品》卷二，"白粮"。

② 《明史》卷二〇六，"本传"。

③ 顾公燮：《消夏闲记》中，籍富民为粮长。《天下郡国利病书》卷二一，"江南9，松江府志"，"北运白粮"参见"民一"，"太仓州志27，杂记上"，"知府蔡国熙题上江南七政事"。吴亮《万历疏钞》卷二六，"粮储类"，"陈渠白粮弊极难堪部运玩纵当议疏。"

④ 《明太祖实录》卷一一二。

序，轮流应役，周而复始。"① 景泰四年（1453），令浙江等布政司及苏松等府，实征粮不及万石者，止存粮长一名②，此处名额的核减由于实征不足定额的缘故。一般而论，粮长的人数在各地皆有增加的趋势。据明朱健《古今治平略》、清王原《学庵类稿》、《明史·食货志》均谓宣德间"数增十倍"。自正德以后，串名朋充法盛行（详后），人数渐增。嘉靖初年谕德顾鼎臣条上钱粮积弊四事，亦云："往时每区粮长不过正副二名，近多至十人以上"③。《海盐县志》"食货篇"之"粮长"条：

> 洪武初，州县粮万石例设粮长一人，主征收运纳之事。已复增设粮长正副，各都区二人……是时全浙粮长仅一百三十四人，而盐一邑可知矣。父老相传，古有大粮长，声势赫亦如官府者是也。后民贫不能充其选，或区分三四人。正德中，遂有串名法。至嘉靖中，五邑额定粮长大抵四十二人为常。均平事例行，役如照里分，每岁输一百一十六人为粮长，征收税粮。其运纳银米诸差，亦佥其人为之役，名之曰解户。盖其后与明初之粮长同而其人任之者较之明初不啻数倍矣……④

万历《上元县志》载："本县一百五十里，分为七区，每区总粮长一人，副粮长五人，小粮长每里各一人。"⑤ 每区合计亦不下七个人了。

与粮长人数密切相关的就是粮长的任期。洪武初年大约行"永充"制，不得更易。及洪武三十年（1397）更定每区设正副粮长三人，编定次序，轮流应役，周而复始（详前），是为"轮充"

---

① 《明太祖实录》卷二五四，《万历会典》卷二九，"征收"误作"每区二名。"
② 《万历会典》卷二九，"征收"。
③ 《顾文康公文草》卷一。亦见《明史》卷七八，"食货志三"。
④ 《天下郡国利病书》卷八四，"浙江2"。
⑤ 万历《上元县志》卷一二，"艺文志"，"知县叶士敦申革督粮常例碑"。

制。宣德间复行永充①。五年（1430）十二月庚戌，江西庐陵、吉水二县耆民陈诉永充粮长之害云：

> 永充粮长怙势害民，如征夏税，一图不及一石，而甲首十人各科棉布一匹，又折使用棉布五匹至二十倍有余。若征收秋粮，每石加倍以上，又征用棉布十五匹。复以官府支费为名，每甲首一人别科银二两。甚至在乡强占灌田陂塘，阻遏水利，民多怨苦，皆因永充之故。②

由永充改为轮充，原因有二：1. 永充之制如上文所引，粮长易作威福害民，不如改为从公编定次序，轮流充当，如景泰中江西巡抚韩雍之奏罢赣省粮长永充。即缘于此③。2. 赋役日趋繁重，官府对粮长的额外苛求日多。原来当粮长的大户（以至一般平民下户）不堪其扰，多已破产或逃亡，于是不得已而取之近上户或中户；然中户亦不能胜此长期的负担，于是不得不改为轮充。轮充演变的结果，变为"朋充"。此法盛行于正德以后。因为比较殷富的中户至是亦已逃亡略尽，乃又不得已取之于下户以为粮长。贫乏的下户，独力难支，于是合三四户以至十余户联名充当，这就是正德中行于浙江海宁县、永康县，江南江阴县等地的"串名法"。许赞为吏部尚书时④，尝作浙民歌十首，中有咏粮长者一首：

> 弘治年人人营着役，正德年人人营脱役，近年着役势如死，富家家业几倾坦，串名四五犹未已。

---

① 见《明史》"食货志二，赋役"。《万历会典》卷二九，"宣德五年令各处粮长有消乏充军等项者，选差殷实大户常川充当"，似即此事。

② 《宣宗实录》卷七四，先是同年月壬寅南京监察御史李安上言粮长苛征之害（详后）。

③ 见《古今治平略》，及《学庵类稿》。《明史》卷一七八"韩雍本传"未载此事。

④ 嘉靖十五年至二十三年，见《明史》卷一一二，"七卿表"。

读此可知应粮长一役的苦乐变迁。朋充的办法在苏州府吴县所行的是将一区内的税粮分作十分，每粮长名下各管征收十分之几。如"首名"（上户）自一二分以至四五分，"散名"（下户）自七八厘不等。解运的额数亦依照上述比例分配①。又如浙江衢州府的办法：（全县）粮长岁三十人，分收各里之税粮盐粮，以输于官，户丁之多者拨充，丁粮之少者"朋充"②。总之，演变的结果，是粮长的人数越来越多，任期则越缩越短。如万历《武进县志》所载："正德初，编审粮长法，惟据资产殷实者连役七八年或五六年。……自后至嘉靖初，五年一编，每年役一名。"③ 再则，在永充的期间，充当粮长之职，是有利不过的。在轮充时期，虽威严已远不如昔日，但有时尚有利可图，故仍有钻营这个位置的。及至朋充时，则害多于利，许多人都不乐充当，甚至去之惟恐不及了④。《吴县志》载：

　　明太祖念赋税关国家重计，以殷实户充粮长，督其乡租，多者万石，少者数千石，部输入京，往往得召见，问民疾苦，一语称旨，辄拜官，当时以能充粮长为贤，有相承不易者。永乐以后渐用岁更。宣德初，户部言，粮长岁更，顽民玩之，故多负租，请如旧便。至嘉靖中为抑强扶弱之法，粮长不得专任大家，以中户轮充。初轮充者如得美官，已而纳粟于仓，投银于柜，老人概斛，法令一新。粮长大抵破家，则轮充又为朋充。朋充有三四人或五六或七八，而民间以粮长为大害。奸民报役者因以为利，盖粮长既不论丁粮，而论家资，家资高下无凭，故每岁夏秋之间，千金之家无宁居者。⑤

----

① 崇祯《吴县志》卷九。

② 天启《衢州府志》卷八，"国计志"。

③ 万历《武进县志》卷四，"征输"。

④ 参见嘉靖《江阴县志》卷五，万历《嘉定县志》卷六，《天下郡国利病书》卷八四，"浙江二·海盐县"，前书卷八七，"浙江五·永康县"。

⑤ 民国《吴县志》卷四九，"田赋六，签点粮长"，引康熙《苏州府志》。按上文亦见《天下郡国利病书》卷二〇，"江南八，嘉兴县志，徭役"，然文字较繁。

以上所记，虽为苏州一地之事，然参以前引《明史·食货志》各条，知其他设有粮长的地方，亦莫不有共同一致的趋势，故详引之。

再则粮长与里长的关系，异常密切，前者的职务往往有由后者兼管的趋势。明代里甲制度，成立于洪武十四年（1381）①。其制以地域相邻接的一百一十户为一里，一里之中推丁多田多家产殷富的十户为里长，其余一百户分作十甲，每甲十户，十户中有首领一人，名曰甲首。每年由里长一名、甲首一名，率领本甲十户应役。简言之，十年以内，从第一甲到第十甲各依照排序的先后轮流应役一年，这样一甲服役一年，便有九年的休息，应役之年名曰"见年"，其不在应役年份者名曰"排年"。十年期满，重新编定，每年仍以一甲应役。所谓"十年一周，周而复始"是也。里长的职务在管领一里内的公事，如催办赋役，传递公差等。粮里两长相同之点有二：同负督办税粮的重役②，同以丁田数多资产丰厚的上户充当。至其不同之点，则粮长为杂役，里长为正役③。粮里二长虽皆同督税粮，但督粮为粮长最主要的任务——初时且为其唯一的任务。在里长方面此事不过是他许多种任务中的一种。自管辖的区域言，粮长所催办的是一区的税粮，范围较大；里长所催办的为一里赋役，范围较小——故前引《会典》关于催办税粮的规定，有"粮长督并里长"一语。若从催办的种类而言，则里长所管的不只一里内的税粮，兼及各项差役，其范围又较粮长所管的为繁巨了。至就任期言之，里长十年一轮，粮长则并无一定④。最后的分别，

---

① 《明太祖实录》卷一三五。《万历会典》卷二〇，"户郡七，户口二，黄册"。

② 《天下郡国利病书》卷八四，"浙江二·海盐县"，粮长云："大率今民役粮长最重，见年（里长）次之。"

③ 《天下郡国利病书》卷二〇，"江南八，嘉定县志"，"徭役"云："粮塘、老人，均杂役，惟里长为正役"。同书卷八七，"浙江五，永康县"，"均徭"："今制凡杂役皆点差，而以上中下三等定其轻重盖有司得随事专制，非若里甲有一定之役次。"

④ 崇祯《太仓州志》卷五，"乡都"："里长……循编排之格，以周年为限，粮长……不限以年。"不过粮长自永充改为轮充，这一点区别便要减少。

就是粮里长虽司以上户充当，但粮长所辖地区辽阔，虽非本地土著，即为寄庄之户亦未尝不可；里长则以户籍攸关，非本里内住户不可。所以粮长尽可照财力金编，里长则不能轻易更替。① 但最足注意者，应为两者之间的分合关系。据我综合考察的结果，粮长的职务常有归并于里长，后者有取前者而代之的趋势，从下面几个例子可以证明：

洪武十五年（1382）四月，革罢粮长，征收粮令照黄册里甲人等催办。②

洪武十九年（1386）革罢常熟县粮长，用里长催办。③

景泰五年（1454）革湖广等属各县正副粮长，令里甲催办。④

景泰中（二至五年）韩雍巡抚江西，奏罢粮长永充，以里甲为差次，从公金充。⑤

景泰七年（1456）七月罢福建粮长，以里甲催办。⑥

嘉靖五年（1526）巡按监察御史刘隅审编里长于册，轮作大户。⑦

嘉靖十四年（1535）昆山县主簿揭稷立图头法以代粮长。⑧

---

① 万历《上元县志》卷一二，"艺文志，姚汝循粮里议。"《天下郡国利病书》卷一四，"江南二，上元县司"。

② 傅凤翔辑：《皇明诏令》卷二，《万历会典》卷二九，"征收"，文字全同，但不记月。

③ 《大诰》三编，"臣民倚法为奸第一"。

④ 《万历会典》卷二九。

⑤ 《古今治平略·国辅田赋》及《学庵类稿》。

⑥ 雷礼：《明大政记》卷一五。

⑦ 嘉靖《惟扬志》卷八，这里的"大户"即相当于粮长。

⑧ 《震川先生集》卷二四，"安亭镇揭主簿德政碑"："图头者，先是为粮长一人掌税，悉亡其家，今则图各一人，事力省而易办。又检故事，免其收解，永无所与。"接明以一百一十户即一里为一图，故图头即为里长。参看《震川别集》卷九，"乞休申文"，又"乞休文"。王锡爵：《太仆寺寺丞归公墓志铭》。

　　嘉靖三十二年（1553）仁和县知县赵周以排年里长代粮长。①

　　嘉靖末年浙江巡按御史庞尚鹏议革去粮长，以里长收粮，彼此互管，贫富通融，十年一审。②

　　隆庆二年（1568）江西巡抚刘光济奏请用里长代粮长催办税粮。③

　　万历十一年（1583）嘉定知县朱廷益以里长排年充粮长之役。④

　　以上皆为用里长代粮长之实例。然亦有粮里二长合而为一的，如南直隶泗州的粮长里长即同为一人，故有"粮里长"的名称，每里设粮里长一人⑤。又有粮里二役，皆由同一人充当，惟其排定应役之年不同，如镇江府征收之法，原为"上年里长催毕科条，即充当下年粮长，经收各项税粮，名曰'辖里'……并不佥点大户，兼收数里，贻累赔补"。⑥ 此法至万历二十四年（1596）修府志时仍然如此。又如浙江衢州府常山县，在万历三年（1575）施行一条鞭法前，"自税粮之外，一年里甲，一年粮长，一年丁田，一年均徭，一年造册。十年之中，五作而五休之，少得喘息以并力于供应"⑦。以里长代行粮长的职务的原因，不外如下几种：第一，粮区地面辽阔，征收之事极繁，粮长财力往往不能胜任，非若一里的"税粮有限，完纳亦轻。"第二，粮长有时不是本区内的土著，对于纳税户不甚熟识，催征困难，不若里长身在里间，既无劳于往返，且里中人户直

---

　　① 万历《杭州府志》卷八，"国朝郡事"下。
　　② 宋国桢：《涌幢小品》，"揭帖编差"。
　　③ 雍正《江南通志》卷一一七，"艺文，奏疏3，刘光济差役疏"。
　　④ 《天下郡国利病书》卷二〇，"江南8，嘉定县志"。
　　⑤ 《帝乡纪略》卷七，"秩官志"，按此处粮长里长每里一人，其所辖范围与前揭上元县之"小粮长"相当。
　　⑥ 万历《镇江府志》卷一二，"赋役志·征解库藏事宜"。
　　⑦ 万历《常山县志》卷八，"赋役表"。

接归其管辖，催征自较容易。第三，载粮归里，可省经费①。以下举三例以说明之。洪武十九年（1386）十二月《大诰》三编第一"臣民倚法为奸"云：

> ……本以大户为粮长，掌管本都乡村人民秋夏税粮。其官吏见法正且清，难以作弊，却乃设计乱法。其乱法之计：将粮长不许管领本部乡村纳粮人户，调离本处或八九十里一百里，指与地方使为粮长，人户不识，乡村不知。其本都本保及邻家钱粮却又指他处七八十里百十里人来管办。务要钱粮不清，易为作弊。如此扰害细民。朕将原设三十余名粮长革去……用六百有零里长催办。

上言当时常熟县所以革去粮长用里长催办的原因，由于官吏从中作弊。但粮长一职全凭资产的标准来佥定，虽非本地土著，而属于寄庄人户者亦无不可，此为粮长制度内在的困难。观于万历《杭州府志》所载嘉靖三十二年（1553）仁和县知县赵周立排年征粮法时所言可知：

> 本县有四十二区。先年每区编粮长一名，设大名粮长②。每县以七里为一区，区一役，凡区之赋皆辖焉，最号繁巨。三岁一编定。里胥视谓奇货，并缘为奸。富家规避贿免者不惜百金。隐实张虚，纵强凌弱，盖役一家而需索者目百家，此既一害矣。及役既定，名下所辖赋多至二三千石，少亦不下五六百石。在城者或直收乡下，在乡者或直收城中，住居既多星散，

---

① 对于载粮归里，亦有持反对的见解者，如归有光《乞休申文》："天下亦有不设粮长之处，惟独江南财赋最重，故以粮长督里长，里长督甲首，甲首督人户，二百年以来，未有变更。今者新行里递，意或便于浙东；若嘉湖与苏州，上俗财赋相同。职生长苏州，亦知粮长之重难而不可废也。夫以里递收粮，似散钱不能成缗，又以小户督大户，乃如以羊将狼也。"按申文上于嘉靖末年为湖州长兴县令时。

② 嘉兴府有"大粮长"，上元县有"总粮长"，均见前。

人户又不识熟，催征甚难，钱粮难集，县中比并捐资代轮，动倾家产，其害又何如也。周知其弊，建议以排年里长岁轮一人，司里中赋，革大名粮长不编，前此诸弊皆得获免。盖一里税粮有限，完纳亦轻，且身在里间，既不苦于往返，人户皆所隶，甲首又无敢负赖之者，即有赔偿，亦不旋踵抵之矣，于是倾荡之患什免八九，故诸邑至今为便。

隆庆二年（1568）江西巡抚刘光济上《差役疏》亦可参考：

> 一、佥粮解。照得夏秋税粮有起运存留，有本色折色。收解之役，名为粮长。各该州县有一年一审编者，有三年五年间一审编者，止是佥报殷实人户，原不轮年分甲。每遇编审之期，势豪大户汇缘规避。坊里佥报，索编百端。身未应役，而所费已不资矣。官府不得已而为一切苟且之计，或以数人而朋充一名，或令一身而管各户，间里骚然，息肩无日。包揽者得肆侵欺，贫难者苦于赔贩。一充此役，鲜不破家，此皆民间至苦极累事也。臣查得……粮长之役，或编殷实，或轮里长，皆我祖宗旧制。合无将各甲排年管催本里人户税粮，听其自行输纳。米入官仓，以管粮官典收；银入官库，以掌印官典收。查照旧规应用领解粮役几名，就于经催中审其丁粮近上家道殷实者，佥定名数，责令管解。粮米有搬运脚耗之费，折银有称收火耗之费，俱于派则内酌量加征，当官给发，以资其用，免其独力赔补。是以十年之中不过轮役一年，纵有一年之劳，得享九年之逸。况以本管里长催征本里人户，事势必为顺便。庶几祖制里甲催办之意，而审编之弊可杜矣。

此疏为刘氏奏请推行一条鞭计划中的一部分。自隆万以后，一条鞭法逐渐推行于各地。随着一条鞭的进展，粮长制度亦起了相应的变化：第一，如上所言，粮长的职务陆续由里长兼摄。第二，一条鞭法用银折纳田粮，由官府募役解运，官收官解之制逐渐盛行①，粮长的责任从此较为减轻。《平湖县志》"粮长"条云：

> ……相传古（指洪武年间言）有大粮长，声势烜赫如官府是也。宣德间改为永充：……景泰中革，未几又复。正德中，民贫不能充其选，遂有串名法。（嘉靖中知县顾廷对）均平（法）行后，始每岁每里役一人为之，充解银米差役，复名之曰解户。其里之值年者曰见年，从前直日提牌，敛里甲钱，以奉各办之役。条鞭行，而见年无所事事，与粮长分上下五甲督催仓粮柜银，在官听比，兼任城垣圩堰等役。行之既久，繁费渐多，仅仅中人之产，十年中迭支两役，欲不耗破，不可得矣。……万历后，银差用官解，以空役出银贴之，他役亦多所裁革，止余米解在民，粮长役大省。城垣复用空役银官修，见年之役并省矣。②

与平湖县情形大致相仿的尚有会稽县，常州府所属各县，并可作为说明上的补充。会稽县自隆庆二年（1568）行条鞭法后，令粮户依照期限赍银，自封投柜，不复金立收头（此即负征收之责的粮长），收过银两听县酌量缓急，依次起解。至于解运路费，其系解京钱粮，遵照定例查给路费，其系解司解府者，则于每年见役粮里，各照其本年内田粮多寡挨次金点起解。粮银一百两以上押以民灶一名，二百两以上押以吏农一名，五百两以上押以职官一员，以

---

① 如万历三十六年江南某县知县王应乾申请革除粮长，改为官解（清《国朝论策类编》"政治论三，刘淇里甲论"）此例尚多，参拙著《一条鞭法》第四节（二）官收官解之成立。参见万历《武进县志》卷四，"钱谷"，所记嘉靖四十五年知县谢师严立征粮一条鞭法事。

② 光绪《平湖县志》卷六，"食货志上·田赋"，引乾隆五十年王恒修旧志，按语云："粮解名役空役贴银二项无考。惟刘志载各款银每两加贴役银一厘。"

防侵匿迟延之奸①。又在万历二年（1574）江阴知县刘守泰议于丁本县十八区粮长中，择立"收头"六名，专管收均徭银两，免去其他各项收放，并即抵作"解头"之派役。关于粮长征收保管和煎销银两的各项手续，皆有规定②。查在一条鞭法以前，征收本色，故解役最为繁重，自行条鞭法后，粮长或则只管收不管解，或则虽仍管解运，然所解运者为折色银两；且银额较巨者，多有官吏押送，或径由官解。故一般地说，粮长的职责实较前减轻了。

四　几个组织上的问题

（1）粮长是否每粮万石设额一名？洪武四年（1371）九月原定"以万石为率设粮长一名"，其语意本甚明显。但有许多记载均径作"每粮万石设粮长一名"之语③，则易引起误会，颇有语病。其实每一万石设一粮长仅仅是一种原则，事实上多不如此。例如洪武四年十二月，即当设粮长的诏令颁布后的第三个月，户部奏准浙江行省岁输粮 933268 石，设粮长 134 名④。可见不及万石便设粮长一名。又如洪武十九年（1386）《大诰》三编所载："常熟县秋粮四十万石有零，教粮长三十余名掌之"⑤，可知一万石以上才设一名。总之粮长之设立，在最初亦不过以万石为概括的原则，其所辖之区或多或少于万石，才是实际的情形，并且，这里所说的仅限于正粮长的名额而言，若洪武十年（1377）及三十年（1397）先后增设之副粮长尚不计算在内。这个问题的另一方面的表现，就是各区粮额之不均。这种现象已散见于上"制度的演变"一节内，此外尚可引万历《绩溪县志》所载为证：

① 万历《会稽县志》卷七，"户税三·徭役下，一条鞭考二"。参看康熙《余姚县志》卷六，"食货志"，万历《温州府志》卷五，"食货志·差役"。

② 万历《常州府志》卷六，"钱谷"。

③ 如嘉靖《临江府志》卷四、清乾隆《平湖县志》等。

④ 《明太祖实录》卷七〇。

⑤ 《臣民倚法为奸第一》。

坊乡编为七区。先年每区额编一正二副，不论粮之多寡，苦乐不均。（嘉靖四十一年至四十四年）巡抚周如斗议于均徭银内编金，未果。知府何东序行县酌议，不拘名数，以粮为主，通融编金。此区粮少，附近粮多人户帮之。大约每粮一石计收银三十两，人户多而征收少，公事易完，民皆便之。①

以前分区标准大约以里甲户口作主，故各区粮额多寡悬殊，粮长自不免苦乐不均之叹。何东序改变办法，以粮作主，随粮征银，各区通融编金，不限以固定的名额，此为一条鞭办法中的一部分，民皆称便。

（2）编金粮长的标准。洪武四年（1371）初立粮长时，仅以田粮的多寡作根据。至洪武十八年（1385）令各该有司复设粮长，以民户丁粮稍多者充当。② 是编金的标准，兼以丁额为据了。根据前引史料，知各地后来通行的办法是以一般产业的厚薄作标准。但实际上被金派为粮长的不一定即为富户。其理由或因地方贫瘠，区内并无富户；或大户不愿充当此役，设法规避。后一现象，尤以正德以后为普遍，其事例已略见前节。兹请先言前者，宣德九年（1434）九月苏州知府况钟奏云：

> 近查长洲等县税粮不完，究其所以，盖因下等水乡艰难区分，原无殷富大户，俱系一般小民编充粮长，不能服众。……乞敕……但有此等艰难区分……即于附近邻境区内拣选殷实大

---

① 万历《绩溪县志》卷三，"食货志·岁役粮长之役"其下又云："自后又准祁门知县桂天详议，一年里役之后，较其粮多者为粮长，稍多者为收头，至五年均徭。又以粮多者编力差，粮少者编银差，重差相寻，往往破产。旧例解户三名，乞损一名以编粮长，又以裁革县丞皂隶益之，则上户得以粮长准力差，而下户银差如故。其收头之金，以昔之该编粮长者为收头，编头者为贴户。此议行之未久。万历年间知县陈嘉策条陈本府申允行先里后粮之法焉。"以上所述"贴户""先里后粮"的种种措置，与前节所征引各县的记载正可互相发挥。

② 《万历会典》卷二九，"户部十六，征收"。

户血替。……①

即此亦可知粮长有时不为本区土著的原因。隆庆《岳州府志》卷一一云：

> 其粮里长，吴越皆殷富佥之，楚弗然者，鲜殷富也。

即就一县内的情形而论，因各区贫富情形不同，其佥编办法亦不能不异。嘉靖十九年（1540）嘉兴知县卢楷谓：

> 切照本县钱粮浩繁，征收兑运悉自粮长，责寄攸重。频年审佥，慎择殷实大户承役。……访得德化等都殷实可充粮长之户尚多，各任其便，自帮协外；惟胥山四都，素称患区，田土委的瘠薄，人户委的艰难。遇佥粮长，不过短中取长，并无中人之产。本职因其不能胜役，每年每里轮一里长为之领袖，免其收运。但里长亦系小民，虽曰众轻易举，终为力小负重，至有赔贩，岂堪贻累？……本职矜念及此，买田二百七十亩，定名役田，每里给田三十亩，着令轮年领袖之人召佃收租，除本田粮之外，听以余米给赡该年粮役。纵有赔补，赖有取资，庶几区患少拯，民困可苏，而国储可无堕误……②

按设义田以济粮长之穷，以后亦有之，别详第五节。至于以里长兼摄粮长之职，其理由与实例均已见前，兹不再赘。

　　除因地土贫瘠无法佥得富户充当的场合以外，富户用种种不正当的方法以求脱免尤为粮长重负不落在富人身上的主要原因。万历二十五年（1597）宜兴县知县秦尚明论编佥粮长之难云：

---

① 《况太守集》卷九，"请禁妄动实封及冒军籍船户金充粮长不符定例奏"。
② 崇祯《嘉兴县志》卷九，"食货志·土田"，卢楷为立役田以苏民困，以重国计议。

　　　　总宜兴田万有千顷，而异郡囤庄去十之三，系著县头，率
　　有户而无籍，世家巨户去十之一，蒙其祖户，率有田而无人。
　　齐民以十五而胜全邑之徭，奈何能均？十五之中上户诡为下
　　户，甚者上户竟等下户，而下户更过之。以贫民而代富民之
　　役，奈何能均？①

上半截言法内之弊，一为囤庄客户之多以致户籍脱漏，一为缙绅世
族之优免以致粮赋亏短；下半截言法外之弊，如户则之诡寄挪移。
大抵法内之弊尚有最高限度可言，法外之弊便无从究诘了。富户规
脱粮长一役的理由，当因赔纳不起，此事实起于正德，而盛于嘉
靖。上节引许赞粮长一诗最能扼要道出来。《嘉定县志》亦谓自嘉
靖中朋充法行后：

　　　　民间以粮长为大害，奸民报役者遂因以为利。盖粮长既不
　　论于粮，而论家资，家资高下非有凭也。故每夏秋之间，千金
　　之家，无宁居者，如役本应轮甲，则报役为先唱乙，次及丙，
　　及丁，各得贿满意，而后以甲闻。②

其实论道理，自以兼论一切资产为公平；但论手续，却以专论田粮
为简便。因为资产的调查，手续太繁，易于隐漏。不肖官吏自更易
于以贿赂的厚薄，为应役的次第或役与不役的依据。粮长一役遂多
由贫穷下户充当，而与立制的初意大相违背。所以斟酌于二者之
间，还是以牺牲理论上的公平，以求手续的简便为有利，于是又有
复趋于专论田粮或丁粮之势。这就是当时人拥护一条鞭法的原因。

――――――――――――

①　万历《常州府志》卷六，"钱谷"。
②　《天下郡国利病书》卷二〇，"江南 8，嘉定县徭役"。《归震川先生全集》卷一六，
《吴郡丞永康徐侯署昆山县惠政记》："粮长解运之外，又有小差额外之征，悉令蠲除。火耗
小差羡余无虑千计，吏自以为当得者，侯无私焉。又粮长解运官闭门默定，或贫富不相，
富者得规免，而贫者倾其家，已定无所复控诉，侯悉召至庭，使互相举应得等第，一夕而
定，莫不帖服。"读县志可知胥吏舞弊之一端，读归文又可窥见县官舞弊之一斑耳。

从本节可知佥派粮长的标准，最初以田粮为根据，其后则以一般资产为根据，自行条鞭法后，复有专论丁粮的趋势。然户籍隶于丐户者，即有产亦不得充粮里长及入学。徐渭《会稽县志》"风俗论"云：

> ……丐以户称，不知其所始，相传为宋罪俘之遗，故摈之名堕民——籍曰丐户，即有产，不得充粮里正长，亦禁其学。①

此种法律上的限制，不仅会稽一地为然，故附及之。

（3）粮长之设是否全国通行？答案曰不然，《实录》载：

> 宣德七年十一月甲申，巡抚侍郎曹弘奏：山东六府粮草旧无粮长，只是委官催督，官少事多，缺人差委，往往税粮亏欠。②

万历十七年（1589）刻本《四川总志》亦载："蜀中旧不设粮长"③。从现存明代方志及史料观察，均不见福建、广东、广西、云南、贵州诸布政使司有粮长的名称。至在山东、陕西、河南各处，有所谓"大户"一役，其地位虽与粮长相近，但也不尽相同。因为他们只专管督办里甲的税粮，并没有划分粮区的制度④。

---

① 《徐文长全集》卷一八，"会稽县志诸论"。
② 《宣宗实录》卷九六。
③ 万历《四川总志》卷二一，"经略志"；邱浚《大学衍义补》云："粮长盖金民之丁力相应者充之，非轮年也，惟粮多之处有之。"
④ 参见嘉靖《山东高唐州志》卷四，万历《山东滨州志》卷二，嘉靖《陕西平凉府志》卷一，嘉靖《河南裕州志》卷三，万历《河南睢城县志》卷三，又嘉靖《河南尉氏县志》卷二，有粮长的记载然录自会典原文，恐为通则，非本地的实事。傅维麟《明书》卷五一，"纶涣志一"，"洪武十五年四月免直隶江浙河南山东税粮诏"内有："近年以来，江东浙江江西及直隶府州官吏粮长，不行优恤小民……"等语，其于河南山东蠲赋的缘由另有叙述而不及粮长，亦可为豫鲁两省不设粮长之证。

　　各地粮长设立的年代，今就其可考者汇列如次：洪武四年（1371）十二月，奏准浙江行省设粮长一百三十四名。六年（1373），苏松等府粮长每名下增设知数、斗级、送粮人夫各若干名。十年（1377）五月，奏准江西①、浙江、苏松嘉湖四府所属州县增设副粮长一人。十九年（1386）七月癸亥，命扬州武昌等府俱设粮长，以征民粮②。是年徽州府休宁县，亦设粮长③。原粮长之设，只偏重于东南，并非全国普遍地设立④。且时设时罢，名额的增减亦时有变更，要以地方的经济情形为定。人口赋税繁巨之区尚有设立粮长的可能，人口稀薄、赋税寡少的地区则没有设立的必要⑤。

　　各地粮长的名额，除散见于上引各条外，今再择录数则，以为参考及推论之助。嘉靖间嘉兴府编大粮长，每县只三四人⑥。万历间华亭县粮长，"凡一百一十七人"⑦。可见各县粮长数目多寡之悬殊。

　　以下为据嘉靖《安庆府志》载所属怀宁等六县的里长及粮长的每年人数。⑧（见下表）

---

　　① 参见万历《临江府志》卷四，万历《彭泽县志》卷三。

　　② 《明太祖实录》卷七八。

　　③ 万历《休宁县志》卷七，"艺文志"，"刘三吾知县周德成墓志铭"："（洪武）十有九年始设长。"

　　④ 参见吴宽《匏翁家藏稿》卷五二，"恭题粮长敕谕"。《归震川别集》卷九，长兴县编审告示："在国初亦多有不设粮长之处，惟江南南田赋最重，所以特设粮长，至今二百年矣。"参见同书同卷《乞休申文》，《又乞休文》。

　　⑤ 崇祯《太仓州志》卷五，"乡都"："按今定户籍之制，必定十甲为图，图置一里长，差役出焉。其法循编排之格，以周年为限。又合数图为一都，都大者则分上下两区，区置一粮长，租税责焉。其法简殷富之家，而不限以年。里长者，凡有司无远近设之，惟粮长则置于赋多之地。"

　　⑥ 《朱良叔犹及编》，《盐邑志林》卷四六；"嘉靖时吾郡编大粮长，每县只三四人，分收通邑粮，任其役者必富豪也……"

　　⑦ 万历《华亭县志》卷四。

　　⑧ 嘉靖三十二年李逊等增修《安庆府志》卷一二，"食货志"，又云："里长统摄各里之人户，粮长分收各区之税粮，俱用殷实有力者为之。"

县名	里长人数	粮长人数	里长人数与粮长人数的比例（倍）
怀宁	42	7	6
桐城	52	9	5.7
潜山	51	7	7.3
太湖	60	10	6
宿松	43	8	5.4
望江	17	—	—

上表望江县并未设立粮长，可知即在一府之中亦非各县皆设。

就各县粮长人数与里长人数观察，两者并不为正比例的增减，如潜山县里长 51 人，怀宁县里长 42 人，但两县的粮长数同为 7 人，因之各县间每一粮长所辖的平均里数亦复参差不齐。今如假定各县间每一粮长所领区内的税粮数约略相等，则"粮长人数"栏可以大概地表示各县税粮相对上的高低——粮长人数越多的县份，其粮额亦越大，反之越小，"里长人数与粮长人数的比例"栏指示各里间粮额的多寡，即粮长所辖区内之里数越多者，其各里之粮额越小，反之越大。依"粮长人数"栏大小次序排列，应为太湖、桐城、宿松、潜山及怀宁，但依"里长人数与粮长人数的比例"栏次序排列则为潜山、怀宁及太湖、桐城、宿松。

浙江金华府各县粮长的数目，据万历六年（1578）陆凤仪等纂修的府志所载，每县各区设正粮长一名，副粮长二名，其详细的分配如下。① （见下表）

县名	区数	粮长人数	县名	区数	粮长人数
金华	22	66	永康	10	21
兰溪	20	54	武义	7	21
东阳	18	30	浦江	6	18
义乌	10	30	汤溪	12	36

① 万历《金华府志》卷九，"役法"。嘉靖三年黄春续修《武义县志》"工役法"云："本县七区，每区设粮长一名，副粮长二名，共二十七名"，数与上合。

又云："国初至嘉靖年间皆有之，近年裁革，民称便焉。"可知其设罢不常。又正副粮长名额应为三名，正德万历两次会典均误作二名。

粮长之设，虽未全国普行，然其制度似亦被采用于日本。《日本考》云："粮长，音看头那和多乃。"[1] 似可为倭邦亦有粮长之证，粮长入清代以后仍然存在。《东华录》云：

> 顺治元年（1644）十月甲子，上诏"……凡……书吏，班皂，通事，拨什库，粮长，十季，夜不收等役，但有贪贿枉法剥削小民者照常治罪。"[2]

且粮长赔累之苦，至雍正年间（1723—1735）仍未已[3]。又可见这种制度的历史之长远了。

五　粮长的盛衰及其祸害

《明史·食货志二》载："粮长者，太祖时……输以时至，得召见，语合，辄蒙擢用"，是为粮长之全盛时期。当时以粮长致身显宦者，史不绝书。如浦江郑濂以赋长至京，太祖问治家长久之道，语合，欲官之[4]。乌程严震直以富民择充粮长，岁部粮万石至京师无后期，帝才之，洪武二十三年（1390）特授通政司参议，再迁工部侍郎，二十六年（1393）六月进尚书[5]。其举税户人才而仕至卿贰者，如洪武二十七年（1394），归安汤仲行之任吏部侍郎，洪武三十年（1397）长兴严良奇之任刑部侍郎，潘长寿之授

---

① 万历李言恭、郝杰同撰《日本考》卷四，"夷语门，军门类"。
② 顺治《东华录》卷三。
③ 章永祚：《南湖集》卷二，"原条粮画一"，记此甚详，文长不录。
④ 《明史》卷二九六，"孝义传·郑濂"，按此事在洪武十三年正月胡惟庸伏诛以前。
⑤ 《明史》卷一五一，"严震直传"。

佥都御史①。是年八月郑濂弟沂亦由税户人才擢礼部尚书②。又如史彬在明初恭谨力田为粮长，税入居最，每条上利害，多所罢行③。上海夏宗显洪武中为粮长，谨好礼，田赋皆先时而集，爱恤细民，铢两无取④。《上海县志》载："太祖召诸粮头入见，（陈）秀手足胼胝，呼为好百姓，给帖一道，内云有此帖者是我良民。"⑤此皆粮长中的优秀分子。然扰民作恶的粮长更大有人在。如洪武中嘉定县粮长金仲芳三名，巧立各种钱、米名色计达十八种，以科敛于粮户⑥。粮长邾阿仍设立钱米名目共十二种，虐取于民。正米加五成收受。勒令粮户以房屋、牲口、衣服、农具等项纳钱粮⑦，或则倚官挟势，渔虐细户⑧，或则妄报灾荒，诡图蠲振⑨，或将各户税粮干没入己，故意抵赖，迁延不纳官府⑩，诡计多端，真可谓集田赋弊病的大成了。粮长的舞弊，几与明代相终始，如景泰中王竑巡抚淮阳卢三府，徐和二州，革粮长之蠹民者⑪。这种例子，几于无代无之，后复有论，今姑不详，至其地位之降低，则始自永乐迁都以后，迨及正嘉时，赔累之苦尤甚。刘淇《里甲论》云：

> ……宣德五年（1430）南京监察御史李安，六年监察御史张政言粮长之害。自是严加禁饬，又不得朝见，冀幸意外，

---

① 王世贞：《弇山堂别集》。王圻：《续文献通考》。《明书》卷三四至卷三五，"卿贰年表1—2"。《明书》卷三《太祖本纪》，"洪武三十年八月以税户人才汤行等为吏部尚书等官。"脱一"仲"字。

② 《明史》卷七一，"选举志三"，《大政记》。

③ 吴宽《匏翁家藏稿》，"清远史府君墓表"。参见钱谦益《初学集》卷二二，"致身录考"。

④ 宋濂《朝京稿》卷五，"上海夏君新圹铭"。

⑤ 同治《上海县志》卷二三，"札记三"。

⑥ 《大诰续编》，"粮长金仲芳等科敛第二十一"与"粮长瞿仲亮害民第二十二"。

⑦ 前书邾阿仍害民第四十七；参姚之骃《元明事类钞》卷六，政术门一，"赋役斛面尖头"条，所载天顺间杨继宗知嘉兴时事。

⑧ 《大诰》，"设立粮长第六十五"。

⑨ 《大诰续编》，"粮长妄奏水灾第四十六"，《大诰三编》，"陆和仲胡党第八"。

⑩ 《大诰三编》，"拖欠秋粮第四十一"。

⑪ 《明史》卷一七七，"本传"。

故其人自以轻，而赔累之患起，亦自然之势也。①

按宣德五年（1430）李安上言粮长苛敛横征之害，同年江西庐陵、吉永二县耆民建言永充粮长怙势害民②。六年（1431），张政言江浙等处粮长徭役纵富差贫，科敛以一取十，词讼颠倒是非，粮税征敛无度。役使善良，奴视里甲诸弊③。均已见前文。以下略言粮长赔累的情形。

粮长的赔累，一因税粮太重，二因代人赔垫，三因官府例外需索过多。关于最后一点的具体例证，如宣德七年（1432）七月己未巡抚侍郎赵新奏："粮长里长漕运赴京，道途艰苦，费用浩繁，及抵库所，多为奸狡之徒诈骗，乞严加禁革，俱从之。"④ 史又载："宣宗好促织之戏，遣使取之江南，其价腾贵，至数十金，时（浙江诸暨县）枫桥（镇）一粮长以郡遣觅，得其最良者，用所乘骏马易之，妻妾以为骏马易虫，必异。窃视之，跃去矣。妻惧，自经而死。夫妇伤其妻且畏法，亦（自）经焉。"⑤ 以一促织而累死两条人命，这又是一个例子。又有因为不堪官府压迫以致叛乱者，正德六年（1511）江西永新黄浩入供里役，为粮长，多逋负，官府征之急。同役避征者相率入据桃源洞。官军攻之，拥众据浙江常山，犯衢州之开化，据濠岭尺华埠。都督李隆督兵征之，退归江西。浙兵既散，贼复至。其后都司指挥千户百户皆为所掳，贼复退归江西，乃合兵剿平之⑥。按此事不见于《明史》，《武宗本纪》载正德四年（1509）两广、江西、湖广、陕西、四川并盗起。五年（1510）二月江西贼炽。六年（1511）二月己酉，起左都御史陈金

---

① 《论策类编》卷三。
② 《宣宗实录》卷七四。
③ 《宣宗实录》卷七八。
④ 《宣宗实录》卷八八。
⑤ 皇甫录：《皇明纪录》（明刻《历代小史》本卷八五），参见《康熙江山县志》卷八，"艺文志·赵镗余候（一龙）生祠记"（万历三年作）。
⑥ 《天下郡国利病书》卷九〇，"浙江"8。

总制江西军务。八年（1513）正月癸酉右副都御史俞谏代陈金讨
江西贼，十月丁未俞谏连破于东乡，江西贼平①。黄浩之乱当为此
次滔天巨浸中之一波。

　　正德间（1506—1521），长州沈周记桑民怿嘲富翁条中有云：
"近年民家有田二三百亩者，官司便报作粮长，解户，马头，百亩
上下亦有他差。致被赔贿不继，以田典当输纳，再不敷者，必至监
追期限比较，往往瘐死者有之。往年田亩值银数两，今亩止一二
两，尚有不愿售（按当作购）者。其低洼官田，愿给与人承种办
粮不用价，人尚有不欲受者。其奈朝廷一应供需，岁增月益，皆取
于民……今民不堪命，以致伤生破产。……"② 粮长赔累之苦以致
无人肯置买田地，这是多么严重的问题！当时官场有以编充粮长来
报私仇的，如正德中长州知县郭波因与原任兵部侍郎致仕家居尚书
刘缨有小隙，编其家粮长七名。刘不胜悲愤而卒。其子孙不能承
役，逃移四方，家立破③。这是多么残酷的事实！

　　嘉靖六年（1527）二月十三日宽恤诏，论及粮长的积弊，大
意谓州县官吏往往受贿，将富豪之家除免，止佥善良人户充当。应
役以后，州县一切公私应用，多令粮长出办，甚则令备土仪货物，
纱罗段匹等项馈送往来势要。管粮佐贰官又复索要常例银。又或有
乡官势豪，不肯依时纳粮，亦由粮长代输。以故一当粮长，无不破
家荡产④。同年，兵部尚书李承勋上《陈八事以足兵食疏》，其一
谓"便输转以苏民困"：

---

　　① 《明史》卷一六，"武宗本纪"。参见《廿二史札记》卷三六，"明代先后流贼·江
西贼"。
　　② 《客座新闻》，"桑民怿嘲富翁"："弘治中常熟桑民怿（悦）通判尝过富家，见其
碌碌置田产，戏为口号遗之曰：'广买田产真可爱，粮长解头专等待，转眼过来三四年，挑
在担头无人买'……"
　　③ 参见朱国桢《涌幢小品·编役连拜》，雷礼：《国朝列卿记》卷五〇、五七、一一
一、一一三。
　　④ 《皇明诏令》卷二〇。

　　国家粮税多仰给东南。粮长之设，责在收纳。苏湖等处粮长所管税粮更多，解纳杂费尤甚。州县不肖者以粮长为囊橐，上司过刻者视粮长为寇仇。兑军之类，每石包赔七八斗者有之；起运白粮，包赔二三石者有之。各卫菽豆之类，每石不过值银二三钱，而他费几至一两者有之。家有千金之产，当粮长一年即有乞丐者矣。家有壮丁十余，当一年即为绝户矣，民避粮长之役，过于谪戍，官府无如之何。或有每岁一换之例，或为数十家同充之条。始也破一家，数岁则遍乡无不破家矣。……①

　　因为粮长赔负不堪，故嘉靖中东南等地有设立义田以佐费用者，其事已见上文。嘉靖四十年（1561）十二月壬戌，刑科给事中赵灼条陈二事，其中一条议立义田亦谓：

　　　　江南赋役必责粮长，粮长承役，必至破家。宜设义田，收其所入，以俾承役之人。上区田六百亩，中区五百亩，下区四百亩。计亩出金置产，有司为之课督，则民不偏累，国课可足。

户部复："设立义田，恐于民情不便，徒滋奸弊。"② 其事固不果行，然纵令实行，恐亦与事无济，因区区田产收入所能补助者有限，而流弊或反滋多。

　　粮长的赔累，是问题的一方面。另一方面则为粮长的舞弊情形。后者与前者自有密切的关系③。嘉靖间吴县黄省会云："自郭

---

　　① 《李康惠公奏议》（亦载《明经世文编》卷一〇〇）。参见朱国桢《涌幢小品》卷二，"白粮"。

　　② 《世宗实录》。

　　③ 王世贞：《弇州四部稿》卷七四，"重修长兴令黄公生祠记"云："故事区有长，长职二税，齐民往往苦其长横索，而其长亦间苦豪右负累，偿破宿产。"诚为扼要中肯之谈。

令信仜巨富粮长，纳其赃贿千万。以致粮长倍收，人吞并，乡民莫之控诉。而粮长自用官银，买田造宅置妾，百费则又开坐于小户，谬言其逋，至今粮长虎噬百姓以奉县官"。粮长胶下媚上的两重人格，末句一语破的，无异实录，黄氏又云，"自郡守徐，亲信吏胥门隶往往成富人。至今……吏胥因缘为奸……其富而讼者，粮长之欲脱稽其逋者，所赠尤多。"① 富人粮长尚得以贿赂方法脱免一切负担，所苦的只为贫民小户罢了。

明末长兴丁元荐云："吴中诸大家缙绅，强半起于粮长，其子孙至今繁盛；如吾族、如朱、如孙、如李，皆当粮长起家。今之富翁皆巧为规避躲闪……输纳粮米，皆以扇飏糠皮充之，或私自折干，殊可珊笑。"② 我们不相信明末的粮长的道德一定退化了，但觉得当年以粮长起家的理由一定别有所在。

（原载《中国社会经济史集刊》第 7 卷第 2 期，1944 年 12 月）

---

① 黄省曾：《吴风录》一○，咸丰《顺德县志》卷二三，"列传三"，"何继之……嘉靖丙戌（五年）进士……出守松江，不受粮长规费，权豪帖然。"可见粮长陋规平时必及地方长官也。又参见《福建通志》"列传二五"，嘉靖末年会稽知县庄国栋传，可知各赋长每以羡金进县令。

② 《西山日记》上，参见嘉靖华亭何良俊《四友斋杂说》卷一五、一八，参见《纪录汇编》卷一七六。

中国历代户口、田地、田赋统计原论

一 古代社会关于计算人口、土地和编造户籍、地籍的历史发展

根据原始社会史和考古学的研究，人类社会对事物数量的计算知识及计算方法的发展程度是极不平衡的：一方面，有些落后的部落，直到今天，从事计数时，只能到三或五为止。三、五以上的数目，就都说"多"来表达意思。另一方面，有些进步较早的部落，远在旧石器时代晚期及新石器时代，就已经会用刻痕，或算筹、绳结等方法来表示数目了。但这些原始的方法用于记录较巨大的数量实在太过麻烦；所以，进一步的方法就是用简单符号或图解方式来记录数字。像这一类的遗物在两河流域和埃及的远古文化遗址中都有发现。例如在苏美尔、阿卡德两地（即后来的巴比伦利亚）发现的泥板，其上面所载的符号，经过考古学家的鉴定，知是在公元前三千年之前由祭司团体记录下来的关于某庙宇的收、支的账目。这种具有账单性质的泥板，比现存最古的文字的例证还要古老一些。由此似可证明，在文字发明过程之中数目字是最先出现的。又如埃及在早期王国（前三千年左右）第一王朝开始的时候，计算者已经使用巨大的数目字了，当时埃及语言和文字中已有特别的名词和符号来表示一万、十万和百万等数字了。远古埃及文字和算术很早得到发展和达到较高的水平，是与测量尼罗河水位并逐年作出记录有密切关系的。

　　至于记数方法，自古巴比伦人　向用末表示数字"位值"的制度，是很笨拙的；直到公元前一千年后，他们创用了"零"这个符号，才算是把这困难解决。

　　可见对大量的数目进行计算和记录必须有一定的技术条件作基础，但这一技术水平是取决于社会经济的发展程度的。人类的知识依赖于生产力发展的水平、取决于社会的需要，这一规律可以通过人口调查的具体历史来阐明。据我不成熟的浅见，人口调查的起源，最初只是计算人数，其后才计算户数。计算土地只不过为了计算财产，所以土地调查的出现又在户口调查之后。试论证如下：

　　这是一件人所常知的事实：从古以来便有些没有定居的游牧部落，他们只有口数的计算，却没有户数和土地的调查。一般地说，在原始社会部落联盟时，已有召集各部落全体或部分壮丁出征的事情发生了。但在父权制尚未建立、个体家庭尚未成为社会上的经济单位以前——亦即原始氏族公社尚未为农村公社所代替以前，以"户"来作计算单位的事情自然是无从发生的。同样的理由，在土地还是"予取予求"的状态下，谁也没有需要对它的数量进行调查计算；只有农村公社土地共有制已为土地私有制所排斥和代替的时候，这个需要才会逐渐加强起来。

　　现存的古埃及的帕勒摩石碑，也可提供证明。根据碑上的各条铭文，埃及在早期王国第一王朝时，已有"［清查］西、北、东各州的所有人民"等字样的记载。在第二王朝的记事中，又有大致是每隔两年进行一次的人口"清查"共计有十多条以后，才出现了标明是"第七次"和"第八次"的"清查黄金和土地"等字样的记载共两条。又据李维《罗马史》所载，塞维阿·塔力阿（rex Servius Tullius，前578—前534）在王政时期的末年，亦即晚期氏族制（或用恩格斯的说法，"军事民主制"）的末年，对罗马公社氏族制度进行了军事、政治各方面的改革，创立了"国势调查"（Census，详下）制度：规定了"关于平时及战时职责的履行，始

以个人财富的数量为标准，才不如以前一样，以各个人为标准
了。"① 应当略作补充说明，罗马的人口调查和登记，最初只以享
有充分政治权利的 "罗马人民"（Populus Romanus）的人数为限；
可是到了晚期氏族制的末年，自从国势调查制度建立以后，就把全
体自由居民（贵族和平民）根据财产的数量分为五类或五级，以
决定他们应承担的兵役和租税的义务。财产资格起初是用土地来计
算，至公元前 312 年始用阿斯（钱币名）计算②。这再一次说明了
土地调查的出现是在人口调查之后。理由也很明显，因为统治阶级
从土地取得财富，必须通过对劳动力的剥削才能实现。所以奴役制
的历史比地租还要古老——最早的地租就是采取劳役地租的形态而
出现的。《大学》说得好："有人此有土，有土此有财，有财此有
用"，正把此中的相互关系及其发生次序摆明白了。

　　自从原始社会崩溃后，私有制一天一天巩固起来。在奴隶制社
会里，土地渐成为私有财产中最主要的一种；进入封建社会以后，
土地的多寡往往是占有者的社会身份、等级的重要标志，从而土地
占有情况便构成了户口调查和户口登记中一个不可分离的项目。在
这一段很长的时期里，土地登记要，只是依附于户口登记而存
在的。

　　随着社会生产向前发展，统治阶级对地力的榨取程度，正如对
劳动力的剥削一样，也不断提高。具体表现为两种情况：其一，人
口怎样登记要看他们跟土地的关系来决定：根据公元前 154 年罗马
的人口调查，适合入军团服务的壮丁数，也就是拥有地产的罗马籍
公民，约为 324000 名；但到了公元前 136 年的人口调查，便只有
318000 名左右。因为军队的补充有财产资格的限制，丧失了土

---

　　① 莫尔根：《古代社会》所引，杨东莼、冯汉骥等译，生活·读书·新知三联书店
1957 年版，第 378 页，参看恩格斯《家庭、私有制和国家的起源》，张仲实译，人民出版社
1954 年版，第 124—125 页。
　　② 科瓦辽夫：《古代罗马史》，王以铸译，生活·读书·新知三联书店 1957 年版，第
75—78 页。

地的公民就不在成员名额之内了。其二，把一些人口当作土地的附属品而登记下来。本来罗马的人口登记是不包括不自由人和半自由人的。但到了 4 世纪，即晚期帝国时，封建主义的萌芽已经出现了。当时地主承担的赋税和徭役是按照他所占有的土地大小和属于这块土地的居民人数来提供的。由于有些人企图减轻赋役负担，常有收买大批劳动者和少量土地的情形发生。所以，法令规定了附着于土地的隶农和农业奴隶都必须按照土地登记来登记，一般都附记于人口调查纲目中某块土地之下。如果地主只出卖隶农和农业奴隶而不连同土地出卖，是法律所不允许的。我国南宋末至元代，在江南地区亦有"随田佃户"的情形存在。

另外，以土地登记为主的专门册籍已经设立起来。据史书记载，托勒密王朝的埃及，在公元前 3 世纪大力发展国营经济的时期，为了巩固国库的收入，对王室土地和其他各类土地及其产品都进行过严密的计算。每年举办大规模土地登记，在登记中备载：土地状况、地段面积、地段肥瘠程度、所有主的变更、收益、作物性质等。又如流传下来的发雍绿洲的土地清单和其他文件，对于公元前 2 世纪末年埃及国有土地经济的衰落，失收土地面积之增加，耕作地段的地租之平均减少等事项都有详细的说明。但我们应分别清楚，不可把上述"每年举办"的土地登记认作就是那份经过丈量或测量后编造出来的地籍。后者是基本文件，不只有文字说明，且以地图为主，工费非常浩大，一经编成以后，便可以应用至百数十年；至于每年的变动情况只要在那本册籍上登记下来便够了。把两者严格地区分开来，对我们在后面的讨论是有帮助的。

二　我国历代户籍、地籍和赋税册的编制和演变过程

上一节根据古代世界史试作的关于户口、土地调查的起源和发展过程的一般推论，证以中国历史情况，也大致相符。

拙作《中国历代户口、田地、田赋统计》一书，所收的资料，

始自西汉，迄于清末。西汉以前不在该书范围之内，需要多作补充：

1. 汉以前的情况

据《禹贡》所载，我国早在公元前两千余年——夏禹时，已有"九州"各地的土地调查。虽然没有土地面积的数字可稽，但关于各地的土壤性质及其贡、赋之等则，以至各地物产的分布，皆有相当详细的记载。至西晋皇甫谧《帝王世纪》等书，始载有夏禹时全国人口、垦地和不垦地的具体数字和商汤、殷纣时的估计概数；下逮周成王时及平王东迁以后全国受田人口数等亦各有记载。又如《礼记·王制》篇对周代田制及全国提封田地里亩之数皆有记录。而《周礼》所记周代户籍、地籍及赋役册诸制度，见于《天官冢宰》大宰、小宰、宰夫、外府、司会、司书、职内、职岁、职币，《地官司徒》大司徒、小司徒、乡师、乡大夫、族师、载师、闾师、县师、均人、媒氏、遂人、遂师、遂大夫、里宰、土均、土训、廾人、廪人，《夏官司马》大司马、司险、司士、职方氏，《秋官司寇》小司寇、司民，诸职掌中的，尤极严整缜密之至。然以上诸书所记，多未可遽即相信。只有《周礼》一书，其中所记的尚有一部分是春秋战国以后实际情况，如下面将要谈到的上计制度便是，故应分别看待。

关于商代的人口计算，殷墟卜辞中尚有不少资料可供参证。惜过于零星片段，不适于作统计之用。今试分为用兵、用人牲等，几点来谈：按殷代师旅的基层单位，以一百人为一队。卜辞中"登人"，殆即临时征集兵员之义。登人少则一千，多则五千，三千人是最常见的，一万以上则少见：仅武丁时代（约前 1238—前 1180）卜辞中，载有"登帚好三千，登旅一万乎伐羌"，一次征兵竟达一万三千人之众。又据近人考证，武丁二十九年秋，商人与土方、畐方同时作战，三十八天之内，登人之命七下，总数亦达二万三千人。关于战时俘获人数，有"一千五百七十"的记载。商代祭祀用牲时，是人畜并用的，据胡厚宣先生二十年前的初步计算，记有

"伐祭"人数的卜辞，共有五十一次。每次最少用一人，最多百人。复据近人研究的结果，杀羌以祭的人数：最高者为三百人，其次常见者为一百人，百人以内的次数最多。此外，也有"伐二千六百五十六人"和"晋千牛千人"卜辞各一片。这些用来作牺牲的人，似为奴隶的身份。又有"辛丑贞…人三千耤"一片，所记乃藉田的人数。记有"田"字的卜辞虽不少，但多指田猎而言；至若关于田地数量的记载，则尚未发见。殷代青铜彝器存世者不少，其铭文亦毫无赐田地的记载。

至西周青铜彝器铭文中，始有土田的数字可稽。当时周王（或高级贵族）每以臣仆及土田等物赏赠其下属。赏田的数量是以"田"为单位来计算。如《卯簋》《不㛸簋》诸器所记，每次最多不过十田。唯《敔簋》（大约是夷王时器）云："易（锡）于敠五十田，于早五十田"，合计为百田，这是赏田的最高纪录。此外，田土亦可作抵押或赔偿之用，然为数无多，故不征引。按《曶鼎》铭文，有"二田""五田"和"七田"之分，至于每一田的大小标准如何则尚无法考定。然据本铭考察，知七田每年所产远在禾三十秭以下——按每秭为半秅，当二百秉。《说文》："秉者，把也。谓刈禾盈一把也"。则七田的收成尚不及六千把，可知一田的面积并不甚大。此外，又有赐"里"，赐"邑"的记事：《召卣》（康王或孝王时器）云："王……赏毕土方五十里"，按"里"，本为田土二字之合文。康王时所作之《夨簋》是 1954 年 6 月在江苏丹徒县龙泉乡烟燉山出土的，其铭文颇有残缺，然尚可见所赐山川、田、邑、王人及郑七白所率领人及庶人等的概数是相当巨大的。[①]东周时鲍齮所作的《䣄镈》（旧名《齐子仲姜镈》）记云："侯氏锡之邑二百又九十又九邑，与鄀之民人都鄙。"盖言里、邑，则土地与人民并举；至于一里、一邑之人家若干，土地若干，且里、邑之关系如何，则众说纷纭，难以具论了。《左传》中关于春秋诸国赏

---

① 郭沫若：《夨簋铭考释》，载《文史论集》，人民出版社 1960 年版，第 308—311 页。

赠、易换和争夺田邑之记载甚多，有可与金交互证者，此不具论。

西周金文中所记赐人民、臣仆、奴隶之数，除以"人""夫"计算之外，同时也有以"家"来计算的，这是卜辞中所未见的，亦可以证明计算户数乃后起之事。如《令鼎》《耳尊》《䰜簋》所记，皆为"臣十家"；唯《令簋》兼贝、鬲言之，记云："贝十朋，臣十家，鬲百人"；《不嫛簋》兼记田数云："臣五家，田十田"。《麦尊》（又名《井侯尊》）记，"锡……臣二百家"。春秋时《齐侯镈》云，"余锡汝……县三百……造国徒四千为汝敌寮，……余锡汝车马戎兵，厘仆三百又五十家"，则为家数的最高纪录。《大盂鼎》所记："锡女邦司四白，人鬲自御至于庶人六百又五十又九夫；锡夷司王臣十又三白，人鬲千又五十夫"，按"白"也是计算人数的一种单位名称，故上文所记合共为一千七百二十六人，这是关于赐人数的最高纪录。俘馘（把战俘左耳割去）人数的最高纪录，见于康王时器《小盂鼎》铭文所记的，前后两次共计为一万七千八百八十二人。

古代人口记录出现于土地记录之先，这一点已通过卜辞和周金文辞的比较研究而获得了证实。从史书上较可信的资料来看，也是如此。

据《国语·周语上》记，周宣王三十九年（前787），"宣王既丧南国之师，乃［大］料民［数］于太原，"知西周末年举办过规模相当大的人口调查。

据《春秋》及《左传》所记，春秋中年以后，鲁、楚、郑三国先后进行了田赋和土地的清查，此中以楚国的规模为最大，其记载亦较具体。《春秋》书鲁国于一百一十余年间对田赋进行了一系列的变革云：宣公十五年（前594），"初税亩"；成公元年（前590），"作丘甲"；哀公十二年（前483），"用田赋"。不管赋法怎样变来变去，如没有亩法作根据是不可能的。所以，当时的田地面积必是经过了一番调查，这是不言自喻的了。

《左传》记郑国于鲁昭公四年，"作丘赋"，这是与鲁成公所行的"丘甲"性质基本相同的措施。据旧日经解家的说法，一致认为十六井为一丘，应出戎马一匹，牛一头；唯每丘应出甲士及步卒各若干人，则无一致的定论。

《左传》鲁襄公二十五年（前548），记楚国对土地整理和赋籍编制的办法较详，原文云："书土田，度山林，鸠薮泽，辨京陵，表淳卤，数疆潦，规偃猪，町原防，牧隰皋，井衍沃，量入修赋。赋马、籍马，赋车兵、徒卒、甲楯之数，既成"。这是说当时根据土地的性质、形势、位置、用途等划分为各种各类，然后拟订每一种土地所应供应的兵卒、车马和甲盾的数量，故曰："量入修赋"；把调查的结果作为系统的记录，并制为册籍，故曰："书……既成。"这一份册子，具有把兵籍、赋籍与地籍合而为一的功用。

对上引《国语》《春秋》《左传》诸条的解释，古今学者无不把它结合着井田制之破坏来谈。但对井田制的理解，今天并无一致的意见：有人认为是农村公社土地共有制，有人认为是奴隶社会时期的土地国有制（亦即为贵族奴隶主的俸田制），也有人认为是封建领主土地占有制或所有制。至于个人对土地的支配和处置的权利，又有享有、占有、所有和使用权种种区别。我对这些问题毫无发言权，但以为诚如诸书所载，则事情之发生先后次序实堪注意：尽管周宣王在即位之初，便已"不籍千亩"，然经过三十多年后，他对于军赋的整顿，还只从清查人口下手；到了春秋诸国才实行清查地亩。春秋时，军赋的征发，除依旧计算人数外，又计算田地的面积，这就反映了土地占有的不平均状态早已存在。

另外，户籍制度在春秋战国时又得到了很大发展，具体表现为两方面：首先是，"书社制度"在许多国内已经普遍起来；其次，在上述基础之上，"上计制度"在"战国七雄"中的大半数都付之严格执行了。

本来"社"这个组织，在商、周时便已存在。但至春秋时，鲁、齐、卫、吴、越诸国先后采用了以二十五家为一社的"书社制度"。因为"社之户口，书于版图"，——版指户籍，以木版为之；图指地图，所以称为"书社"。当时各国往往以书社赠让他国，或赏赐臣下。赠、赐的方式，是将人民与土地一起转移给对方。数目，由十余至七百不等，有时至千社之多。"社"字有时又与"邑"字通用。社是乡村基层组织，"书社"就是它的户籍制度。

战国时，韩、赵、魏、秦都推行了"上计制度"：郡、县长官必须于每年年底之前将下一年度的民户和税收的数目作出预算，写在木券之上，送呈国君。国君把木券剖为两份，右券由自己收执，左券发还给地方。俟下年度终了时，国君便操右券从事考核官吏之任务完成与否，然后定其升降、赏罚。上计的预算数字，不消说是根据本地历年的实际经验作出来的，也就是说必须先有长期的记录来作根据。但计簿只需开列本地各项目的总数便够，不必像那份存留于本地的户籍原册备开各户的细数。"上计制度"之重要性，在于使中央掌握全国各地的每年收入概况。至秦汉时，更加严格执行。然汉宣帝黄龙元年（前49）诏文中已有"上计簿具文而已，务为欺谩，以避其课。御史察计簿非实者按之，使真伪毋相乱"等语谴责。地方与中央在财政上的矛盾是贯穿于我国历代王朝的。其后，唐代郡县每年一造的计账，五代、后晋时诸州一季一奏的账籍，宋代诸州县每年一上的账目奏状，以至明、清时各省每年进呈的奏销册，皆属于"上计"这个系统。唐、宋以后，中央政府或私人就在这个基础之上编纂了各朝财政说明书，如唐代《元和国计簿》《太和国计》，北宋《景德会计录》《庆历会计录》《皇祐会计录》《治平会计录》《元祐会计录》，南宋《庆元会计录》《端平会计录》，明代《万历会计录》，皆为官修之书；唯清代《光绪会计表》《光绪会计录》，为私家纂述。最后三书今尚存，其有关资料，皆已收入本书；若其他诸书，则早已丧佚了。我国历代正史及官书等所载的各朝户口、田地、田赋的数字，大半就是从这一系统转录过来的。《旧唐书》《唐会要》等书所录唐代历年户口数，辄标记其为"户部计账"之数，这真是再清楚不过的了。

　　战国中年以前，秦国在政治、经济制度方面一向比东方诸国落后。秦国"户籍相伍"的制度，在献公十年才建立起来。至孝公六年后，商鞅第一次变法时，又把原来的户籍编制军事化起来，即所谓"什伍连坐法"：民五家为保，十家为连。一家有罪，如不举发，则十家连坐。五进法之采进不能不认为接受了东方各国"书社制度"的影响。其后，"上计制度"在秦国也建立起来了。始皇十六年，初令男子书年。二十六年既完成了统一的事业，乃更名民曰"黔首"。三十一年，使黔首自实田，陈报亩数。经过了这一系列的调查清理以后，秦一统帝国的户籍和地籍便得以完成。《史记》载，公元前 206 年，刘邦入咸阳，萧何先收取秦的户籍地图，"所以具知天下阨塞，户口多少、强弱之处，民所疾苦者"，这该是可信的话。

　　战国及秦代的人口记录早已丧佚不存。但根据当时战争伤亡人数和大工役动员人数等来推测，犹可见其梗概。《帝王世纪》据《战国策》所记苏秦、张仪等游说之词，谓战国时："秦及山东六国戎卒，尚存五百余万。推〔计〕民口数，尚当千余万。及秦兼诸侯……其所杀伤，三分居二。犹以余力……北筑长城四十余万，南戍五岭五十余万，阿房、骊山七十余万"，盖谓七国相争，至秦统一时，士卒死伤者至少在三百四十万以上；及统一后，长城、五岭、骊山诸大工役，合计又用一百六十余万人。近人又据《史记·秦本纪》，及世家、列传中所记，计算出来：秦国自献公二十一年至始皇十三年，七十年对外战事中，斩敌兵首级共计一百七十余万。因此，他又作出结论，认为战国末年各国战争的目的始以杀戮为主，其前（由西周起，至战国末年之前），则以俘虏为主——而由俘虏至杀戮这一转变，就是由西周以来的"初期封建社会"逐渐过渡到战国末年的"正式封建社会"的证据之一。姑勿论它有无理论根据，但仍不失为有启发性的论点，当然也值得商榷。[①]

----

① 王玉哲：《有关西周社会性质的几个问题》，《历史研究》1957 年第 5 期。

因为上首功是秦国兵制中一个彰著的特点。当时诸国用兵，不尽以杀戮为主要目的，甚至有时秦国也不一定如此，如公元前 314 年，"秦人伐魏，取曲沃而归其人"，就只取土地，不杀敌人。又若公元前 276 年，楚顷襄王收淮、汝东地兵，约十余万，就更不用谈了。

但是，作为战国时代的时代特征之一是人口有了空前之增加，这点是肯定的事实。随之而出现的是，城市人口的激增。据《战国策》所载：齐国都临淄有七万户，每户估计不下三男子，可出兵二十一万。韩国宜阳县"城方八里，材士（弓弩手）十万。"到战国末，"千丈之城，万家之邑，相望也。"这些话可能有点浮夸，但未尝不是一部分实际情况的反映。另外，当时的土地分类法，往往用距离市郊之远近来作标准。土地的名目比以前大有增添，土地买卖也频繁起来，占有形态也较为复杂。以上各点，不但在史籍上斑斑可考，即在托为先秦诸子的著述中亦有明显的反映：如《管子》中，《立政》《乘马》《小匡》《问》《禁藏》《入国》《度地》《地员》《巨乘马》《海王》《国蓄》《山国轨》《山权数》《山至数》《地数》《揆度》《轻重》诸篇，应与《国语·齐语》，《晏子春秋》内篇《杂上》，《司马法》合看；及《吕氏春秋》中《上农》《任地》《辩土》《审时》诸篇，不但对于户、地、税册的编制方法记载得相当具体，甚至对于保管方法也有论及。关于人口、土地和赋税政策和行政方面的主张，各学派也是旗帜分明的，如《墨子》的《辞过》《非攻下》《节用上》《节用下》《耕柱》诸篇；《孟子》的《梁惠王上》《滕文公上》《离娄上》《万章下》《告子下》《尽心下》诸篇；《荀子》的《王制》《富国》诸篇；《商君书》的《去疆》《算地》《徕民》诸篇；《韩非子》的《亡征》《五蠹》诸篇。尽管程度各有不同，但鼓吹人口增加和田地垦辟却是大致相同的意见，像后世"人口过剩"或"人口压力"的观点是根本不存在的。

最后，还有两点值得强调地指出来：其一，曾经支配过中国旧社会两千多年以士为首的"士、农、工、商"四民等级这一体系，可以说从战国时起便建立起来了。尽管后代的名称和内容并不完全一致，但大体上可以纳入这个体系以内。自战国后，历代的官吏，主要是从"士"这个阶层提拔出来。士虽列为四民之一，但属于统治、领导阶级，故不但与普通民户有所不同，亦与皇亲、贵戚之通过血缘关系而取得政治地位的有分别。但在享受优免赋役的特殊待遇上，他们和官吏或贵族的利益是一致的，虽则还是有点差别。两晋至唐初，是门阀士族的鼎盛时期；六朝时，士人只凭氏牒家谱，著名于"黄籍"之中，便可免除赋役负担，且得荫庇他人为属户（亦名荫户），以免课役。唐初以后，门阀士族的政治势力渐衰。以后历代官吏，由科举出身者渐众。所以，唐代的不课户，宋、元时的形势户、官宦户，明、清的绅户等，多数是出身于科举之士这个阶层。元代是儒士最受轻视的朝代，但儒户仍得享受蠲免科差的优遇。士多半属于地主阶级，但一般地主多数还够不上士的资格。

自战国后，历代户籍中所登记的民户，基本上是农民阶层：他们或为有小块土地、仅足维持生活的小自耕农，或为自有土地不足、需要佃耕一部分田地的贫农，皆须提供赋役。此外，还有"贫无立锥之地"的完全的佃户，又有"身外更无长物"的雇农，皆只向地主提供地租（或劳动力），但不须向政府缴纳田赋。他们一般是以"附户"或"客户"等名称而附记于有田地的"主户"之后，不与"编户齐民"并列。他们的情况，只有本乡村的里、甲、保长才真正知晓，一般是不呈报上级机关的（只有宋代的"客户"是例外，有种种原因，今不能详）。另外，则为人数很少但占地极多的地主阶级，其中有一小部分还参加农业劳动，但大多数是完全脱离生产的坐食阶级。他们也有兼营工商业的。至于合地主、官僚、工商业者为一人的事例，在历史上更是屡见不鲜。

战国后，除了原有的官工、官商以外，私营的工商业者也出现了。工商业之发展和城市的发展有密切关系。历代政府为了维持封建社会的稳定性起见，对于官工、官商，都规定了一定的名额，以保证官营事业得到充分的人力供应，对于私工、私商则加以种种取缔，如汉代"令贾人不得衣丝、乘车，重税租以困辱之"。商贾之隶名"市籍"者，其本人及家属皆不得占有田地。且不准做官。但实际上是："法律贱商人，商人已富贵矣；尊农夫，农夫已贫贱矣。"后世的情况，亦大半类此。

另外，值得注意的一点是兵的身份的变化：战国以前，受教育和服兵役都是贵族特有的权利，平民（通称"庶人"）是没有份儿的。贵族是世袭的，其中属于最低阶层的为"士"。战国以后，士之世袭身份和财产已逐渐丧失，随而有新兴的武士和文学、游说之士等区分出现，又由于车战渐趋没落，骑甲士的作用亦大为降低，随之而起的是步兵——于是兵役遂成为全体合格壮丁（不管是贵族或平民）所应尽的义务，征兵制度就这样在各国陆续实行了。自此以后，"军赋"和"田赋"才成为两个不同的概念：前者的征课对象是人，后者的征课对象是物。在这之前，当只有贵族才有权占有土地的时候，军赋和田赋的性质本来是很难区别开来的。

战国末年，各国战争规模日益扩大，于是征兵以外，又有雇佣兵出现——一般是用招募丧失了土地的农民和破了产的小工、商业者的方式，有时或用吸收他国的流民和逃兵的方法来组成的。其发展所致，又影响到征兵的社会身份的降低。

在征兵制度底下，一切壮丁皆须于一定期限内分别履行各种兵役的义务。在西汉征兵法令严明的时候，"虽丞相〔之〕子亦在戍边之调"。有人把这个制度称作"全国皆兵"，固然是可以的；或名之曰"兵农合一"，亦未尝不可。在当时并没有特设的"兵户"。

自东汉末年后，情形便有不同：三国时有所调"士家"制度，当时政府新设一种兵籍，亦曰士籍。隶于士籍者，称为士家，又有士伍、军伍、营伍等名。士家终身为兵，世代为兵，不得改业，非有特殊功勋者，不得免除兵籍，婚嫁只限于同类。他们与民户判然划分，而被列入于低贱的社会阶级之中。蜀、吴亡国时所上的户口数字都是兵、民分列的，当由于此故。其后，明代的卫所军，一般是由民户中签取得来，其社会地位自亦较胜于三国时之士家；但既编入军籍以后，便世代皆为兵士，不许复改为民，这点却是与士家制相同的。且统率卫所军的卫指挥使司，其长官如指挥同知，指挥佥事等以下至百户，多为世袭。可见"世兵"之外，复有"世官"。虽同属军籍，然地位之高下悬殊，岂为前世"注定"的了！士家和卫军对于自己所耕的屯田，一般是没有所有权的。清代的绿营，亦为世兵制。一人在伍，全家皆编入兵籍。兵有定额。父在，子为余丁；父死，由子替补，世代相承，均与明之卫所军制同。

另外，东汉末年后，由于国内外各族有了大融合，于是形成了一个战斗总体，如三国时，魏、蜀、吴各用羌兵、胡兵，不过就是东汉以来兵制上的延续，当时吴、蜀两国又常发山越及越巂夷人为兵，也收到了补充兵源的作用。至如北魏的镇军，西魏、北周时的府兵，辽、金两代的乣军，金代的猛安、谋克，元代的蒙古军及怯薛（宿卫军），以至清代的八旗，皆以统治者本族人为主力，对被征服者进行镇压监视。兵、民异籍以后，各有管领之机构，互不相干涉，如《北史》卷六十《论西魏府兵制》云，诸军"分团统领，……自相督率，不编户贯"，可知兵籍由各团掌握，与管领民户的郡守无关。这种各自为政的户籍制度，使得全国统一规划无从实现，同时也破坏了户籍的完整性。至元代，"以兵籍系军机重务，汉人不得阅其数。虽〔蒙古〕枢密近臣，职专军旅者，惟长官一二人知之。故有国百年，而内外兵数之多寡，人莫有知之者"，其目的无非是蒙蔽人民，以便于武力统治。

由上可知，《管子·小匡》所言："士之子常为士，农之子常为农，工之子常为工，商之子常为商"，这一主张，可以说在我国全部封建史中已取得了基本胜利。

2. 汉以后的情况

除鸦片战争后七十年间外，其前一千八百余年皆属于我国封建社会阶段。本节所讨论的，实以这一阶段为中心。与此有关的问题，在前一节已谈得不少，请读者参看。这里仅作最概括的说明如下：

首先应该指出，历代封建王朝编户籍和地籍的直接目的是征兵、征税。但在户籍方面，又具有稳定封建社会的永恒秩序的用意；在地籍方面，则又有保障地主阶级的地产权的作用。总之，不外为封建统治政权服务。由于社会各个阶级所受的影响很不相同，所以他们的一般反应也不一样。只有一点在表面上是相同的，那就是每个人都希望自己可以减轻对兵役和田赋的负担；可是他们经常采取的对抗方式却是随着他们所隶属的阶级成分而有差异。地主对于土地清查所采取的态度，只在保障自己的私有财产权这一点上，可以拥护政府；但清查和造册的费用，又当别议；至如当兵纳税，那就最好由别人负担。这一阶级经常使用的手段，是买通造册官吏：在"户则"方面，以高作下；在地产方面，则以有为无，以多报少。千方百计，无非是要隐瞒真实情况。一般农民，既无财力来贿赂胥吏，又受到地主阶级虚报的拖累，欲求从实登记，亦不可得。所以逃亡、抛荒是他们经常采取的对抗方式，最高阶段就是武装起义。匠籍、商籍，对于工商业者的中下层来说，只是一种束缚，所以"放还为民"是他们争取的目标。到了无法支持时，也只能出之逃亡或参加起义了。至于工、商中的上层，通过不等价交换和高利贷，逼得农民和小工商者相率破产，又加强了逃亡和抛荒的严重情况。历史上所载的人口记录，往往有相隔不多年便突然大量减少的。造成这一现象的原因，多半是由于逃亡失记，并不真正是实际人口的减少。

其次，应当明确的是：在初期阶段，古人对于人口、土地和赋税的记录是统统登记在一个本子内的，当时还没有户口册、土地册和税册的区别。三者就是同一件东西。三者之分立，乃是较晚的事情。由于时代的不同，而内容亦异，至于三者的相互关系及其相对位置之转移，都值得我们研究。

从现有的材料看来，汉代的人口调查皆为口数和户数并列。当时，口赋（"算钱"）是国家的主要收入，户赋则指定为列侯、封君的收入。及曹魏至唐，政府收入始以户调为主，所以户数的调查成为政府最关心的事，口数反居于次要的地位。北魏及唐，口数的记录多缺，可为明证。以户作为课税的单位，一方面固然由于口数难以清查，另一方面是假定在均田制下各户负担租税能力基本相当。东汉以后，豪宗大族势力强大，部曲、私属制度盛行。所以可以看到永嘉南渡时，中原人民多数是随同宗族，举室东迁。同时，入居北方的诸族，还需要一段时期才能适合新的环境。如鲜卑"后魏初不立三长，唯立宗主督护，所以人多隐冒，五十、三十家方为一户。"至太和十年（486）才把原来的部落宗主制扬弃了，改用汉法，仿《周官》遗意，设立三长：五家立一邻长，五邻立一里长，五里立一党长。说明能够清查户数已很不容易了。

总之，自汉迄唐，八九百年间，政府最着重的是户籍的编制。户籍是当时的基本册籍。关于土地的情况，只是作为附带项目而登记于户籍册中。当时的户籍实具有地籍和税册的作用。偶然也有单独编制的单行地籍或税册，但仅为附属文件或补充文件的性质，并不居于主要地位。

自唐代中叶以后，作为户调制物质基础的均田制已渐趋废止。尤其是宋代后，私有土地日益发达，土地分配日益不均，因而土地这个因素对于编排户等高下的作用愈形重要，即如宋代主户、客户的划分，就主要根据各户占有土地的多寡、有无来决定。于是，各种单行的地籍，如方账、庄账、鱼鳞图、砧基簿、流水簿、兜簿等便相继设立起来了。同时，由于原有的户籍多半失实，所以又纷纷增设各种新型的户籍，如户帖、甲帖、结甲册、丁口簿、类姓簿、户产册、鼠尾册等。这时，地籍已逐渐取得了和户籍平行的地位。由于赋役剥削不断加重，逃避赋役的人也不断增多，而隐瞒地亩毕竟比隐瞒人口困难一些；但"就地问粮"却比"编审户则"简便一些，所以自从明代中叶一条鞭法实行摊丁入地以后，鱼鳞图册（地籍）便成为征派赋役的主要根据，而仍依向例编造的赋役黄册（户籍）实际上已退居于次要的位置了。

最好认识这一差别：在封建社会里，土地改变的情形比起人口变动毕竟还又小又慢得多。人口，经常每年都有新生的和死亡的；又随时有迁徙、逃亡、流亡等偶然情形发生。在丁徭的历史条件下，尤其重要的事情是：每年都有不少刚刚达到应役年龄的新丁，需要开始提供徭役；同时也有不少刚刚逾役年龄的老人，从此可以免役。对于这些变动，每年都必须作必要的调整。一般的办法，是由州县派人调查访问，或由人民自报，然后在户籍上注明。

至于土地方面，在当时，由于买卖而转手的毕竟是不甚频繁的。且又有税契登记，其情形较易为政府所掌握。它如新垦、坍没、被灾、抛荒等事情，皆属偶然的现象。所有这些改变的情况，只要随时在各户名下的田产项内（或地籍内）作出注明便够。

由此可知，为什么历代对户口调查和户籍编造多数都规定了必须定期举行，但土地调查和地籍编造却只能在很长一个时期内才举行一次的缘故。

尽管各封建王朝费了不少心机，先后拟定了各种整顿户籍和地籍的方策，结果尽归失败。它一方面固然无法克服如前所述的社会上各阶级阶层的对抗；另一方面，在政府内部之间也彼此欺骗。它本身就充满着两大类无法解决的矛盾：首先是中央和地方上的。在明代施行一条鞭法不久之后，便有许多州县自造"白册"（亦名"实征册"）来征收税粮。这份记录与进呈中央的黄册所载大半是不相符的，与本地鱼鳞图册的记录也是不尽相符的。一般说来，进呈中央的数字比地方实征数低。这种做法，不只一般贪官污吏为然；甚至有少数所谓"清官"，据说是为了保存本地的财力，也采取同一的方法。其次，存在于州县上级官和下级吏胥之间。这一现象比较更为普遍。原来明清时代，在州县衙门里有一批"攒造图册"的专职人员，名曰粮房、账房、书办、粮差等。他们利用州县长官多数是"读书人"出身、不会计算及其他弱点，于是任意作弊。其结果是缴存州县官厅的那份实征册，其中所载的多是假名、假户和假地，而自己手中却另有份私册，此中所记的才是税户的真姓名及税地的真正坐落所在，但多数系以任何人都看不懂的记号来作代替的。所以如果不是通过粮房，对户口和田地便很难查究，税粮自亦无从征起。由粮房掌握的这份"枕中秘宝"，州县长官是无法过问的。因此粮房的职务总是私下地一手交一手，竟同世袭的一个样。在这种情况之下，地方政府所最关心的只能是税册的整顿及其使用而已，户籍和地籍符合实际情况与否都可以满不在乎了。由明末起，直至民国时期还是如此。

上述各点有不少是可以和本书诸表结合起来看的。如各表所示，历代的记录以户口数字最为齐备，且出现得最早。土地方面，虽两汉时已有，然仅为全国顷亩之数，尚无分区数字，隋唐情况亦然。隋代全国垦田数字特高，当不可信。唐代天宝末年田数系据每户应受田一顷六十余亩推算出来的，并非陈报或丈量的数字。至如三国至南北朝，和辽、金、南宋及元，就连历朝的田亩数也无可考：前一段时期缺载，似或与户调制或均田制各有定额这点有关，因政府据税收总数或户口总数均可推算出田地的大概数量，它自己却没有向人民公开田亩数目的必要；后一段时期缺载，则显然是受了社会各阶层的反抗的阻力，由于辽、金的田制和赋役制度是阶级压迫和民族压迫相结合的产物，所以辽代的"检括"，金代的"通检""推排"，引起被压迫者的强烈反抗，史不绝书。南宋李椿年、朱熹等先后举办的"经界"，则遭富户豪家的反抗，不能贯彻。元延祐年间（1314—1315）的"经理"，受了农民武装力量的打击，结果只将河南、江西、江浙三行省的官民荒熟田额清查出来。全国分区田地数字，北宋时始可稽考，然资料尚寥寥无几。直至明洪武和万历初年，两次大规模全国清丈以后，各地区田亩的记载才丰富起来的。

关于田赋，唐代始有约略数字可稽。至宋代，记录方法仍甚简陋。两代往往将各种不同的计量单位混合起来登记，造成我们今天作统计上的困难。辽金田赋收数全无可考。元代仅存一两年的岁入粮数。明清两代，材料就丰富得多了。由于税制趋向统一，税目较为简单，所以记录方法也较为明晰。明代自武宗朝（1505—1520）以后，历朝各项田赋收数往往不变，田地顷亩数亦然。一方面，我们固然要注意到中国封建社会的田赋一向采取定额制的事实，但明中叶以后政治腐败，制度混乱，是造成田赋册报已成具文的主要原因。

三　从世界史看中国历史人口、土地和田赋数字记录之丰富及其制度上的特点

在前节，我们已说过人类社会对小量人口进行计算的事情在远古时便已存在；但由于技术上的限制和社会的需要，对于较大规模的人口计算或有计划的人口调查，则最早只能在原始社会时代的末期才会发生；至于把计算或调查的结果作成记录，并制册籍的形式以便保留，那就不消说是进入了文明时代以后许久的事情了。所以，今天流传下来的关于各国历史上的人口或土地的数字，最早的也是该国在奴隶制形成以后的记录，这是不难理解的。

关于本国历史人口和土地数字的记录，中国今日保全下来的材料的丰富是世界各国中首屈一指的。这点可以首先从我国古时的调查和登记的制度比较完备这一方面来说明，因此，需要与外国的历史进行比较。

首先应该指出，我国古代的人口调查，是古代世界诸国中最全面的。其次，全国各地的定期报告制度和全国统一的调查制度，在我国成立很早。这是我国古时人口调查制度中的两大特点，而为当时外国所不具备的。

据世界古代史记载，人口调查最先出现于两个最古的奴隶制国家——埃及和巴比伦。埃及在早期王国时期（公元前三千年左右）第三王朝时，便有了每年在国内进行一次人口调查的规定；其后，到了新王国时期（公元前十六至公元前十二世纪），在第十八王朝、十九王朝及第二十王朝之际，又先后进行过人口和牲畜、家畜的清查和登记，以及奴隶、俘虏人数和庙产的登记，和土地清查及税册编制等。但以公元前四世纪至公元前三世纪托勒密王朝时代的

上地登记为最有名。

巴比伦最早的人口登记大约在公元前二千二百年左右。以后，公元前五世纪至公元前四世纪时，在阿契美尼德王朝强国统治下，也有关于巴比伦人口的概数。

古史上关于两国这些制度方面的记载尚较为详细，但在数字方面则甚为缺乏。从现存的埃及的象形文字铭刻和巴比伦（以及后来亚述）的楔形文字铭刻中，亦找不出多少有系统性的全面记载或数字足供佐证。即如流传下来著名的公元前二世纪时埃及发雍绿州的土地详细清单和其他文件，充其量也只能提供某一地区的局部情况。我们如果把世界古代史上那些记载认作多半是和我国《禹贡》、《周礼》和《帝王世纪》诸书中所记的关于夏禹、西周的情况，皆属于性质相同未足深信的资料，似亦不为过分。

在古代世界史中保存下来的关于一个国家或一个民族的人口调查数字，以《旧约》中《撒母耳记》下及《民数记》两书所记公元前十世纪初年以色列国王大卫命军长约押前往查核以色列诸族民数的记载较为全面，且有详细数字可稽。然所登记的只是限于年二十岁以上、能上阵作战的丁男；又以以色列、犹太、利未诸族为限——唯有利未族丁男是不须作战的。所以还谈不上是全民登记，与现代意义的"人口普查"是不符合的。

到了希腊、罗马时期，情况还是基本相同的。希腊和罗马举办的人口和土地的调查，其目的和最古的奴隶制国家（埃及、巴比伦）一样，是为了财政、军事和选举上的原因。希腊和罗马的法律，把本国的公民按照他们的财产（主要是土地）和收入的多寡，划分成几个阶级（或等级），从而决定了他们社会地位的高低以及在政治上的权利和义务的差别。依照法律的观点，奴隶被当作"不是人"，而是物。他们绝对没有任何权利，当然不在人口调查范围之内。还有外邦人，一般都不能享受公民权的全部，所以也不列入人口调查计算中。因此，现代的学者们只能"通过各种间接资料，如重装兵（hopilte）人数，粮食输入情况等等，推出（希腊

雅典霸权时间）阿提克的居民人数，确定三大类居民——公民、
外邦人、奴隶——的对比关系。他们的结论是很不一致的。"① 塞
尔格叶夫教授说得很清楚："关于希腊和罗马各个时代的（以至一
般说来整个古代的）奴隶数目的问题，是古代史编纂学上争论最
多的问题之一。至于各别城邦的奴隶数目，直接得自希腊人或罗马
人的证据，几乎是没有的；奴隶人口的数字，只能从古代作家们的
片言只语，一鳞半爪的间接得来。"② 不但如此，甚至连希腊、罗
马本国自由民中的妇女和儿童也是不予登记的。虽则二十世纪初年
亦有人主张，到了罗马帝国时代，在奥古斯都统治时期（公元前
28 年至公元 14 年）所进行的三次调查中，已把妇女和儿童都包括
进去了；但没有得到当代学者们的同意。

　　在以欧洲为世界史中心的旧传统影响之下，一向有不少学人把
罗马的人口调查制度"Census"（有译作"国势清查"或国势调查
的，见前）评价得很高，认作是古代世界史中最完整和最完备的
调查登记制度。直到今天，有许多外国的"人口普查"，仍然沿用
着"Census"这个拉丁名字。其实，罗马时代的"Census"既非全
民登记，亦非全国登记，仅能说是局部登记罢了。

　　欧洲中世纪的情况：在封建主义统治一千二百年左右的漫长年
月中，欧洲各国的人口调查，可以说是陷入几乎完全停顿的状态。
在封建主义初期，略具规模的只有八世纪查理曼大帝的日课经
（Chalegmagne's Breviary）中的调查资料。但更值得注意的，还是
1086 年（约当我国北宋元祐元年）英格兰编制的土地调查册，通
称为"末日判决簿"（Domesday Book）。这是奉"威廉征服者"的
命令进行调查的。时间花了一年左右。目的在确定当时新建立起来
的封建社会各阶级、阶层的权利和义务。对各领主及教会的土地和
财产进行了登记和承认以后，便要求他们承担各种封建义务和缴纳

---

　　① 　苏联科学院主编《世界通史》第三卷上册，中译本，生活·读书·新知三联书店
第 33—34 页。
　　② 　《古代希腊史》，缪灵珠译，高等教育出版社 1955 年版，第 257 页。

地税。这个调查对于各种各类的土地和人口都记载得相当详细，但可以肯定，它既不是全国登记，也不是全民登记：因为极北部诸郡是不在登记范围之内的，南部的伦敦、温彻斯特诸城市也是不作调查的。对于各庄园的农民群众中的两大阶层——乡民（Villani）和茅舍小农（Cottarii 或 Bodarii），也只登记他们的家长，而不是全家人口。根据"末日判决簿"的材料来估计，当时英格兰的人口仅一百五十万人（一说一百八十万），口数尚不及我国西汉时兖州一州户数之多。这份文册制成以后，一直使用到 1522 年，是年才作第二次调查，重新编制了一份"新末日判决簿"。英国在进入资本主义社会许久以后，于 1800 年成立人口普查处，翌年，才举行第一次人口普查。此后，虽然实际上已经是每十年举行普查一次；可是每一次仍须有国会法案方能举行。迟至 1920 年，始用一般立法方式，把十年举行一次的办法确立下来。可见英国定期调查的制度成立甚晚。就是今天英国的人口普查，它的根本目的只不过为资产阶级的利益服务，它的编制方法充满着掩盖真相和歪曲事实的意图，所以其中最重要的统计资料，如人口的各阶级构成、民族构成等，多半是不可靠的。

中古时代欧洲各国人口调查有过一个长时期的中断。这方面的政治经济上的原因，由于篇幅所限，无法讨论。但应指出，宗教的阻力曾经是构成欧洲人口调查史上停顿状态的一个重要因素。《圣经》上有过记载：以色列人核计了人口以后，便招致了"上帝"的愤怒和谴责。这个"福音"给中世纪欧洲社会带来了一种迷信，认为进行人口计算必将引起社会的厄运。甚至在 1753 年英国下议院内也有议员用这个理由来反对政府调查人口。许多欧美资本主义国家，直到今天进行"人口普查"时，仍然以教区为调查的地区单位，一切调查登记的任务皆由教会人员来主持。宗教势力和户籍行政勾结得这么密切，是我国历史上所没有的。固然，我国古时的"天子"也常奉行"以户籍祭天"的故事；北魏及唐、宋、元诸代都曾经设立专掌释、道等户籍的政府机构，然论其作用远不及欧美那么重要，其影响范围亦大大没有那么广泛深远。

十五世纪以后，已到了欧洲封建社会的末期。人口调查才活跃一些。有几个日耳曼和意大利的城市，为了某种特定目的曾经进行过小规模的调查，如十五世纪中叶纽伦堡为着要作出城被围时对居民粮食供应的计划，举办了全市的人口登记。此皆为临时措施，意义不大。

有许多资产阶级统计学者把 1748 年（我国清乾隆十三年）在瑞典进行的人口调查认作是举办人口普查最早的国家，其次是：奥国（1754 年）、挪威（1769 年）、丹麦（1769 及 1787 年）、美国（1790 年）。近年更有人认为 1624 年在英国北美洲属地维吉尼亚（弗吉尼亚），和 1661 年在法属加拿大进行的是比瑞典还更早的人口普查。其实，它们所举办的最多只能说是全国规模（或全部）的人口计算或登记，它们的制度是非常简陋的，并不符合于现代人口普查的要求。同时也须指出，当时它们都是人口很少的国家（或属地），它们的调查也只能是属于小规模的罢了。在制度方面的简陋情况，可以英法两国为例证。英国的"人口普查"虽说是已开始于 1800 年，法国的"人口普查"也说是开始于 1801 年，但像"年龄"这样重要的人口标志，只是到 1841 年才列入英、法"人口普查"纲要之内的。所以它们的所谓"人口普查"，还要落后于自 1720 年开始至 1860 年止的俄罗斯的人口检查制度。俄罗斯的人口检查并不包括全体人口，而只包括纳税阶层。它并不计算实际人口，而仅计算所谓编列人口。有些大的地域完全没有包括在人口检查之内。由于编制"人籍"（人口名册）的地主们所关心的是减少税额，因此使计算的完备程度受到损害。直至 1897 年沙皇俄国实施第一次"人口普查"制度以后，除实际人口外，尚计算编列人口。但在"人口普查"纲要中，根本还没有像"职业地位"这样重要的问题[1]。所以真正合于科学原则的人口普查，只有在真

---

① 参看［苏联］波雅尔斯基、舒舍林《人口统计学》，毕士林、严健羽译，统计出版社 1956 年版，第 183—186 页。

正实行计划经济改造社会的社会主义国家，才可以办到；在资本主义国家中是没有可能的。关于社会主义国家的人口调查，不属本文论述范围。这里不能不指出的是在历史上古代中国的人口调查制度，毫无疑问是资本主义时代以前世界各国中最先行的，甚至在某些方面的规定比之资本主义国家完备严密得多。

首先是，我国自秦汉以来，早已建立起全国规模的人口调查制度。关于局部登记的记录，如汉初列侯初封时及后来国除时的户数，《史记》《汉书》尚保留着相当丰富的资料。汉代历朝人口盛衰的概况，史、汉两书中亦屡所有论列，可惜是过于泛泛，不够具体。现存全国性的记录，以《汉书·地理志》所载西汉末平帝元始二年（公元 2 年）的记载最为全面且最详细。是年不只有全国的民户和民口数，且有各州、郡的户口数字。有些县份，如长安、长陵、茂陵、阳翟、傿陵、宛、成都等县，在注文中各记有户口数，其中一些县的户口数，据注文看来，可能是周末或汉初的原有记录。关于土地方面，《汉志》载有全国东西、南北的面积里数，及提封田 145136405 顷。所谓"提封"，就指全国疆域内的总额，它又分为：邑居、道路、山川、林泽群不可垦田 102528889 顷，可垦〔而〕不垦田 32290947 顷，定垦田 8270536 顷。这一份登记了全国分区户口数字的完整记录，是世界古代史中所仅见的，也就说明了我国是第一个进行全国规模的人口计算的国家。还应附带一提，《汉书·西域传》中对于当时西域诸国的户口数和"胜兵者"（会使用武器的战士）人数，都有详细的记载，可见汉代人口调查多么远到。

后汉的人口计算，不只是全国性的，也是普遍性的。据劳榦的考证，《后汉书·郡国志》所引伏无忌所记的户口数仅指"徭役户籍"，《汉官仪》等书所记户口数则包括免役户在内。这一情况，和上述 1897 年沙皇俄国实施"人口普查"后，除计算"实际人口"外，尚计算"编列人口"的情况颇相类似。

自东汉末年起，国内迭经天灾兵燹，又因少数民族杂居内地和不断武装入侵，北方人民流移死亡者甚众，原有户籍的记录早已和实际情况不符。晋室东渡后，南北对峙的局面逐渐形成。秦汉以来全国统一的户籍制也遭到严重的破坏。东晋朝廷在南方设立了许多"侨寓郡县"来安置那一批批"举族率户"南下的北人，他们的户籍是与原来土著的户籍截然分开的。其后，北魏建立了均田制，也是"计户"受田征租。由是，自曹魏以来盛行的户调制遂成为南北双方政府的最主要的收入，随而户数的计算也成为首要的事情，口数计算却无甚重要了。另外，两汉按收获量起征的田赋此时也改为按亩或按户来征收，由税率制改为定额租制。州县政府为了完成中央交下来的徭役租税的任务，一般是据册上编定的户口数来摊派；有时为了整顿地方财政，有些州县也进行境内全部户口和田地的实际调查，但它呈报给中央的不一定就是这个调查的数字，它仍然用旧日那个纳税的数字，中央也是无法查出来的。这样一来，中央所能掌握的只是各地的纳税户口和纳税田地的数字，并不是全国的实际数字。历代"正史""官书"中，从《三国志》《晋书》以至《清史稿》中的记录，多半是属于这类性质。

然而只要封建王朝有足够条件的话，它往往还是进行全国性的调查的。即如唐代，自从玄宗开元、天宝间大力整理财政以后，便出现了两个年份把课户、课口和不课户、不课口分别地记录出来。

明代初年曾经进行过全国性的普遍人口调查，这点有现存的实物文献为证。据明洪武三年（1370）颁行的户帖来分析，又一度说明了当时我国拟定的制度是资本主义时代以前世界上最先进的。帖中登记的项目相当完备。它包括了以下各项目：户的种类（民户、匠户等），户主的原来籍贯及现在籍贯，居住所在地（乡、都、保、圩），家中男女、老幼的姓名、年龄和人数，他们和户主的亲属关系等。此外，又登记了家中所有的不动产和动产的数目。这次全国规模的调查，虽然还没有真正取得普遍调查的结果，因为各边远地区如云南、贵州以至两广境内的少数民族都规定不包括在内；但只就调查纲目而论，它确是不只比罗马的"Census"全面得多，就是和十八、十九世纪资本主义国家举办的"人口普查"来作比较，它也不失为很全面的。更应注意，户帖所载的项目虽多，但无户则及户役等项；虽亦记有田地顷亩数目，却不记税粮之数，可见户帖是一种纯粹为调查户口而设立的原始文件，而与赋役黄册之兼记徭役、税粮科则的体制和作用各不相同。还有明初的户帖制度规定了一套相当完整的办法，其要点如下：1. 户帖的格式和调查纲目，由中央户部作统一的规定，是全国一致的。2. 户帖由户部印制，颁发给各州县，州县官领到户帖后，必须派员按户调查，取得各户的口供，然后逐项填入帖上。用术语来说，这里采用的是"访查居民的方法"。一切调查资料是通过对居民本人作访问而直接得来的。3. 户帖为两联单式，一式两份。在两联的骑缝间编列字号，加盖户部官印，故名"半印勘合"。调查的项目既填写完华，便截取户帖一份交给本户收执，另一份缴回户部。户部据此来进行编制全国的户籍。洪武十四年以后的全国黄册就是在这个基础上编造出来的。4. 中央派出"不出征的大军"分赴各地"点户比对"。如查出填版失实，其罪在官吏者，官吏处斩；罪在人民，便"拿来充军"。以上一系列的措施中，有许多点和现代人口普查的特征基本上是相同的①。难怪十几年前有些英美资产阶级学者看到了明代户帖的样本以后，也不得不承认这是世界上"最早试行全面的人口普查的历史证据"了。

我国的人口调查，不只是当时世界上规模最大而又最全面的，并且也是最深入细致的。例如隋代的"貌阅"，唐代的"团貌"，都规定了地方官吏须每年检阅人丁的形貌，来查核他们有无低报年龄及伪报老病种种情况。貌阅的单位，各地集合五党或三党为一"团"（每党一百家），故曰"团貌"。团貌的结果，首先记注于每

---

① 前引《人口统计学》，第186—188页"人口普查的特征"。

年编造的"乡账"或各里的"手实"中，并据此以编制每三年一造的户籍。后周亦有"团貌"，除查阅户口，以防"民家之有奸盗者"外，还要检查民田之增减，以"平均"赋役。

（原载《学术研究》1962 年第 1 期及 1980 年第 2 期）

中国历代度量衡之变迁
及其时代特征

近数十年来，学者对存世古物进行实测并参考史籍记载，对于我国度量衡史的研究作出了一定的成绩。但是关于一器一物或断代、专门的论著居多，而全面性的综合分析则少；关于度量衡的量的变迁的著述居多，而对于质的变化的阐明则少。一般通论著作，多数只是从官定的度量衡制度和对人民赋税剥削两者的关系来论述，而不是从社会发展阶段和每一种社会经济形态内的两个基本敌对阶级的斗争来探讨问题，因而并没有接触到当时社会经济生活的主要矛盾方面，更没有很好地阐明问题的本质。

在已有的著述中，吴承洛《中国度量衡史》（商务印书馆 1937 年版）一书是较为全面的。但是由于它不大注重实测工作，而往往出之于推算；且态度不够严谨，往往满足于引三四手的史料如《三通考辑要》等书，不能不说是有相当严重的缺点。

1957 年，吴承洛书经程理浚同志修订，仍由商务印书馆出版。程同志企图运用新的观点来改正吴著中若干错误之处，这个努力方向是应该肯定的。可惜似乎成书较为仓促，实际改动不大，而且有些吴氏原著本来不误的地方，反被程同志搞错了。

最近两年，万国鼎同志根据古遗物的实测结果，并用积黍法来作校验，证明了吴承洛对于秦汉亩制以至唐尺的考证，都是错误的。万同志实事求是的科学态度值得我们学习。他所得到的数值也

大致比吴氏的推算较为准确。这些是可以肯定的成绩①。但可惜的
是过于偏重实物之测定，却忽略了史籍的系统记载；未能把度量衡
的变迁和当时的历史发展结合起来深入考察，所以有些结论也是值
得商榷的。即如万同志只根据唐兰同志等对商鞅量尺和刘歆铜斛尺
两件实物进行实测所得出长短相同的结果，对两件器物本身在形制
上的差异（如鞅量为长方形，莽量为圆柱体，等等，余详下文第
二部分之2）完全不加理会，就推论商鞅和王莽对前代的度量衡制
并没有做过什么改革②，这就将古史许多记载推翻。从这种纯数量
的观点所做出来的论断对于历史实际的说明自然是不十分切合的。
谁都不会否认，南宋末年的斛的形式，由圆柱形改为截顶方锥形，
这是我国度量衡史上的一大改革，这一改革对征收田赋曾经产生一
定的影响。

本文分为两部分。纲目如下：

（一）历代度量衡之变迁

1、历代度量衡单位量演变的总趋势

2、度量衡单位量不断增大的原因

3、度量衡增率不一致的原因

4、历代地亩的变迁

（二）度量衡的产生和发展过程及其时代特征

1、度量衡的起源和发展

2、我国度量衡器具从奴隶社会转入封建社会的发展过程

3、我国封建时代度量衡制度的特征

（1）官定制度和民用的度量衡之对立和统一关系

（2）地方度量衡单位量增大的无限制性及其剥削性质

（3）封建时期度量衡制度中所反映的生产技术停滞状态，及

---

① 万国鼎：《秦汉度量衡亩考》，载《农业遗产研究集刊》第二册，中华书局1958年
版；万国鼎：《唐尺考》；王达：《试评〈中国度量衡史〉中秦汉度量衡亩制之考证》，载
《农业研究集刊》第一册，科学出版社1959年版。

② 前注万文第一篇，第147页。

上层建筑对度量衡增大率所起的限制作用

　　4、半封建半殖民地时期度量衡制度的特征

　　（1）帝国主义对我国度量衡制度破坏的过程

　　（2）时代特征

　　以上第一部分所讨论的，是以"历代度量衡单位量不断增大"为总题目，但重点不放在增大率的准确数值这个问题上，而在于对增大原因的探讨。

　　第二部分的重点，在于说明以下一系列的问题：自从阶级社会产生以后，度量衡作为剥削的工具是被如何具体运用的？它们有哪些特点？它们和交换及生产的相互关系究竟怎样？在哪些方面，它们的增大率受到了技术性或上层建筑的限制？等等。

　　由于我对我国度量衡史素乏研究，且理论水平太低，其中一定有许多幼稚和错误的见解，希望同志们多加指正。

一　历代度量衡之变迁

1. 历代度量衡单位量演变的总趋势

　　根据近人把我国历代各朝度量衡的单位量换算为公制或市制的情况看，尽管各人换算的数值不尽相同，但总的结果都说明了历代度量衡单位量的演变趋势是明显地一致的。分别言之，度的演变是由短而长，量的演变是由小而大，衡的演变是由轻而重。合而言之，度量衡的单位量同是沿着增大的方向而发展。

　　增大的程度是随着朝代的变迁而有所不同。如以新莽时的制度为基数，则历代度量衡单位量之总增率可以分做三个时期来说：第一期，从新莽朝（亦即西汉末）开始，至三国西晋止。这三百年中，变化最小，度量衡三量的总增率约为百分之三。由东晋南北朝至隋，为第二期。这三百年中，变化最大，总增率约为百分之一百四十，其中北朝的增率是历史上最高的，南朝低得多。自唐迄清，为第三期。这一千三四百年中，变化亦不甚大，总增率约为百分之七十。

度量衡三量的总变化，虽同为由小而大；然三量各自的增率是彼此不同的；量的增率最大，衡次之，度又次之①。

量（升、斗、斛）的增率：在第一期中约为百分之三，第二期中则由百分之百以至百分之二百，第三期约为百分之二百；整个的增率，约为百分之四百。

权、衡（两、斤、石）的增率：在第一期中并不明显，在第二期中则由百分之百以至百分之二百，在第三期中几无变化；整个的增率，约为百分之二百。

度（寸、尺、丈）的增率：在第一期中约为百分之五，第二期中约为百分之二十五，第三期约为百分之十；整个的增率，约为百分之四十。

以上三量的总增率及其各自增率，皆用吴承洛考订的数字。如据杨宽《中国历代尺度考》（1957 年商务印书馆重印版）的推算，应与此稍异。万国鼎、王达等的论文，更指出吴书错误甚多。但无论如何，用来作为一般趋势的概括说明是未尝不可的，因为诸家数值的差异，并不至影响到历代度量衡不断增大这个结论。

2. 度量衡增大的原因

为什么后代的度量衡总是比前代的加大呢？前人多从政府赋税抽剥之加重来解答问题。清初顾炎武早已说过："权、量之属，每代递增"，乃由于"取民无制"。近人王国维专就尺度的变迁来说："尝考尺度之制，由短而长，殆为定例。其增率之速，莫剧于西晋后魏之间。三百年间，几增十分之三。求其原因，实由魏晋以后，以绢、布为调。官吏惧其短耗，又欲多取于民，故代有增益。"他又指出：尺度之增长，"北朝尤甚。自金元以后，不课绢布，故八

---

① 顾炎武：《日知录》卷十一"权量"条早已指出："今代之大于古者：量为最，权次之，度又次之。"

百年来，尺度犹仍唐宋之旧。"①王氏这两段话，如果在年代上说得更确切一点，应该是：由于曹魏西晋以后，迄唐代中叶，五六百年间，政府征收的户调是绢、布，因此在这个时期内尺度不断地增长；尤以北朝的增率为最甚——自东晋至北魏不满三百年内，尺度便增长了几乎十分之三，这是增率最速的一段时候。其后，至唐代中叶，朝廷始不复以绢、布为户调正课，所以自宋金元迄清，八九百年来，尺度犹仍唐代之旧，没有多大的变动。王国维这个论点，在吴承洛和杨宽两书中得到了更充实和明确的论证，虽则在个别结论上又有分歧的地方。

1957年出版的程理浚修订吴承洛著《中国度量衡史》书中"前言"说道："度量衡器具的变大，和封建剥削的加强是分不开的，而且正是为了加强封建的剥削，才向大的方向演变的。因为在唐朝以前，封建剥削完全是以实物为对象，如粟、米、布、帛、丝、绵之类。放大度量衡就可以在同一税率下多收些实物，达到加重剥削的目的。这样就无增税之名而有增税之实。自唐以后，不是减轻了剥削，而是用钱纳税代替了实物，只要压低物价，同样可以多收实物。"在这一段话中，程同志企图运用新的观点和浅近的道理来阐发前人的论说，这应当承认是前进了一步。但仍有几点似乎是不够恰当的：

首先，他把唐朝作为度量衡增率大小的分界线，这是与历史事实不符的。他忘记了三量的增率并不是同时一致的。其实王、吴、杨诸人所已论证的，只是尺度方面。至于量的方面，则唐朝后至清代仍然增大至百分之二百。当时一部分的田赋和绝大部分的地租仍然是征收米粟等项实物。

其次，程同志把用钱纳税和用度量衡这两件事互相对立起来了。他没有考虑到，在古代征钱或征银的时候，是要过秤的；而过

①《观堂集林》卷一九《史林》十一，《宋三司布帛尺摹本跋》说是"莫剧于两晋后魏之间"；然《记现存历代尺度》一文则谓"增率之速，莫剧于东晋后魏之间"。以各家推算的数字参验之，应以后一说为长。

秤时，经手人员又总是五花八门地"上下其手"的。姑且置这些舞弊的情形不谈，但难道可以忘记官府另订有种种"合法"的加秤方法吗？即如明清时官府关于"火耗""平余""重戥"一系列的明文规定①，其目的就在于保证取得一定比例的"浮收"，甚至很滑稽地美其名为"养廉"，作为"合法"加秤的理论根据。所以，虽不必把秤锤放大也可以达到多收的实效；如果我们只是注意度量衡法定量的变迁而忽略了它们在实际运用时的情况，是不能明了真相的。

最后，程同志说是："自唐以后……用钱纳税代替了实物，只要压低物价，同样可以多收实物"，这一论断也是站不住脚的。在用钱来代替实物（例如粮食）纳税的情况下，钱的征收是作为实物的代价而出现的，这不过是税粮折合成钱的比率问题。政府为了要多收实物，它就得将钱对于税粮的比率降低，这也是把钱价压低同时把粮价抬高的办法，它是和"压低物价"的做法恰恰相反的②。简单言之，政府还是要通过多收钱的方法才能够实现多收实物的目的；至于"压低物价"，则所触及的阶级利益面（如商人及大地主等）必定广泛得多。两件事是不可混为一谈的。明乎此，便可晓得为什么王莽的"五均、六筦"政策很快地宣布失败，但他所订的度量衡制却不失为后世取法的蓝本的理由了。政府为了要达到"无增税之名，而有增税之实"的目的，其做法是随着时代之不同而有所不同的。在征收实物租税时期，最简便的方法自然是在度量衡方面玩弄花招。在货币经济已相当发达的时候，便可以采用增加货币发行额或通货膨胀的方法加以解决。至如在折价上抽剥的方法，可以说是在这两个时期中间的过渡方法，然而压低"折

---

① 按"火耗"之名，始见《元史·刑法志》，明清两代因之。"平余""羡余"及"重戥""养廉"等项，则分见《明史·食货志》及清《东华录》《清通考》等书。

② 应附带说明，税粮折价与当时粮食的市价未必一致。假定物价不变，则增加钱的折数，民间便须出卖更多的粮食换钱，这样便会引起市场粮价的低落，虽不用官府的力量来压低物价，而物价也会趋向低落。在这种情况之下，政府一方面提高钱的折数，收取更多的钱，一方面又利用市场上粮价的降低，而收购更多的粮食。

价"和压低"物价"是迥乎不相同的。

3. 度量衡增率不一致的原因

第一节中已经指出，三量增率的大小并不是同时一致的：量为最甚，衡次之，度又次之。现在要说明这是什么缘故。

量的增率最大，首先是因为量器的大小最难以判定。它不像尺度可以凭眼和手足作出适当的评验，故易于作弊。但最基本的理由，是由于我国田赋和地租一向征收的是农作物，它的历史最为长久，至少也有两千年以上。

衡的增率，在度、量二者之间。一方面：因为鉴定权衡的轻重比鉴别尺度之长短较为困难，因此，衡的增率较大于度。另一方面，权衡之成为官民出纳上的重要标准，只是元明时银两已取得通货地位之后的事情。然而银的单位价值自非米、粟可比，它在重量上丝毫的增减也会影响到所有者的经济利益，因此人民对于权衡的注意和检查自亦较为精细，所以衡的增率又较小于量。

度的增率最小。因为尺之长短，可以凭目测和手度，舞弊的情状较易于为对方所察觉。所以尺度的增长，比较和缓。如上述，尺度增率最甚的时期，是在魏晋迄唐户调征收绢、布的五六百年中。应当附带指出，在这个时期里，绢、布已经担当起流通手段的职能，实际上已经取得了货币的地位。

从度量衡器具本身作考察，也可以证明上述的论点：度量衡三种，度器最简单，各地度器虽有不同，但是比起法定的尺来，还不算过于离奇。衡器就复杂得多了。除了各器不同以外，一杆秤上，常有几面秤星，大小常不相同；不过十六两一斤，还算是一个共同的标准；又因为用银子的关系，各地银秤的大小，也还不至于太过离奇。我国各地差异最大，和法定的器具相去最远的，要算量器。因为升斗的本身，已经大有出入，再加以量的计算方法是比较复杂的，如有些地区又用秤来代斗，在实际上已是论斤，而名义上却还说是论斗的。如下述民国时山东、甘肃等地的情况，这就不只是名实不相符，而且也说明了斗、石的大小，各地是毫无一定，并且是最紊乱不过的。

清光绪三十四年（1908）三月，农工商部及度支部会奏，拟订划一度量衡制度等《总说》中指出："总而言之，则量之制莫先于周礼，尺之制莫备于隋书，权衡与法马之制莫详于宋太宗及明洪武、正德之时。"这一段话概括了历代史籍关于度量衡三者记载的先后和详略的情况，同时也指出了三者在历史上分别成为突出问题的先后次序。

然而必须注意，所谓度量衡制度应当是包括两个方面来说的：总的来说，度量衡都是用来规定物品分量的多少；分开来说，度是定长短的，量是测容量的，衡是称轻重的。三者虽然表明各自不同的标准，但对于自然界来说，实则根据两种基本的物理现象：其一是对于地心所加于物体的吸力（重量）而言；另一是对于物质所占空间的位置（长度）而言。至于那面积和容量，只是由长度的平方和立方推算得来；而重量等于密度乘以容积。由此可知，度量衡三者的相互关系本来又是统一的。因为占有一定容积的米粟亦必有它的一定重量，所以不论是用斗来量，或用秤来称，在分量上是不应有很大差别的。然而在过去的历史条件下，从地主阶级的利益出发，则自以使用量器为易于进行欺骗，所以用权衡来计算米粟轻重的方法只是后起的事——据说至南宋孝宗朝（十二世纪末）以后才逐渐比较普遍起来的。从此，量制也借用了衡制中的名称。古代原以十斗为斛，一百二十斤为石，斛是量之最大单位，石是衡的最大单位，两者原各属于不同量纲的物理单位。至宋时官方法令始定以五斗为斛，两斛为石。这就是所谓"以权之极数，为量的极数"[1] 了。又，北宋时四川的成都府及梓州两路已出现了"担"这一权衡单位的名称。不过，当时这些地区仍以石（量制）作为米

---

[1]　参看沈括《梦溪笔谈》卷三"辩证"一"钧石"条（胡道静校证本第107—108页）。按姚鼎《惜抱轩集笔记》卷四"史部"一"汉书"条云："古人（指西汉以来）大抵计米以石权，计粟（带壳的谷子）以斛量。"此说从近代发现的汉简中似乎得到些有力的证据。

谷的计算单位，只有一些"杂色"的税物才以担（衡制）来计算①。自清初以来，在很多省区，民间已通俗称衡百斤为一担，而量一石亦称作一担。担、石二名从此往往通用。但也有例外，如江苏等地，以一百四十斤或一百五十斤为一担。又如民国时，山东兖州和甘肃伏羌县竟有一百斤一斗的小麦；山东滕县居然以一百五十斤算一斗，这些都是用秤代斗的地区，实际上是论斤，但名目上还说是斗。② 所以尽管用权衡来计算米粟的方法自清代后已渐趋普遍，但直至民国时期在全中国范围内仍以用量器计算米粟的方法居于主要的地位。

总之，两千年来，作为封建主义剥削工具的量器，它所发挥的剥削作用比之尺度和权衡更为巨大得多，广泛得多。它的种类、名称之庞杂，及其运用时的复杂性，都非度、衡所可比拟的。可惜的是，无论史籍记载或专题研究，一向都是详于度而略于量、衡，这固然是受了种种条件的限制；但是把量制的研究提到首位来，不能不是今后的努力方向吧。

还有，更重要的一点是，过去诸家的研究方法，都是根据历代法定标准的变迁而作出结论的，但是官定的度量衡制以及官造的度量衡器具，实际上只是使用于官民双方间的收支方面；至于民间交易，和各行业所使用的，却是另外各有一套。而且后一个系统比前一个系统在整个社会经济活动上重要得多。如果我们的研究只局限于官民对立一点，却没有从阶级对立的全部诸关系来作全面考察，那就基本上仍没有接触到问题的本质。

最后一点，在某些情形之下，并不是将度量衡的单位量改变了，而是在实用单位或名称等方面作出若干改变，这也是值得注意之点：

其一，由于计量的数量是比较巨大的，故有增设大单位之必

---

① 参看拙作《中国历代户口、田地、田赋统计》乙编表8。
② 林光澂、陈捷：《中国度量衡》，商务印书馆1930年版，第49—50页。

要。即如度制方面，自汉代以后，历代计算长度，都是自尺以上，到丈为止。至清光绪三十四年（1908）重定度量衡制时，始规定于丈之上加上"引""里"这两个单位。本来引、里两个名称，古代早已存在，但多半是用来计量面积。虽亦用来表达长度，但仍从面积这个概念引申而来的，并不是正规的用法。到了光绪末年，才明文规定于尺制之外，另立里制：以"五尺为一步，二步为一丈，十丈为一引，十八引为一里"。所附《说略》把理由说出来："长短度分二种。一曰尺制，以尺为单位，所以度寻之长短也。一曰里制，以一千八百尺为一里，用以计道路之长短也，里制即积尺制而成，盖道里甚长，若仅以尺计，则诸多不便，故必别为里制。"[①]同样的理由，明清计算煤铁等重量通常以斤，偶亦用引、担做单位。但自新式工业生产出现以后，便改用吨了。

其二，政府剥削程度之加深，有时表现为实用计量单位起点之由大至小和计量单位名称之任意增多。此事从表面看来，似乎是和度衡单位量之继续增大的趋势相反的。但其剥削的性质却是一致的。可用宋代权衡之改制为证。本来唐代重量之制，以一百黍为絫，三株四絫为钱，十六两为斤。但在实用方面，黍絫只是徒具名称而已，一般砝码都是至钱为止，十钱即为一两。当时赋税的出纳，是以米粟布帛为主，故用斛、斗或丈、尺计量。唐中叶后，始行用钱纳粮。至宋代，用金银出纳之风渐盛，故以权衡来计量的方法亦日益普遍。但计量金银之重量，如仍以钱为最低的单位，则未免失之过高了；且唐制从"株、絫"进到"两"位不是用十进法，计算时又诸多不便。因此，北宋初年（十一世纪初），改唐代的絫黍为厘毫。其法，于"两、钱"之下，又定有"分、厘、毫、丝、忽"五个单位，俱以十退。当时改行新秤，算及厘毫为止；至于丝、忽则仅为名目上的单位，在秤上是计量不出来的。[②] 这一改

---

① 刘锦藻：《清朝续文献通考》卷一九一"乐考"四："度量衡"。
② 《宋史》卷六八《律历志》一。

制，在　定程度上是与当时货币经济的发展情况相符合的。但后来又于丝、忽之下，设立微、纤、沙、尘、埃、渺、漠、糊糊、逡巡、须臾、瞬息、弹指、刹那、六德、虚空、清净等十余位的小数。① 这些名目，大半是借用佛经唯心主义的词汇，它们只是代表一种虚构的数目系统。纵使用今天五千分至万分之一克的精密天平或一千万分之一克的微量天平也是不易称出来的。然而在现存的明清赋役黄册和钱粮奏销册籍上，这些小数确是必须一一开列的。这无非是保证经征人员分肥的妙计。由此可见，"取之尽锱铢"（杜牧《阿房宫赋》）还只是代表唐人所能了解的程度。自宋以后直至明清的封建政府剥削之苛刻真是无微不至了。

4. 历代地亩的变迁

土地的面积，是以长度单位的平方来计算的。我国计算面积，亩制向来是用平方步计算，步又用尺计算。所以如果想计算各代亩量的面积大小，即用各该代尺的长度可以推算出来。但历代地亩，并不是完全依照实际面积的大小，而往往结合其他因素如收获、播种及劳动力等来作为亩量的折合，以便于统治阶级征税收租的估计。因此，纵使用尺度来推算亩量也是没有科学价值的，它并不能表明地亩的实际变迁标准。

然而各地的实施情况，大多数是与中央规定不相符合的。即如自唐至清，尽管中央作了规定：五尺为一步（清代改步曰弓），二百四十平方步为一亩；实则各地的亩制极为参差不齐。拿清代的情况来说，苏浙皖鄂鲁晋等省，在尺则有部尺、库尺、营造尺、鲁班尺之分：在弓则有三尺二寸、四尺五寸、六尺五寸、七尺五寸之别；在亩则有一百四十弓、二百弓、三百六十弓、六百九十弓之分歧。至如河南省，有以二亩或三亩为一亩者；陕西宜川县，有以四亩为一亩者。奉天、吉林等省，则以"日""垧""单绳""双

---

① 程大位：《算法统宗》卷一"量法"条。陈继儒、白石樵：《真稿》卷一二，"查钱谷琐碎易眩之故"。

绳"，为六亩、十亩的区分。所以亩量的大小宽狭，既有一和二、三、四的比例，亦有一和六、十的比例①。

此外值得一提的是，在古代我国境内少数民族聚居的地区往往另有一套独特的计算土地面积的单位，而当时的统治者亦沿袭这些单位登记入赋役册内。上面所举的"垧""单绳""双绳"等就是我国东北满族人所习用的计算面积单位。云南白族人的习俗，双牛耕一日的田叫作"双"，双的四分之一叫作"角"，角的二分之一叫作"己"，己的二分之一叫作"乏"。据《新唐书·南蛮列传》说，"凡由五亩曰双"；而元末陶宗仪在所作《辍耕录》中则以为双"约有中原四亩地"。可见西南少数民族虽用双来计算面积，但折算标准是随时代与地域而有所不同的。直至清代，广西局部地区仍有以"臼"（合二亩）、"纬"（合四亩）作为计算面积单位，而台湾则通用"甲"（约合十一亩）②。

由于土地有肥瘠之不同，也有位置上的差别，所以折亩的办法在上古时便已存在，但到宋元后更趋普遍。顾炎武论述明代的折亩情形和册报亩数的关系最值得注意。他说：自明开国以后，南北各省许多州县都实行了折亩，当时有所谓"小亩"和"大亩"的名称。凡是依照中央规定以二百四十平方步作为一亩的名曰"小亩"，以较多的平方步（以下简称曰"步"）折合成一亩的名曰"大亩"。于是各地有以三百六十步（即一亩五分），或七百二十步（即三亩），或一千二百步（即五亩）为一亩的，甚至有以八亩以上折合为一亩的。州县编造黄册时，使用大亩的数字来上报户部（中央财政部）；但"下行征派"赋役时，则仍用一亩是一亩的小亩来计算。因此，填报的亩数远远低于实际的面积。这就当然有利于官史胥役的舞弊营私；从而更助长了各地"步尺参差，大小亩规划不一"和"赋役不均"的严重程度。其情况直至清代还是如

---

① 参看晏才杰《田赋刍议》（共和印刷局，1915年），第12页。

② 参看拙作《中国历代户口、田地、田赋统计》乙编表25附注、表60注⑨⑰⑱。

此。例如扬州府属各州县，泰州和宝应县均用"大地"起税，高邮、兴化两县则用"小地"起税。但是在赋役全书内，大小地的区别是不注明的①。

总之，历代所记的田亩数字，与其认为是开垦田地的面积，毋宁理解为税地单位的数量。这是在参看拙作《中国历代户口、田地、田赋统计》一书所载各表时需要注意的。

二　度量衡的产生和发展过程及其时代特征

1. 度量衡的起源

应当首先指出，度量衡的产生是与人类交换行为的发展发生直接联系的。在原始社会后期，才开始有氏族与氏族之间的交换。最初的情况是，一个部落或氏族和另一个部落或氏族，以偶然剩余的生产品作为礼物而互相赠送。稍后，两个部落或氏族之间，偶尔也以不同的石器进行交换，如以石矛来换石斧等，但这样的交换只属于原始交换的范畴，是极为稀少，极为偶然的。在这里根本没有使用度量衡的必要。

随着人类历史上第一次和第二次大规模的社会分工——农业和畜牧业，手工业和农业，都相继有了分工以后，不同的氏族或部落就有了不同的产品，可以互相交换，如以谷易羊，或以陶器易黍麦等。但初时的交换方法还多半停留在论堆计件的阶段，对于度量衡的需要仍是不迫切的。交换更进一步的发展，就不仅在氏族之间进行，而且也逐步在氏族内部各成员间进行，这时交换行为已经从偶然的现象转入正规化和经常化了。从此，成堆整件的交换方法便一

---

① 顾炎武：《日知录》（黄汝成集释本）卷一〇"地亩大小"条。原书引万历《广平府志》说大小亩的起因是，由于万历初年张居正执政时，通令全国清丈，该县丈出无粮地甚多，"有司恐亩数增，取骇于上〔从而起税〕，而贻害于民。乃以大亩该（折）小亩，取合（明初）原额之数。自是，上行造报，则用大亩，以投黄册；下行征收，则用小亩，以取均平"。其言当不尽可信。

天一天地显得过于粗率，它往往不适合于交换者双方的实际需要而容易引起争执，为了克服这些困难，便借助于最原始的度量衡方法或器具。这种情况的出现应该是在原始社会面临瓦解的时期了。

用什么东西来作度量衡的器具呢？最初就是人自己本身。人用自己的手足和动作可以测出一定的长度。《孔子家语》说："夫布指知寸，布手知尺，舒肘知寻（八尺），斯不远之则也。"① 《小尔雅》释长度单位命名之由来云："跬，一举足也。倍跬，谓之步。四尺，谓之仞。倍仞谓之寻。寻，舒两肱也。倍寻谓之常。五尺，谓之墨。倍墨，谓之丈。倍丈，谓之端。倍端，谓之两。倍两，谓之匹"。又释容量单位之命名云："一手之盛谓之溢，两手谓之掬"②。《说文解字》亦说人体是度量衡的标准。其说云："寸，十分也。……尺，十寸也。人手却十分动脉为寸口，十寸为尺。……周制：寸、尺、咫、寻、常、仞诸度量，皆以人之体为法。……中妇人手长八寸谓之咫。"③ 以上的记载当然不能认为信史，但把它们用来作为远古时度量衡原始状态的说明，却是未尝不可的。这种传说的来源，基本上是历史事实的反映。古代人对于度量衡可以取法于人身的粗率概念，是从交换的实践过程中获得的。但人身之不同，犹如其面。为了接近平均起见，所以又指明用"中妇人"的手为准，其长八寸名曰一咫，这一说法分明是后起之义。不消说，这样的度量衡方法是十分粗陋的。

较上略胜一筹的办法，就是选择一条平直的树枝来做度器，或借用日常用的盛器（如釜、豆、缶、桶等）去做量器等。但是，这些都不过是临时拿来应用的，并非专做度量衡用途的器具。标准器的制作，这时期内还谈不上。人们对于度量衡的概念，仅为代表三种不同用途的东西，尚没有领会到三者本来相通的原理。

---

① 《孔子家语》卷一，"王言解"第三，此书为伪书之一，有说是魏王肃所撰。
② 《小尔雅》，亦伪书。今用葛其仁疏证本，卷四，度十一（清道光二十年刻本）。又，邹伯奇：补小尔雅释度量衡三篇（清同治刊本）可以参考。
③ 《说文解字》第八下"尺部"；第三下"寸部"略同。

程理浚同志根据《史记·夏本纪》"禹，声为律，身为度，称以出"数语，作出推论说："中国历史上所传说的夏代约当这个时候"（按：指"氏族社会晚期"言，见吴承洛《中国度量衡史》修订本，第 38 页），这似乎是不确切的。因为如果对上引文作全面考察而不断章取义的话，这几句话分明就是《尚书·舜典》"同律度量衡"一语的另一说法，这是已经进入到用音律来制定度量衡标准的时代了，这样高度的文化水平并不是原始社会晚期所能达到的。再则，《史记》这段话特别标明以大禹的声音和躯干为律度衡的取法准则，这一虚构的系统颇与英码相传就是英王亨利一世（1068—1135）的鼻端至大拇尖的长度这个传说相似，同样显著地盖下了阶级的烙印①。所以《史记》这段记载只能认为是在奴隶制或封建制早已确立后的情况，而不应理解为原始社会晚期的史影。

2. 我国社会由奴隶制转入封建制过程中度量衡的发展

由于社会生产力的发展，社会劳动分工的扩大，财产私有制的产生，使得交换经济有了重大的发展。在交换形态上表现为以下一系列的变化：由直接的物物交换发展为扩大的交换形态，更进入一般交换形态以至间接交换的货币交换形态。这时生产中采取商品形态的成分逐渐增加了，于是出现了不从事生产，而只是经营生产物交换的商人。这是社会第三次大的分工，是已经在原始社会崩溃和奴隶社会形成的过渡时期了。

自从奴隶社会确立以后，随着私有制的发展，人们对于财产的计较越来越认真。随着商品—货币关系的发展，对于等价交换的要求越来越明确。因此对于度量衡的准确性不能不加以讲求，从而把计量的标准固定在一种制造的器具上，而有所谓专器的出现。制造的过程也由粗糙而渐趋精确，于是又有所谓标准器的出现，这是由

---

① 在我国历史上确实有过这样的事情发生。北宋崇宁元年（1102）蜀人魏汉津为了巴结皇帝，请以宋徽宗的中指定律度。乐成，赐名大晟乐（《宋史》卷一二九乐志四）。有人替魏氏解脱说，他并不是真的用徽宗的中指长度来定律度，他建议的主旨乃在钳制反对者之口。这件事情在当时传为笑话。

国家明令颁布，令民人一体遵照使用的。

应当再次强调，度量衡三种器具之作为专器，初时只是由于人民在生产和交换上的需要而分别制定的。政府之明令规定只是承认既成事实而把它制度化起来罢了。这里有一个问题：它们发生的次序究竟哪一种在前，哪一种在后？学者间尚无定论。即如吴承洛的说法，便有自相矛盾之处。《中国度量衡史》第六页云："量器之制，发生最早"，第一百页亦云："量制之兴最早"。然第一七三页却说："量衡起于度"，第二一八页亦云："考中国度量衡之制，先定度，而后生量与衡，故籍载大多均详于度，而略于量衡。"按吴氏前后矛盾的原因，由于前说系据《周礼·考工记》"槀氏为量"一段作出来的，其误在于轻信《考工记》所记确实是周朝行过的制度；后说则据《汉书·律历志》所记黄钟之制立论，是从学理上言之。我以为无论在理论上或历史实际上，都应该是度器的发生最早，量器次之，衡器又次之。因为从理论上来说，如前部第三节所述，面积和容积、容量以至重量，均可由长度推算出来，可见度是最基本的。再则从器具制作之难易看来，也是如此。度器的制作，比较容易简单，量器次之，权衡器则不只是较为复杂，需要较高的手艺，而且它的出现，必定是交换经济已经相当活跃的时候了。然而度量衡制度之完全建立的时候，不只是三者各自有其专器（及其标准器），而且这三种器都是同时根据同一标准而制定出来的，这时三者便共同构成了一个整体，然亦以度为基本量，如新莽嘉量便是。这一发展过程从我国度量衡的历史和文物方面也可以得到证实。

我国远古时期的度量衡器具今仍传留下来的，只有相传是安阳出土的商代骨尺一把，今藏南京博物院。商代的数字是十进制，故商尺分为十寸，此尺但有寸，不刻分。诸寸的长度亦不均等，尺中有一槽，剖面作凹形。如果它真是商尺，可见作为奴隶制时期商代的度具还是相当粗糙的。此尺长合零点一六七九公尺，约等于一个手掌的长度，亦堪注意。

从甲骨文字方面，也可说明殷代已有计量长度的工具。甲骨文已有疆字（《殷虚书契后编》卷下第四页七版），从弓从田。据叶玉森的考证，两田相比，自有界限；从弓，知古代用弓记步[①]。今天原始民族亦有拿弓作为丈量土地的尺度的。可见商人大概已经晓得丈量土地和划分疆界的方法。至于弓的长度如何，现时不得而知。因此，商代田亩面积的大小，也就无法晓得。

新中国成立以后，我国田野考古工作有了飞跃的发展，出土文物甚多。然能确定其为西周以前的度量衡器似尚无之。至战国时代的度量衡器还不少，如长沙左家公山战国墓葬出土的木杆天平和砝码共大小九个。可惜我了解的情况很不充分。

我国秦汉时的传世遗物，经过学者的详细考证具有重大意义的，有以下三器[②]：1. 秦商鞅量；2. 秦始皇及二世的权器；3. 新莽嘉量。关于第一种，唐兰同志《商鞅量与商鞅尺》一文（刊1936年国学季刊5卷4号）可以参考。第二种，可参看吴大澂《权衡度量实验考》（清光绪自刊）一书。至于第三种，则古今来考订之者尤众，新莽嘉量，自三国曹魏时起，至清初，至少有过五次发现。今北京历史博物馆尚保存有完整的量一件，又残量一件，抗日战争前，在甘肃省又发现新莽衡附权数件，可惜都残缺不全。新莽嘉量迭经翁方纲、吴大澂、马衡、王国维、刘复诸人做过实物校验以后，其规制已比较清楚。吴承洛的书亦曾据此及《西清古鉴》所记试为推算，其约数与刘复略异。杨宽同志认为刘氏的推算，"自较精密，然犹不能无疑"。

吴承洛认为王莽所改变的，仅为恢复周代的小量，即只改革了秦汉以来的大量。至于从度量衡制度来说，新莽所用五法及其标

---

① 叶玉森：《说契》（《学衡》第31期，1924年7月，及单行本），按以弓记步之说始于吴大澂，见氏著《古籀补疆字》。

② 此外，尚有公刍半石铁权（见黄濬《尊古斋所见吉金图》卷三，第28页），街师子量（前书同卷，第36页），战国十三年权（国别及朝代尚未考定，今在北京博物馆陈列）。其重要意义均不能与以下三器相比。

准、命名、进位等，则仍承袭秦商鞅以来的法规。吴氏说："汉志出刘歆之五法，歆为莽之国师，是汉志言度量衡之制，即为莽制。而刘歆言五法，亦即秦汉之原制。故所变者，非其制，乃其量也"①，就是这个意思。杨宽同志据实测商鞅量之容积与新莽嘉量相同这点事实说道："从此亦可见莽歆之复古，非绝无根据"②。近人认为莽量同于秦量，是实测的结果，否定了吴氏所说的莽量小于秦量的说法。但如结合到具体的历史条件来看，则商鞅量、秦始皇权、新莽嘉量三者是各自代表社会发展过程中不同阶段的产物。理由如下：

我国到了春秋时期，已经发展到奴隶制的末期。当时各国的阶级斗争是十分尖锐的，度量衡的情况也非常紊乱和复杂。统治阶级不只利用度量衡来作剥削工具，同时也运用它作政治斗争工具。最著名的例子莫过于公元前 6 世纪齐国世族陈成子企图夺取齐国政权所运用的策略。当时齐国公室的量制，是以四升为豆，四豆为区，四区为釜，十釜为钟。陈氏私室的量，则以五升为豆，五豆为区，五区为釜，十釜为钟。他对民人放贷时，用的是家量（大钟），收回货物时则用公量（小钟）。用这种小恩小惠的方法，使民心归向自己。卒之，陈氏达到了夺取齐国统治权的目的③。其后，公元前479 年白公胜在楚国发动政变时，也是用同样的方法来争取人心："大斗斛以出，轻斤两以纳。"④ 两个例子都说明一国之内统治阶层可以各用自己的度量衡制，谁也管不了谁。

到了战国时期有不少国家早已进入封建制的初期，但秦国是最晚的一个。直至秦孝公十二年（前350）商鞅第二次变法时，秦国

①　吴承洛：《中国度量衡史》（以下简称"吴书"），第146页。"五法"，就是度量衡的单位名称各分为五，度量衡三者又各用不同之进位方法，即所谓"五度""五量""五权"。

②　杨宽：《中国历代尺度考》（重印版），第32页。

③　《左传》昭公三年（公元前539年）晏婴答叔向语。按陈氏三量器，见吴大澂《愙斋集古录》第24页1—5。三器今陈列于北京历史博物馆。

④　《淮南子》人间训。

才"坏井田，廾阡陌"，废除了西周以来的井田制度。① 统一度量衡的命令，也是同年颁布的。此后便是秦国由奴隶制转入封建制之正式开端，而商鞅量之制作就是这个时期的产物。当时秦国的经济情况是比较落后的。秦献公七年（前378），"初行为市"，早于商鞅统一度量衡时还不满三十年；迨统一度量衡后再过十四年，至秦惠文君二年（前336），才"初行钱"②，又可见交换经济仍未甚发达。货币之出现，是交换经济已有相当活跃的标志。当物物交换已采取一般价值形式的时候，度量衡早已存在了；但仍需等待货币的诞生，才可以免除直接交换的困难而达到货币价值形式的阶段。从这点来看，货币的进步意义是应该肯定的。但度量衡在交易上的作用毕竟比货币还更基本，更重要。因为只有度量衡而无货币，交换还是可以进行的；若只有货币而无度量衡，则物品的单位数量及其价格均将无从确定，交换时的麻烦真不知有多少。

再则，商鞅量的制造似乎也比较粗糙。《史记·商君列传》载："平斗、桶、权衡、丈、尺"③，《说文解字》云："桶，木方〔器〕，受六升"，段玉裁注云："疑当作方斛，受六斗。《广雅》曰：'方斛谓之桶'，《月令》斗甬注曰：'甬，今（秦汉时六斗）斛也'。甬，即桶。"④ 故知这个六斗容器以木为之。按秦量有木、匋、铜制三种，其外口形状有长方、椭圆及正圆形。诏版四角有孔，以便钉于木量之上。故知其制作仍颇粗糙且不尽划一。

今存世商鞅量为铜制之升，其旁刻有秦孝公十八年鞅造量铭文和秦始皇二十六年诏书，应为特别精制之器，但与新莽嘉量制作之精巧相比，仍不可同日而语。

商鞅在秦主持变法，前后共计十九年。他所颁布的一系列的变法令，其目的在富国强兵，建立一个中央集权的强有力的政权。秦

---

① 秦废周百步为亩之制，增至二百四十步，这一改制似亦始自商鞅。
② 《史记》卷六《秦始皇本纪》；卷一五，国年表第三。
③ 《史记》卷六八《商君列传》。
④ 《说文解字注》第六篇上。

国诸宗室的特权自然是他开刀的对象。度量衡制法之颁布的理由自然是要建立一个统一的制度，废除私室的度量衡制，但实行的范围最多只能限于秦国。到秦始皇二十六年统一全国后，便颁布了"一法度衡石丈尺"的诏令，亦不过沿用商鞅的制度标准来统一战国以来各国度量衡的紊乱状态，志在全国范围内推行，这时已是封建主义进入中央集权制的时候了。

秦代的统一局面只维持了十五年。汉兴以后，度量衡未闻有定制的措施，当仍承秦遗制。然又经二百余年，制度必又趋于紊乱。王莽的改制，便企图对此现象加以整齐划一，这时不仅中央集权制已加强，而且封建经济也有了长足的进展，从新莽嘉量制作之精巧亦可获得证明。我国度量衡制之完备而具著于书的，实自前汉书历志始。此乃当时社会发展实际的反映。

新莽嘉量不仅是古今学者考证的重要资料，而且也是三国以后历代封建王朝修订度量衡制度时的主要参考根据。为什么它如此重要？因为它所代表的是一种空前完整的制度。按新莽嘉量的制度，正是与《汉书》卷二一《律历志》第一上所说"用度数审其容"的原则相符。在这一原则之下，从尺度可以计算量的容积，并从而决定它的容量。新莽嘉量，具备斛、斗、升、合、龠五量，我们可以根据此器测定尺的长度，并从器重二钧测定斤的重量。因此，它实际上构成了一个完整的度量衡总体，而彼此之间又存在着相成相通的关系。这个度量衡标准器的制作，不消说需要相当高度的文化和技术水平。它应该是封建制度已经相当成熟时期的产物，所以王莽的度量衡制度，不但后汉沿用，而且它的影响直至清代仍未已。

不但如此，王莽在重订度量衡之前后，亦曾屡次改易货币制度。他初时便假托周钱子母相权的货币理论，最后定下来"宝货五物、六名、二十八品"一套最复杂的货币制度，结果固然是彻底失败了。但他屡次对币制实行改革，这就证明了当时交换经济之发达，已远非商鞅统一度量衡后之十四年才"初行钱"的落后状况可比。王莽所铸各种泉币，在汉时最为精良，其大小轻重，具载

《汉书·食货志》及《王莽列传》。古代泉学专家每用古币来验证古代度量衡制度。他们所用的，不外是王莽的大泉（铜钱）和唐代的开元钱两种。因为在古钱中这两种钱的长度数是历史上比较精密的。

3. 我国封建时代度量衡制度的特征

由上文可知，民间的度量衡是先于官定的制度而存在的，地方的制度又是先于中央制度而存在的。从奴隶社会转入封建社会的历史过程中，双方斗争的结果，是中央制亦即官定制在法令上取得了胜利：但实际上，地方和民间的度量衡仍然保持着它们绝大部分的地盘，并且从全国的经济活动范围来说，它们比起中央制度还重要得多。不错，自从秦汉两大统一帝国相继建立以后，国家权力有了很大程度的提高，而中央集权的加强，则以财产私有制的发展为基础，而私有者的主体则由奴隶主阶级转变为封建主阶级。由于封建社会经济组织的割裂性是与中央集权制不相容的，两者之间既存在矛盾，也需要合作，以便共同瓜分直接生产者的剩余生产品，所以彼此都不能不作一些让步。其结果是中央集权制无法贯彻。这首先表现在作为中央集权制的主要条件之一的官僚制度，其所代表的利益与其说是中央的，毋宁说是地方的封建的罢了。因此，不只是秦始皇、王莽所作的统一全中国度量衡制的企图不能完全成功，就是其后历代封建王朝的此种企图也注定要失败。所以尽管中央颁布的度量衡法令，其首要目的在于便利税收，但对于封建地主阶级的利益必须予以充分的照顾，否则不但税收任务无法完成，而且政权也无法巩固。因此，地方上和民间所用的度量衡不能不落在各地封建地主阶级的掌握之中而归他们支配。所以，作为计量工具的度量衡，其本身原本是没有阶级性的，但在阶级社会里，它便为统治阶级、剥削阶级运用来作剥削工具了。今试将我国封建时代度量衡的特征表述如下：

（1）官定的制度和民用的度量衡之对立和统一的关系

应当首先指出，在我国漫长悠久的封建年代里，度量衡制度之不断更张是一个颇为特殊的现象。每当改朝换代以后，新建立的王朝照例必颁布新的制度，甚至在同一君主年号之内，有时也颁布新制。如隋文帝开皇年间尺度屡变，又诏以古斗三升为一升，古秤三斤为一斤。至隋炀帝大业初，又恢复古制。总之，变来变去，徒然增加人民的痛苦，同时也助长了度量衡的复杂化。至于剥削率之提高体现于历代度量衡单位量之不断增大，这点在本文第一部分业已详述，今不复赘。

必须再次强调，上述的变化趋势是就官定的度量衡制度而言。但官定的度量衡只是用于政府收支方面，民间交易用的却往往是另外一套。两者各自有自己的使用范围，官用的不但不能排斥民间的，往往反把旧日的民间标准转化为自己的标准。所以官民制两者的关系，是在空间上相对立，但在时间上却统一起来了。这种辩证的发展，乃由于它们都建立在同一的社会阶级基础上。因为官定度量衡制度之变革完全以官方利益为转移，而民间度量衡制度则控制在一些经济集团（如行会）或少数特权人物（如贵族或大地主）的手里，两者的合流自是必然的趋势。

用前代的民用标准来作本朝的官用标准，在度量衡变动最急剧的南北朝时期就有许多例证：即如，刘宋时民间所用的市尺（0.2456632 公尺），传入齐、梁、陈后，便成为三朝的乐律尺（官尺）；及后周平北齐后，此尺又成为后周的官用铁尺，当时周朝民间行用的市尺，其长度是零点二九五七六五六公尺。至隋开皇初，又令以周市尺为官尺，周铁尺来调音律。[①] 以上一系列的嬗递变革，无非是要加长尺度，它是通过把前朝的市尺作为本朝官尺的特定方式而实现的。

（2）地方度量衡增大的无限制性及其剥削性质

关于地方和民间的情况，可分为以下几点来谈：第一，由于自然经济在封建社会里占统治地位，各地区大半自给自足，闭关自

---

① 均见《隋书》卷一六《律历志》"审度"。

守，与外界的联系非常薄弱。因此各地区间的度量衡表现为极端参差纷乱的现象。彼此距离较远的地方固不必提了，就是同一县及各市镇的度量衡亦往往不同；同是一市镇，各业的度量衡，又常不相同；同是一业，同是一家，买进和卖出，趸卖和零售，粗货用时的和细货用的，亦常常不同。加以贵族、豪门、奸商、猾吏常常私自制造，至于使用私器更是司空见惯了。所以，对于地方或民间的度量衡要作量的变迁的分析是十分困难的。但有两点似乎值得提出来讨论：其一，各地的度量衡虽无统一的标准可言，但他们量的大小和器具制作之形式及特点，不外是由各该地区生产和交换的情况以及风俗习惯因素来决定的；其二，他们也不能不受官方法律的影响，即如为了供应政府的征求，如岁派、杂派、和买等项，便不得不采用与官方规定相符合的标准，因而地方度量衡的量也只能向大的方向而不能向小的方向演变。更由于私制的度量衡可以任从私制者之意增大，并不受法定标准之约束，所以它们的增率亦比官定度量衡之增率要大得多。吴承洛论述国民党时期的紊乱情形，说"民间应用之裁尺，有合现今市用尺一尺零五六分者，至织布用尺常有合一尺五寸以上者"，"民间实际应用之升，其容量却有十倍此数（指市升）"，"铺店零星卖出，大抵通用十四两上下之秤，其重量在现今市斤之八折至加五厘之间，有时水果秤不及市斤半斤。……店家大批向农家采集原料燃料等，其所用之秤，常合现今市斤一斤半上下，其超出二市斤者，亦间有之。"[①] 这些都可以证明我上面的推论。

第二，由于官用的和民用的两者之并行，这就发生了折算的问题，此中奥妙，并非一般平民所能掌握。于是市面上就有一班专靠这来混饭吃的"市侩""牙行"人等出现，因为只有他们才能搞得明白，这些人可以说是封建社会里商场中的专家。清乾隆末年（十八世纪末），赵翼说："至市斗、市秤，则又有随地不同者；如

---

① "吴书"第299、304、307页。

今川斛大于湖广，湖广斛又大于江南；秤则有行秤、官秤之不同，库平、市平之各别，又非禁令所能尽一。而市侩、牙行自能参校，锱黍不爽，则虽不尽一，而仍通行也。"① 他给这些"市侩""牙行"以颇高的评价，忘记了这些专家是需索相当代价的这个事实。他们的作用，颇与衙门里的粮房、书办相似，只是服务的对象有点不同罢了，前者为商家老板服务，后者则为官府服务，但皆以小生产者及一般消费者为剥削的对象。

　　关于私秤的情况，除了市面公开的需索以外，暗中欺骗的情形亦甚为普遍，如制造或使用违法的私器。《武进县志》载："（明代）毛给事中宪刻其家斛曰：'出以是，入以是，子孙守之，永如是！'盖不多取佃田者。"请看只要出入都用同一的"家斛"，便可以称作"乡贤"，则一般家斛的件数，岂不是"不可有一，不可无二"吗？从新中国成立前的俗语中也得到反映："北斗七星，南斗六星，加福禄寿三星"，这就是说一斤应足十六两秤，如果少给一两折福，少给二两折禄，少给三两折寿。这是劳苦大众痛恨剥削阶级使用小秤的诅咒②。其实早在封建制度刚成立的初期——战国时，憧憬于初民社会的庄子学派已提出过"剖斗折衡，而民不争"③的抗议。渴望大一统出现的法家则把度量衡之权视作君权一部分，把它神圣化起来，如韩非子所说："上操度量，以割（裁）其下。故度量之立，主之宝也。"④

　　（3）封建时期度量衡制度和生产、制作、礼制等发展的关系

　　度量衡的产生固然是交换的发展直接引导出来的结果，但交换的发展是由生产的发展来决定的。如果没有剩余生产品，便极少有交换的可能，所以生产发展和度量衡的发展也有很密切的关系，且越到近现代，关系越为密切。随着近现代科学的发展，度量衡便主

---

① 赵翼：《陔余丛考》卷三〇"斗称古今不同"条。
② 参看程理浚修订本（以下简称"程本"），第126页。
③ 《庄子·胠箧》第十。
④ 《韩非子》第八篇《扬权》（参看梁启雄《韩子浅解》，第56—57页）。

要为生产服务。在封建社会里，这两者的关系也是相当明显的，同时应该看到上层建筑对度量衡的变化也起到一定的限制作用，可惜过去对这方面的讨论很不充分，今试谈一些浅见。

在前面屡次提及，历代度量衡制度是常常地变，而且总是沿着自小而大的方向变的。但这一结论，主要是指官方收支上和市场贸易上所用的而言。对于专为手工业用的度量衡来说，变动是不大的。这点可以从木工尺的变化情况来说明。这一种尺，是于官尺（法定尺）之外，自成为一系统的。木工尺，亦称鲁班尺，或营造尺，它包括旧式建筑业中木工、刻工、量地等所用的尺，也包括旧时车工、船工所用的尺。各地所用的木工尺，在实际上虽亦有长短不齐的情况，但相差并不大。至其规定的标准，据明韩邦奇、朱载堉，以至近人吴承洛诸家的考证，则自春秋末鲁班（或作公输般）将周尺的长度改定以后，根本上没有第二次的改变。姑且勿论这种说法是否绝对化了，但看来木工尺长期变化甚微却是事实。为什么它不受后代官定尺度变化的影响而变化呢？吴承洛的解答是："盖由于木工为社会自由工业，而在中国又系师徒传授，世代相承，少受政治混乱之影响。"[1] 程理俊同志修改为"人民为了自己的便利，也就有了自己一套传统的制度。"[2] 两说皆有部分的理由。除此之外，似乎跟我国封建社会生产技术长期相对停滞性，也是不无关系的。考中国建筑乃是世界建筑中独树一帜的体系。这个体系至汉代已经发展完备。从那时起到半殖民地半封建社会为期两千余年，但建筑之基本结构及部署原则，并无遽变之迹。而"仅有和缓之变迁，顺序之进展；直至最近半世纪，未受其他建筑之影响"。形成中国建筑之特点有两个方面的因素：其一，属于实物结构技术上之取法及发展者；其二，属于环境思想及历史背景者。前一方面的因素，如：1. 我国建筑皆以木料为主要构材，2. 以斗栱为结构之关

---

[1]　"吴书"，第59—61页。

[2]　"程本"，第233页。

键并为度量单位，全部建筑之权衡比例，以横栱之材为度量单位，等等。后一方面的因素，如：1. 建筑活动受旧道德观点的制约。古代统治阶级对于坛社宗庙、城阙朝市，认为宗法仪礼、制度之所依旧，加以阶级等第严格的规定，遂使建筑活动以节约单纯为满足，崇伟新巧创作则受限制。2. 建筑之术，师徒传授，唯赖口授实习，墨守成规，等等。由于以上种种原因，所以我国营造术遂凝固为一定的法式，表现为长期不变的倾向①。因之从鲁班尺分出来的营造尺的长度也是长期不变，这无非是受了技术成规和社会意识形态多方面的影响。更应指出，在古代营造业实际上是一种世代相承的职业，营造工匠的户籍及其身份至少自元明以迄清初是世袭的。

与木工尺的情况有点相类似的，是裁缝工匠所用的尺，叫作衣工尺，亦称裁尺，或布尺。它在历史上的变化情况较为复杂。吴承洛大约根据周礼的传说，说周代衣工原本亦用律用尺（即法定尺）；其后始另自成一系统②，后面这个系统，是指民间衣工所用的尺而言，其长度的变化是很大的，而且各地的情况，参差紊乱不堪。吴氏对此的解释："裁缝事业非代代相承不替，故日久则尺度并无标准。而后来民何通用之尺，亦与裁尺不分，故民俗凡通用尺均视为裁尺，而反以朝廷法定之尺，名之为官尺。"③ 吴氏所论民间通用的尺后来与裁尺不分，确是事实。造成这一现象的原因是民间日用之尺主要是用来量布及裁衣，但造成尺度长短之不同，则由于交换或生产的关系。如前所述，国民党反动统治时期，因为在布匹交易上加尺之风气甚盛，故裁尺有合市尺一尺零五六分者，至织布用尺常有合一尺五寸以上者，则由织布机及技术上的理由来

---

① 以上参看梁思成编《中国建筑史》（高教部教材编审处 1955 年印），第3—9 页。

② "吴书"，第59 页。按周礼天官冢宰 "缝人，掌王宫之缝线之事，以役女御，以缝王及后之衣服"。所述不一定真正是周代的事实，吴氏据此遂谓衣工尺其初亦本于律尺，不足深辩。

③ "吴书"，第60 页。

决定。

还应当注意，在古代，阶级意识和传统观念对裁尺之长短变迁亦起相当大的作用。如唐代度量衡制度分为大小两种。小制是古制，即隋大业中议复的古制，是以汉代的制度为依据；大制是依据北朝迭次增大最后之结果，亦即隋开皇中的制度。大小的比例是：大尺一尺是小尺（亦称黍尺，学者多数认为即后周之铁尺）的一尺二寸，大斗一斗是小斗的三斗，大秤一两是小秤的三两。开元间明文规定："〔小者〕，调钟律，测晷景，合汤药，及冠冕之制，则用之；内外官私悉用大者。"① 可知尽管都是用来裁制衣服的尺，但用于制官服和民服的便各不相同。朝廷冠冕用小尺，民间衣服以至课征布绢便全用大尺。为什么这样规定？理由倒是简单，因为朝服为礼仪所系，为了要保全古制，故仍用古尺为便。但是"礼不下庶人"，民服就只能听其自便。至于官府征收的绢布，不用说是越长越有利，所以非用大尺不可。

在"合汤药"方面，因为一向用的是古方，如果改用新秤称量，恐怕容易出乱子，不如"依样画葫芦"，全盘不作改动为妙，所以唐代仍用小制（古制）配药就是这个缘故。早在三世纪末年，西晋惠帝元康（291—299）中，已有过典型性的发言："裴颀以为医方人命之急，而称两不与古同，为害特重，宜因此改治衡权。"② 这一复古的主张，不知什么原因当日并未见采用。

复古的倾向，在音乐（"调钟律"）方面表现得更为明显，其过程则比较曲折，且与度量衡标准之裁定有不可分割的关系，故有较详细申述的必要。我国历代封建王朝制礼作乐的目的，根本是从政治出发。为了维持封建社会等级和秩序，于是有提倡恢复古礼、

---

① 《唐六典》卷王户部《金部郎中员外郎》；林谦三著、郭沫若译：《隋唐燕乐调研究》附论二《唐代律尺质疑》。

② 《晋书》卷一六《律历志》上"衡权"。《晋书》卷三五《裴秀传》附："颀上言：宜改诸度量，若未能悉革，可先改太医权衡。此若差违，遂失神农岐伯之正，药物轻重，分两乖互，所可伤夭，为害尤深，古寿考而今短折者，未必不由此也。卒不能用。"又参看《三国志·魏书》卷二三《裴潜传》注。

古乐的必要。自秦汉后，历代制乐者都标榜以西周初年的古黄钟律为典则，同时也常用来作为制定度量衡的标准。由古黄钟律来制定的乐，据说是代表西周的"雅乐"传统，亦即所谓"古乐"，以别于后世的"俗乐"和"今乐"。黄钟，相沿说是十二律管之一，且为十二律中最低音。古代用长短不同的管子（或竹或铜或玉管）来审音。管子口径相同的，管长则声低，管短则声高。但周代黄钟这个实物谁也没有见过，谁也不晓得它的实长若干[1]。因此，所谓古黄钟律，只能根据古书记载并试制成器物来进行考订、检查的工作。至于古黄钟律管所发之音，其高低如何，亦即古黄钟律究竟如何，是无从推断和证实的。所以制乐诸家，莫不纷纭其说，纠缠不清。至其争论的焦点，大概是自汉至唐，集中于定律问题，亦即制器的问题。自宋以后使转移到律吕配合工尺方面，亦即奏乐和乐谱方面。所谓工尺，就是五音、十二律的简号。关于定乐律方面的争论，又可以分为以下几个问题：1. 用哪一种乐器来定律呢？西汉京房或后周王朴的"准"吗？晋荀勖的"笛"吗？梁武帝的"通"吗？还是用皇帝的手指（见前宋魏汉津请以徽宗的中指定律）？还是用"管"？总的说来，以管定律的学说占了压倒的优势[2]。2. 黄钟之长若干？一尺？九寸？八寸一分？此三说中以九寸说为最占优势。3. 用哪一种尺度来作计算？黄帝尺吗？夏尺？商尺？或周尺？不论是哪一种尺，都难得有真凭实据。于是 4. 又用积黍法来作参验。所谓积黍法（亦名"累黍法"）就是把黍按照一定的方法来排列，然后实测它的长度，再来和乐律及度量衡制的标准作比较的方法。计分为纵累、横累及斜累三种。横累法，首见于《汉书·律历志》。据载：是以横置之黍，其一粒的长度为一分，十粒为一寸，百粒为一尺（黄钟之长为九十分，即九寸）。汉志又载，计度黄钟之长所用的黍子，是"以子谷秬黍者为之"。光是以

---

[1] 屈原《卜居》云："黄钟毁弃，瓦釜雷鸣"。可知战国时黄钟便已无法考究了。

[2] 许之衡：《中国音乐小史》（商务印书馆 1935 年第二版），第十章《今古定律说之参差》。

上几个字便有许多不同的注解，如"了谷秬黍"，晋孟康解作："子，北方，北方黑，谓黑黍也"，故秬黍应为黑黍。吴大澂释为近世之高粱米，实误。所谓北方，又有人说是山西上党郡羊头山，有人说是河南。"中者"，唐颜师古注："不大不小"。朱载堉则谓"中用之黍，非谓中号、中等之黍。"其实累黍造尺，不过是古时的粗简办法，因为黍有大小之不同，一个一个地累，决不能做到稀密始终一致，横直的度数绝对正确。宋仁宗景祐（1034—1037）间丁度等说得好，"岁有丰俭，地有硗肥，就令一岁之中，一境之内，即以校验，亦复不齐。"① 可见无论哪一种方法，都做不到十分准确。

由上可知，尽管历朝皆以恢复黄钟古乐为名，实际上没有一朝所考订出来的乐律以至乐尺（律用尺）是完全一致的。这是问题的一方面。

另一方面，自两晋以来，尤其是南北朝隋唐以后，由于中亚细亚、波斯和印度的音乐（即所谓"胡乐"）大量地输入，我国原有的雅乐和古乐，也受到深刻的影响而发生变化，其结果便创造性地"醇化出一个新的合成"②。这个新的合成，代表着古今中外音乐体系的融合贯通，代表着我国音乐新的创造、新的发展阶段。所以乐尺长度的争论，《晋书》及《宋史》的律历、乐两志所记特详；前书所记的是变化时期的前奏，后书记的是变化时期的尾曲。但乐尺的变化幅度毕竟还不能不受传统乐律的限制；它的增率比起征收绢布的实用官尺来是小得多的。这就是唐代调钟律用小尺，征租调用大尺的原因。西晋武帝泰始十年（274）后，用荀勖律尺（ = 0.2308864 公尺）调音律，但民间则沿用曹魏尺（ = 0.2417381 公尺），民间尺大于律尺百分之四点七，也是同一理由。

关于唐开元间测晷影用小尺的规定，应当指出，当时在僧一行

---

① 《宋史》卷七一《律历志》四。
② 参看郭沫若《历史人物·隋代大音乐家万宝常》（新文艺出版社 1953 年版），第183—185 页。

主持下，天文测量事业以至历法方面都取得了长足的进展。开元十二年（724），一行为了计算我国各地的昼夜时刻、太阳出没等项目，建议在十三个地点测量北极高度以及冬夏至和春秋分的太阳影子的长。一行派遣了南宫说等在河南滑县、浚仪、扶沟和上蔡四个地点实测了晷影的相差。他据此推算，得出了著名的里差学说，地差三百五十一里八十步，北极高度相差一度。这数据实际上即地球子午线上一度的长，与近代数据比较虽然差误相当大，但这个概念中已包含了"地球的大小"的意义。它彻底推翻了汉代流行的"地隔千里，影长差一寸"的旧说，较之宋元嘉二十年（443）何承天的推算又迈进了一大步。这是中国古代天文学中一个卓越的贡献。今天河南登封县告成镇所存的周公测景台的石表就是南宫说的手迹。石表的形式和夏军日中"没景"之理，可由推算而知；更以现存开元的尺来度它，则和推算结果相符合。一行起草的大衍历，于开元十五年（727）制定。这一律法由于系根据各地实测北极高度来定各地的食分，它确是比同时的其他各历优越。[1]

总之，使用于生产和技术方面的度量衡，除非在生产或技术方面有了相当大的变动，它们的变化率相对于用在交换支付方面的度量衡而言，是比较小的。有时，度量衡的变化率又受到上层建筑如礼仪风俗习惯的影响和限制，而变化得比较迟缓，如唐代制朝服所用的尺是小尺，民间用的则为大尺是。

原编者附记：已故梁方仲教授所著《中国历代户口、田地、田赋统计》一书，即将由上海人民出版社出版。该书所收的资料始自西汉，迄于清末，包括统计表二百一十六表，"表说"二十份，统计图六份，并附有实物图片多幅，是一本以历史学教师、历

---

[1] 阮元：《畴人传》卷一六唐四《一行》下。参看朱文鑫《天文考古录》（商务印书馆 1933 年版），第 10 页；陈遵妫：《中国古代天文学简史》（上海人民出版社 1955 年版），第 46、154 页；薄树人：《一行》，载《中国古代科学家》，科学出版社 1959 年版，第 103—104 页。

史学研究者为对象的工具书。本文是梁先生为该书撰写的一篇附论。其中第二部分原定的第四目：《半封建半殖民地时期度量衡制度的特征》，梁先生还来不及写出，便已与世长辞，只好从阙。梁先生晚年在病中用铅笔在原稿上作了多处批改。由于日久，字迹模糊，有的已几不可辨。本文是由历史系叶显恩同志负责整理的。

［原载《中山大学学报》（哲学社会科学版）1980 年第 2 期］

明代鱼鳞图册考

一　鱼鳞图册之内容

鱼鳞图者，最简单言之，田地之图也。所以图田形之方圆丈尺四至及主名，编列字号，汇订而成册，则名鱼鳞图册（简称鱼鳞册）。清代亦简称鳞册，亦有简称鱼鳞者①。凡田分区段，各有四至，内开某人现业。每县则以四境为界，乡都如之，各有大四至。内计为田若干，自一亩至万亩，自一里以至百"里"（《镇江府志》原文末一里字作"亩"疑作里字为合），各以邻界挨次而往，造成一图。或官或民，或高或汙，或埂或瘠，或山或荡，逐鄙细注，而业主之姓名随之。年月卖买，则年有开注。由是一县之田土、山乡、水乡、陆乡、洲田、与沿河有水利常稔之田，其间道路之所占几何，皆按图可见②。其绘制之次序：先度田形之方圆，次以字号悉书主名，及田之丈尺四至，最后则编类为册。③

二　鱼鳞图册与黄册之关系

按明代版籍，有册有图，册为黄册，图为鱼鳞。黄册以户为

①　康熙《常山县志》（日本宫内省图书寮抄本）卷八《赋役表·田亩》。

②　顾炎武：《天下郡国利病书》卷二三《江南十一·武进县志·额赋》，及同书卷二五《江南下十三·镇江府志·均田法》。

③　《明太祖实录》卷一八〇。

土，详具各户人丁事产旧管、新收、开除、实在之数——四柱式。而鱼鳞图册以土田为主，凡土地之性质诸如原阪、坟衍、下隰、沃瘠、沙卤之别毕具。鱼鳞册以为之经，所以质土田之讼者也；黄册以为之纬，所以定赋役之法者也。[1] 故按图以稽荒熟，为某人现业，则田土不可隐；按册以稽某家某户占田若干，坐落某处，则税不可逋。又凡质卖田土，则每年有开注。户虽变迁不一，田则一定不移。是之谓以田为母，以户为子。子依乎母，而的的可据。纵欲于田土转移过割之际，为诡寄埋没之举，以图逃避税粮，而不可得。此鱼鳞图册之制然也。[2]

三　鱼鳞图册名称之由来

计有三说：

一、以其比次若鱼鳞状得称。如上引《武进县志·额赋》所载："田地以丘相挨，如鱼鳞之相比。" 又如傅维麟纂《明书》所谓："如鱼鳞相比，次汇为册，曰鱼鳞图册。"[3] 又《学庵类稿》亦谓："以其比次若鱼鳞然而名也"[4]，云云。

二、以所绘若鱼鳞得称。如《实录》《国朝典汇》及《皇明大事记》云："以图所绘，状若鱼鳞然，故号曰鱼鳞图册。"[5] 而《明史稿》及《明史》及《钦定续文献通考》亦谓"状如鱼鳞，号曰鱼鳞图册"。

三、以排列先后之序常得变动得称。如《靖江县志》云："靖江之田赋与他县略异，他县赋有恒数，则田有恒额……靖江之赋，

① 王鸿绪：《明史稿·志第五十九》及《明史》卷七七《田制》。
② 参看《天下郡国利病书》卷二三《江南十一·武进县志·额赋》。又关于鱼鳞册推收规定可参阅《天下郡国利病书》卷八四《浙江二·海盐县推收》。
③ 《明书》卷六七《土田志》。
④ 王原深：《学庵类稿》"明食货志·田制"。
⑤ 《太祖实录》卷一八〇，徐学聚：《国朝典汇》卷九一《田制》（万历刻本），朱国祯辑：《皇明大事记》卷八《学校》（崇祯刻本）。

定于五万三千六百，而田有涨坝，时多时寡，不逾年而辄易，则科赋之轻重因焉……故他邑册称‘铁板’，靖册独称‘鱼鳞’，鱼鳞者，参时势而先后次之，非一成不易之则也……"① 又下节所引王祎记元均役之法，谓鱼鳞册亦名"流水册"。意即近于今日活叶（Loose Leaves）之装订。

以上三说，本可并存不悖，故汇举之。

又考万历刊行《会典》"兵部"所载："弘治十六年题准次年该造格眼军册，除有现在编军鱼鳞、类姓等册查算外，果有册籍不存，开具户籍都图里分申呈上司，取册查算"②，则是军册亦有鱼鳞之称也。

四 鱼鳞图册之来源

考宋朱熹绍熙元年（1190）晓示"经界差甲头榜"（漳州）已有："打量纽算，置立土封桩，标界至，分方造账，画鱼鳞图、磉基部……"③ 等语。又《宋史》嘉定十年（1217）婺州举行经界。初，嘉定八年"赵恩夫知婺州，尝行经界，整有伦绪……魏豹文代……为守，行之益力。于是向之上户析为贫下之户，实田隐为逃绝之田者，粲然可考，凡结甲册、户产簿、丁口簿、鱼鳞图，类姓簿，二十三万九千有奇，创库匮以藏之，历三年而后上其事于朝"④。可见鱼鳞册在南宋已甚通行。

王祎记元至正十年（1350）肃政廉访使董守悫均役之法云："……其以田之图相次而疏其号，各亩税粮之数，与得业之人于下

---

① 《天下郡国利病书》卷二四《江南十二》。

② 《万历会典》卷一五五《军政二》。

③ 《古今图书集成·经济汇编·食货典》卷六一《田制部艺文二十六》，《朱文公文集》卷一〇〇。

④ 《宋史》卷一七三《食货上·农田》。

者，曰'流水'，亦曰'鱼鳞'……"①　清袁栋《书隐丛说》小载："元至正二年知州刘辉核正余姚田亩，画田之形，计其多寡，以定其赋，谓之流水不越之部；又画图，谓之鱼鳞才次之图；其各都田亩，则又有所谓兜部者焉；至于分其等第，以备科差，则又有所谓鼠尾册者焉，计其凡六千五百二十余帙，纲举毕张如指诸掌……谓之鱼鳞册"②，皆可见元时亦有所谓鱼鳞图册。

五　明代攒造鱼鳞图册之经过

《太祖实录》洪武二十年二月戊子载："浙江布政使司及直隶苏州等府县进鱼鳞图册。先是上命户部核实天下田土，而两浙富民畏避徭役，往往以田产诡托亲邻田仆"（愚按：明初均工夫役法，计田出夫。其后役法亦以人丁事产为轻重之等差，故富户以田产零星附于亲邻佃仆之户，以图避去重差。详拙著《明代田赋史考略》第一部第十章"役法中"），谓之铁脚诡寄（愚按：亦简称"铁脚诡"，见沈文《初政记》。"铁"亦作"贴"，见《钦定续文献通考》卷二。"诡"亦作"鬼"，见《天下郡国利病书》），久之相习成风，乡里欺州县，州县欺府，奸弊百出，名为通天诡寄（或简称通天诡），而富者愈富，贫者愈贫。上闻之，遣国子生武淳等往各处，随其税粮多寡，定为几区〔愚按：明谭希思《明大政纂要》卷八（浙江巡抚采进本）作："定为九区"，"九"想系"几"之误〕，每区设粮长四人，使集里甲耆民，躬履田亩以量度之，图其田之方圆，次书其字号，悉书主名，及田之丈尺四至，编汇为册，其法甚备，以图所绘，状若鱼鳞然，故号'鱼鳞图册'"③。

---

①　《天下郡国利病书》卷八七《浙江五·金华县》，万历《金华府志》（宫内）卷六《田土》。

②　《危素学士文集》卷二《余姚州核田记》，袁栋：《书隐丛说》卷一八（乾隆刻本）。

③　《太祖实录》卷一八〇。

然后出之史籍，于年代上之记载，辄有出入，今试辨别之：

一，洪武二年说。吴侃《在是集》云："洪武二年（1369）遣国子生武淳等集区中耆民履亩丈量，书主名及四至，次汇为册，名鱼鳞册"①。又柴绍炳《考古类编》亦载："于是又令所在履亩丈量（洪武二年），图其田之方圆、曲直、美恶、宽狭若丈尺，书主名及田四至，如鱼鳞相比，次汇为册，谓之鱼鳞册"②。由上引两条，虽未能遽即断定鱼鳞图册即于同年完成，然至少亦得鱼鳞册之攒造，实防自是年之丈量，又《国朝典汇》关于鱼鳞册之纪事一条，亦是列在洪武元年之后，六年之前③。则二年之说，似非毫无所据。

二，十三年说。沈文《圣君初政记》载："先是洪武十三年户部核实天下土田，惟两浙富民畏避徭役，往往以田产诡托亲邻田仆，谓之贴脚诡；久之相沿成风，奸弊百出，谓之通天诡。上闻之，遣国子生武淳等往各处查定细底，编汇为册，其法甚备，谓之鱼鳞图册"④。是则以武淳等之往各处丈量，是在洪武十三年，而鱼鳞册之攒造亦由是始也。

三，二十年说。《正德会典》载："洪武二十年令本部核实天下土地，其两浙等处富民多畏避徭役，诡寄田产。遣监生往丈量画图编号，悉书主名，为鱼鳞图册，以备查考"⑤。又嘉靖九年（1530），户部题核大学士桂萼清图议内有："洪武二十年核实天下地土，其两浙等地富民，多畏避差役，诡寄田产。遣监生往丈量

---

① （明）吴侃：《在是集》二之七，页八下［崇祯辛巳（十四年）刻］。

② 柴绍炳：《省轩考古类编》卷九《赋役考》（按是书成于崇祯季年，见序文）。

③ 徐学聚：《国朝典汇》卷九〇云："国初两浙富民畏避摇役……奸弊百出，谓之通天诡寄。上素知其弊，及即位，乃遣国子生武淳等往各处集里甲耆民躬履田亩以度量之，图其田之方圆，次其字号，书其主名，及田丈尺四至，类编为册。以所绘若鱼鳞然，故号鱼鳞图册。"

④ 载《神乘》中（四库本子部），又见《图书集成·经济汇编·食货典》卷一二九《赋役部汇考十九之五》，《广百川学海甲集》（《说郛续》卷五）。

⑤ 《会典》卷一九《户部四·州县二·田土事例》页十九（弘治十年徐溥等奉敕撰，正德四年李东阳等重校。四库本）。按此条万历本《会典》已删去。

之，画图编号，悉书名为鱼鳞图册，以备查考"① 等语，似亦系引
《会典》。但均可见洪武二十年间曾令户部核实天下田土。然《明
史稿》及《明史》谓武淳等之丈量亦在洪武二十年。疑为误录
《实录》，以先是命户部核实田土之令与二十年之令混为一谈也②。

　　论断。遣国子生武淳等分赴各州县履亩丈量一条，除见上引
《实录》原文外，以前历年《太祖实录》均未有载。意者《太祖实
录》经三四次之修改③，而致有所删漏，亦未可知。但其不在洪武
二十年，则似无疑义。因但就《实录》原文观之，亦知派遣武淳
等丈量之举，决非同年之事，盖势不能以一月余之工夫而丈量及制
册以进也（按鱼鳞图册成于是年二月）。故愚以为武淳等之派遣，
苟不在洪武二年，即在洪武十三年。然以洪武二年为多。盖二年之
说，除见于《在是集》及《考古类编》以外，《国朝典汇》所载，
亦明谓及即位乃遣武淳云云④。除作据当时《实录》纂成，当亦比
较可靠。故二年之说，或亦较得真相；非若十三年一说之只见于沈

---

　　① （明）章潢：《图书编》卷九〇，第三十页（四库本），又参看《天下郡国利病书》卷二五《江南十三·镇江府志·均田法》。

　　② 按《明史稿·志第五十九》载："洪武二十年命户部核实天下土田，而两浙富民，畏避徭役……奸诡百出，谓之通天诡寄。帝闻之，命国子生武淳等分行州县……量度田市……为册……曰鱼鳞图册。"除首句二十年与《实录》先是之说有出入外，以下文字，几乎完全相同。而《明史》卷七七更因谓"洪武二十年命国子生武淳等分行州县……量度田亩……为册……曰鱼鳞图册"云云，显又是沿《明史稿》之误。又王圻《续文献通考》原载："洪武二十年丁卯冬十二月鱼鳞册成。初太祖既定天下，遂核实天下土田，造成册籍，既而两浙及苏州等府富民畏避差役……奸弊百出，名为通天诡寄……太祖廉知之，遂召国子生武淳等往各处……躬履田亩以量度之……为册，号曰鱼鳞册。"是明谓即位以后不久乃召武淳等往各处丈量也。然《钦定续文献通者》卷二竟载："洪武二十年十二月鱼鳞册成。帝既定天下，核实天下上田，而两浙富民畏避徭役……谓之贴脚诡寄。是年命国子生武淳等分行州县……量度田亩……"云云。是又沿《明史》之误耳。

　　③ 按《太祖实录》卷二五七。建文元年董伦等修，永乐元年解缙等重修，九年胡广等复修。万历时允科臣杨天民请附建文二三四年事迹于后（《明史》卷九七《志第七十三·艺文》），是最少亦经过三次之修改。又《明史》载："叶惠仲以知县征修太祖实录，永乐元年坐直书靖难事族诛"（《明史》卷一四三《程通传》）。则当时忌讳之深可知。而小事之脱略不复载者，亦自意中事也。

　　④ 又余继登《典故纪闻》（万历刻本）卷四亦谓："及即位乃遣国子生往各处……履田亩以量度……"虽未明言有武淳其人，但即位后不久召国子生分赴各处丈量则可知。余书亦根据《实录》而成，此条列在洪武二十年项下。

文《初政记》而已。

然《初政记》十三年户部核实天下土田一语，则似甚合情理。因十四年春正月太祖诏天下府州县编赋役黄册①，则十三年早一岁之预备工作，似为必需。又遣国子生往各处直定细底，似亦无甚可疑，盖明初制以监生供丈量之差也②。但若二年之说果真，则此时恐已无武淳其人在内，盖淳此时决不至仍为太学生耳③。

至如二十年户部核实天下土地之说，似亦为事实。如《明史·吕震传》："洪武十九年以乡举入太学，时命太学生出稽邑壤地，以均贡赋，震承檄之两浙"④。可见十九年际又遣太学生出稽各郡县田土。故翌年仍继续其事，甚有可能。特别如《明史》等所谓仍遣武淳等，则恐为辗转传抄之误耳。

再以各国办理土地调查之经验证之。日本之土地台账，前后凡十一年始编成；朝鲜约八年余；至其他各国，亦大都经过十余年不等；法国所编定之土地登记册（cadastre），且以六十年（1793—1852）而始成功⑤。虽明代土地之调查，决不如近代各国调查之精密，然当时测量技术之窳陋，与各地交通之不便，则举行一次调查，似亦非短时间内所可蒇事。故愚以为二年遣国子生丈量之非，实为鱼鳞册攒造之开始（或早于此时亦未可知，参考下节），其后十三年以至二十年间之丈量，事似亦有之。至两浙及苏州等府县之鱼鳞册之完成，则在廿年二月。

---

① 《太祖实录》卷一三五。

② （明）朱健：《古今治平略》卷一（崇祯刊）《国朝田赋》："国初以监生供丈量之差，履亩画图，有差错则罪之。"又参看章潢《图书编·均田论》。愚按《明史》卷一五〇《古朴传》："洪武中以太学生清理郡县田赋图籍"，则是至少在洪武中年仍行此也。又参看下引《吕震传》。

③ 吾友明史专家吴晗兄为予言，明初国子生迁拔甚易，甚至有由国子生直接授尚书或侍郎者云。

④ 《明史》卷一五一《列传第三十九》。

⑤ 参看王先强《中国地价税问题》第206页（民国廿年七月初版）。

又《续文献通考》① 及《皇明泳化类编》② 均载："洪武二十年冬十二月鱼鳞册成。"今以《实录》考之，知十二月应作二月。

六　杂论

以上论断，均仅就《实录》与各书而考证其异同。然鱼鳞册之攒造，似更在洪武二年以前。按《明史·周祯传》："端复初……元末为小吏，常遇春镇金华，召致幕下，未几辞去。太祖知其名，召为徽州府经历，令民自实田，汇为图籍，积弊尽刷"③。考太祖于元至正十七年（1357）七月克徽州，十八年十二月克婺州④。《常遇春传》："十八年……从取婺州，转同金枢密院事，守婺"⑤。则复初之为徽州经历，当在十九年际。此可见洪武纪元前七八年，徽州已有田土图籍矣。又洪武元年正月甲申诏遣周铸等一百六十四人往浙西核实田亩⑥，似亦与鱼鳞册之编制有关。故倘若二年派国子生武淳等往各处丈量为果有之事，则又可由此推出元年之丈量成绩或不甚佳，或则尚未竟全功，故又有第二次派出之必要（按：周铸与武淳之奉诏，各书皆分条记载，周前武后，似非一事）。

又按《明史·陈修传》："天下朝正官各造事迹之册，图画土地人民以进……自昆山余炌始"⑦。考炌洪武十七年正月晋吏部尚书，十八年四月罪诛⑧。是则田土图册（即鱼鳞图册也）之渐蔚为划一之制度，似在十七八年间已开其端，特至二十年而浙江及直隶

---

① 《图书集成·经济汇编·食货典》卷一二九《赋役部汇考十九》所引。

② （明）邓球：《皇明泳化类编》（隆庆戊辰二年刻本）卷八六《赋役》。

③ 《明史》卷一三八，《乾隆江南通志》卷一三九《人物志·宦绩·江宁府》作"端木复初"。

④ 《明史》卷一《太祖本纪》。

⑤ 《明史》卷一二五《本传》。

⑥ 《太祖实录》卷二九。

⑦ 《明史》卷一三八《陈修传》。

⑧ 《明史》卷一一一《七卿年表》。

等府县之图册始告完成，进呈户部，为一统之模范耳。

钱薇《均赋书与郡伯》中有云："国初……奏置里甲自开公济始……议编轮徭，自崔庄敏公（按即崔铣）始……周文襄（按即周忱）巡抚东南……巡视阡陌，立丘段，造为鱼鳞图册……"① 又《复邑令田赋书》亦云："我国开国之初，委任尚书开济设立十甲以括户，太祖又督监生等沿丘履亩，以区别田地，其后周文襄公造为鱼鳞册，以备稽考，一代田赋，诚无遗算……"② 自行文之语气观之，似有以周忱为鱼鳞图册之创定者之意，然自《实录》考之，知洪武二十年顷浙江苏州等府县之鱼鳞图册，确已造成。意者周文襄公巡抚江南时③，对于昔日之鱼鳞图册，又加以一番整顿，故钱薇云然耳。

又自前第四节观之，宋代嘉定间之有鱼鳞册者为婺州（按即浙江之金华县），元代至正间之有鱼鳞册者亦在婺州及余姚。至明代之鱼鳞册又始成于两浙。此亦可注意者也。

附记：本篇材料之搜获，与见解之形成，多得助于吾友吴晗兄。谨书此以致谢意！

一九三三年七月廿五日于北平清华大学

（原载《地政月刊》第 1 卷第 8 期，1933 年 8 月）

---

① （明）钱薇：《海石先生文集》（原名《承启堂稿》[万历癸丑四十一年梓行] 卷十三，按：薇生于弘治十五年，终嘉靖三十三年，见家传）。

② 同上。

③ 按周忱巡抚江南在宣德五年（1450），见《钦定续文献通考》卷二。

明代黄册考

　　作为政府剥削农民的田赋制度，到了明代达到一种空前的严密的结构。这种严密的结构表现在两个基石上：一为黄册，一为鱼鳞册，这两种册籍的意义，不只代表册籍的本身，并且与赋役的整个制度构成一种有机性的联系，彼此互相影响。此中尤以黄册制度为一切赋役的根据。固然这两种册籍在明以前早已具备；不过以前各朝对它们并没有像明代那样地重视，也没有一样地花了一大笔人财物力和时间去办理，因之无论从地域与规模的广大，时间上影响的深远，或编制方法的整齐划一各方面来说，明代这两种册籍都是远迈前代的。

　　出身于贫农家庭的流氓皇帝朱元璋（明太祖），在统一中国以后，据史传说他"惩元末豪强侮贫弱，立法多右贫抑富"（《明史·食货志》语），确实做了几件快人意的事。他魄力的雄大，不愧为开国之君，即如关于黄册和鱼鳞图册，他便花了一二十年的工夫进行筹备和编制的工作，在他的晚年便成为普遍的制度。尽管并没有收到什么预期的良好的结果，而且百病丛生，害民不浅，但这两种制度不但与明代相始终，并且入了清代，仍然有一部分的办法保留着，只是中间经过些修葺补苴的工作罢了。

　　《明史·食货志》一开宗明义便有近三百字关于黄册的记载，它主要的来源是根据明《会典》，《会典》的记录虽然比较详细，可是只是各种法令的汇编，从它本身找不出一条重要的有机线索。关于黄册的最详尽的记录，莫过于《后湖志》一书——后湖就是贮藏黄册的所在地，即今南京的玄武湖。这一部志书是当时一部第一手的官书。初刻于嘉靖年间,其后迭有增补。笔者在十五六年前从国立北平图书馆善本甲库得观万文彩等修的天启递刻本。此书甚为罕见,南京国学图书馆有一钞本,似向北平图书馆借钞得来。我曾以数月之力将万氏辑本子细钩稽一过,对于明代田赋史上许多重要问题得到一部分的解答。1937 年春,我自北平去南京,每于暇日游玄武湖,踏勘当年故址,游倦以后,静对水色山光,很想将研究的结果写出,好为美丽的湖山添一段参考的资料,但因人事碌碌,迄无余暇。我在南京不久,旋东渡日本,在卢沟桥战事爆发后束装返国,道过京都,复承京都帝国大学文学部陈列馆内东洋史研究会诸君的盛意,以新得来的嘉靖四十五年福建泉州府德化县的黄册原本相示,并代摄影寄回广州。在空袭声中,我收到了寄来的影片和相底。后来我播迁西南,皆以此自随。今年春初我自宁返粤,行箧中携回的书籍无多,但这些摄片和多年前的笔记幸仍然无恙,所以辄先为文发表,以免散失,并了却多年来的一桩心愿。独惜尚有一部分的材料存留在南京,未及利用,补苴之功,只好俟之将来了。

本文的范围只限于黄册制度本身的研究。要说明主要事项:其一,户籍的编制方法,其二,户籍的实施状况。此外并欲对历史上的"衙门"政治,以致"吏胥"行政效率两个问题,附带提供一点暗示。即如在下面将要述及的各种腐化情形,倘以之与最近才被废止的保甲制度以至国民身份证,种种苛政来作一比较,我们必定会发生"于今为烈"的感想。文中有一二节目似乎近于琐碎,且无关宏旨的,但因与笔者计划中所要发表的几篇文章颇有关联之处,故亦不忍割爱。五六十年前西洋学者根据英国 11 世纪末叶遗留下来的 *Domesday Book* 作了许多很有价值的论文和专书,为研究社会经济史的专家所称道。今文因材料本身所限制,愧未能比美前贤于万一,尚请读者原谅。

一　黄册的早期历史及其作用

明代的户籍制度，据《明史·食货志一》所载：

> 凡户三等：曰民，曰军，曰匠。民，有儒，有医，有阴
> 阳；军，有校尉，有力士，弓〔兵〕，铺兵；匠，有厨役，裁
> 缝，马〔户〕船〔户〕之类。濒海有盐灶，寺有僧，观有道
> 士，毕以其业著籍。人户以籍为断。

军籍总握于兵部，民籍掌于户部，匠籍掌于工部，为有明一代通行
之制。户籍的划分以职业作标准，这就是"毕以其业著籍"的意
义。这种方法，与元代辄以种族或地域来区分诸色人户的办法
不同。

但在朱元璋初得天下的时候，有许多制度仍不能不暂时地部分
地沿袭元代的旧制，在户籍方面似乎亦有这种情形，据《实录》
所载：

> 洪武二年（1369）令凡军，民，医，匠，阴阳诸色户，
> 许以原报抄籍为定，不许妄行变乱，违者治罪，仍从原籍。
> （《会典》卷十九《户部六·户口一·凡立户收籍》）

上载的军、民、医、匠、诸色户的划分，在元代已有，所谓"原
籍"当即指在元代末年所编定的原来户籍。

太祖初年，对户籍表示甚为注意，《实录》载：

> 洪武三年二月令中书省臣，凡行郊祀礼，以天下户口钱粮
> 之籍，陈于台下，祭毕，收入内库藏之。

以户口钱粮册籍陪列祭祀典礼之中，恐怕不免有献捷于天及求祖宗保佑的一种复杂心情在内，并且这些册籍想来多是沿用元末之旧，因在干戈甫定之后，一时连核实的工夫都来不赢，更不用说去重新制造了。但不管怎样，太祖对于户籍的推进，确是相当努力。所以在同年十一月便有户帖的设置。《实录》载，洪武三年十一月辛亥，核民数，给予户帖：

> 谕省臣曰：民者，国之本也。今天下已定，而民数未核实，其命户部籍天下户口，每户给以户帖。于是户部置户籍，户帖，各书户之乡贯、丁口、名、岁。以字号编为勘合，用半印钤记，籍藏于部、帖给于民，仍令有司岁计其户口之登耗以闻，著为令。（按上文引自《续通考》，因所载较《实录》略详。）

这是在黄册以前设立的一种户口登记。在后，黄册的编制就是根据户帖的记录，并配合里甲的制度，部勒而成的。关于户帖与黄册的关系的研究，详拙作：《明代的户帖》一文（载《人文科学学报》第二卷第一期，1943 年 6 月昆明出版），读者可以参阅。

又过了十年光景，太祖用试户部尚书范敏的建议，制定了里甲与黄册之法。《明史》卷一三八《杨思义传附范敏传》云：

> 十三年试尚……帝以徭役不均，命编造黄册。敏议百一十户为里，丁多者十人为里长，鸠一里之事，以供岁役，十年一周，余百户为甲，后仍其制不废。

《续通考》记此事甚详：

> 十四年正月，命天下郡县编赋役黄册。其法以一百一十户为里，一里之中，推丁粮多者十人为之长。余百户为十甲，甲

凡十人。岁牧，里长一人，甲首十人，皆摄一里之事。城中曰坊，近城曰厢，乡都曰里。凡十年一周，先后则各以丁粮多寡为次。每里编为一册。册之首，总为一图。其里中鳏寡孤独不任役者，附十甲后，为畸零。每十年，有司更定其册，以丁粮增减而升降之。册凡四，一上户部，其三则布政司，府，县，各存一焉。上户部者，册面黄纸，故谓之黄册。年终，送呈后湖东西二库藏之。

《实录》《会典》与《明史·食货志》所载文字，与上略同。惟朱健《古今治平略》卷三《国朝户役》所载，颇有异文，转录于下，以资讨论：

十四年，诏天下府州县编赋役黄册。以一百一十户为里。推丁粮多者为长。余百户为十甲。甲十户，名全图；其不能十户，或四五户，若六七户，名半图。城中曰坊，近城曰厢，乡都曰里。里各编一册。册首为总图。鳏寡孤独不任役者，则系于百一十户之外，著之图尾，曰畸零带管。册成，上户部，而省，府，州若县各存其一。

其一，《治平略》谓每"甲十户"，与《续通考》《实录》诸书"甲凡十人"之说不同。按《治平略》所载系指里甲制度（即户籍）而言，《通考》《实录》诸书则指赋役制度（即每年每甲应役之人数）而言，两说可以并存不悖。其二，《治平略》"半图"之称，不见于《通考》诸书，但明代方志中往往用此一名词，故足补《通考》诸书所载之未备。又从《治平略》可知"畸零"亦作"畸零带管"，他书亦有作"带管畸零"者，——并且此二字有时亦写作"畸曬"的，见《况（钟）太守集》。复按《通考》《明史》诸书均有"册凡四"一语，此语有补充说明之必要。考明代户籍之编制，以里为单位。地方行政区之划分，则为司、府，及州县三级制。直隶州的地位与府同，散州地位与县同。每里各造册两份，一份为呈缴州县政府之用；一份为存留本里参考之用。里册呈上州县以后，州县汇集全县境内所属诸里所造之册，更制成本州县总册两份，一份上呈于府，一份存留本州县。府复据各州县之册，又制成本府总册两份，以一份上呈于布政司。司又据各府州县所造之册，汇编为司总册两份，以一份上呈户部。最后，户部亦根据各司、府、州县所造之册，编为全国总册，以备皇帝御览。关于户部所编之全国总册，前引各书皆未见记载，事实上当然是有的。凡司、府、州县以至各里存留本地的册子，皆用青纸作封面，惟进呈户部之册，则用黄纸为壳皮，故曰黄册。故所谓"册凡四"者，仅指司、府、州县，及里册而言，户部所编之全国总册并不计算在内。清《无锡县志》卷二七《户口》云：

> 明朝旧制……黄册十年一造……每图民册，解京，解府，解县，并自存草册，共四本。而京册尤为郑重，造完，解南京后湖收藏，以防火也。

不列解司这一份，因为该县属常州府，而该府直隶南京也。

从以上各条看来，可知洪武十四年创立的黄册制度，其动机在平均徭役。编排里甲的目的，一方面在清查户口，但更为重要的一方面是在科征赋役——用现在名词表达，即为加紧榨取。里甲制度是黄册的骨干，黄册上的记录只是编审里甲后所得的结果。所以当时人往往称黄册为赋役黄册（见上），《御制大诰》（洪武十八年）"造册科敛第五十"云：

> 置造上中下三等黄册。朝觐之时，明白开谕，毋得扰动乡村。止将黄册底，就于各府州县，官备纸札，于底册内挑选上中下三等，以凭差役，庶不损靠小民。

《实录》亦载：

> 洪武十八年正月己卯，命天下府州县官，第其民户上中下三等，为赋役册，贮于厅事。凡遇徭役，则发册验其轻重而役之。

以上两条所言，当为同一事件。当时所编的赋役册是以黄册作底本的。总而言之，黄册就是合户口册与赋役册为一的册籍。黄册与赋役的关系，丘濬《大学衍义补》卷三一《治国平天下之要·制国用·传算之籍》一条，言之甚为简明扼要：

> 臣按，所谓版者，即前代之黄籍，今世之黄册也。周时惟书男女之姓名年齿（按此言未可尽信，详下），后世则凡民家之所有丁口事产皆书焉，非但民之数也。我朝每十年一大造。其册，首著户籍〔原注：若军民匠灶之属〕，次书其丁口，成丁不成丁，次田地，分发民等则例房屋，牛只。凡例有四：曰旧管，曰开除，曰新收，曰实在。今日之旧管，即前造之实在也。每里一百一十户，十户一甲，十甲一里。里有长，辖民户十，轮年应役，十年而周，周则更大造，民以此定其籍贯，官按此以为科差。……版籍既定，户口之或多或寡，物力之或有或无，披阅之顷，一目〔一作日〕可尽。官府遇有科差，按籍而注之，无不当而均矣。……

前言里甲黄册之制，肇议于范敏。与敏同时或稍后，而于此事擘画有功者，还有开济一人。钱薇《承启堂稿》卷一三《均赋书与郡伯》云：

> 尝观国初籍人户矣，未有里甲，而奏置里甲，自开公济始。

同书同卷《复邑令田赋书》又云:

> 我朝开国之初,委任尚书开济设立十甲以括户。

按开济,洪武初,以明经举,授河南训导,入为国子助教,以疾罢归。十五年七月召试刑部尚书,逾年实授。其年十二月,以罪弃市。《明史》卷一三八本传谓其:

> 以综核为己任,请天下诸司设文簿,日书所行事,课得失。又各部勘合文移,立程限,定功罪。……敏慧有才辩。凡国家经制,田赋狱讼,工役河渠事,众莫能裁定,济一算画,即有条理品式,可为世守,以故帝甚信任,数备顾问,兼预他部事。

所以开济之参预定制一事,大约可信。

二 黄册的由来

我国户籍的编制,起源甚早。但在明代以前,尚没有叫作"黄册"的。这个名称,究竟怎样得来的呢?关于这点,有两种说法。有些人以为是由于册子的封面上的颜色得来。王鸿绪《明史稿·食货志》卷一所言最为明白:

> 册凡四:一上户部,其三则布政司,府,县各存一焉,册面青纸;惟上户部者黄纸,故谓之黄册。

《万历会典》卷二〇《户部七》所载,洪武二十四年,"奏准攒造黄册格式"一条中有云:

> 其各州县，每里造册一本。进呈册用黄纸面。布政司，
> 府，州，县册用青纸面。

《后湖志》卷八正德六年二月二十一日《户部题准为赋役黄册事》中亦载，洪武二十四年定：

> 总册俱要黄纸为壳面，其余存留司，府，州，县册，止用
> 青纸壳面。

关于黄册一共应有几份一问题，我在前节已检讨过，所以上面"二""四"数目相异的原因，在此不必再说了。

黄册名称的由来，又有人以为是取义于唐代"黄，小，丁，中"之制者。张萱《疑耀》卷二"黄册"条云：

> 今制，丁口税粮，十岁一籍其数，曰黄册，自刘宋时已有
> 之。齐高帝即位，尝敕虞玩之与傅坚意检定，诏曰："黄籍，
> 人之大纲，国之政端"云云，时亦称人籍。今世多不解黄字
> 之义。余偶阅唐开元制，凡男，女始生为黄，四岁为小，十六
> 为中，二十有一为丁，六十为老。每岁一造计帖，三年一造户
> 籍。即今之黄册也。谓之黄，亦自男女之始生登籍而名之耳。

按称小儿曰黄，原不始于唐代。《淮南子·泛论训》已有"古之伐国，不杀黄口，不获二毛"之语。《说苑·敬慎篇》亦载有"孔子见罗者，其所得皆黄口也"一段故事。可见"黄口"一词，在汉已流行。且早在隋高祖开皇二年已有所谓"新令"之颁，定男女"黄"小中丁老之制。至唐高祖武德六年亦有类此的规定，中经中宗神龙元年的修改，至玄宗开元中又复武德旧制（参《册府元龟》《唐通典》《唐会要》《旧唐书》）。故谓黄册"黄"字的取义，出于开元诏令，纵令其解说不误，亦未免失之过迟。又如隆庆申嘉

瑞、李文纂修的《仪真县志》抄本卷六《户口考》亦云：

> 周制，黄口始生，遂登其数。后世黄册之名起此。

与上引《疑耀》之均陷文于望文生义之失。《疑耀》文中又据南齐高祖建元二年诏中"黄籍"数语，谓黄册，自刘宋时已有之（参《南齐书》卷一四《州县志·南兖州》，又同书卷三四《虞玩之传》）。实亦失考。按，宋齐时的"黄籍"，乃与"白籍"对称。盖自东晋以来，朝野盛倡所谓"土断"之法。原来西晋时，北方的户籍，是用竹简做的，"籍皆用一尺二寸札"，名曰"黄籍"；江南则用纸，故曰"白籍"。承陈寅恪先生相告，黄白之分，不仅由于所用材料，如竹或纸之不同。所谓黄籍，乃指旧籍，含有黄旧之意，以别于新的白籍。晋室东渡以后，流寓侨郡的北方人士，手持黄籍，不纳赋役，影响政府收入甚大。所以东晋成帝咸康七年（341）实行土断，把北方流寓人户依其所居之土地断其户籍所属，把他们的黄籍换为白籍。有人考据，谓土断远在汉末西晋已行过（参孙毓棠《中国古代社会经济论丛》页一二七至一二八）。陶希圣、武仙卿《南北朝经济史》（页六二），谓："北方迁移的人户的户籍，名曰白籍；原住人户的户籍名为黄籍。土断就是将白籍改为黄籍，使户籍归于一律。"与前说正相反，疑误。又有人根据《玉海》引《晋令》"郡国诸户口黄籍"及石虎诏语"先帝创临天下，黄纸再定"，以为黄册亦用纸为之。今按石虎咸康二年之诏，原指"三载考积"铨叙官吏时所用的黄纸，与户籍无涉。（《晋书》卷一六〇《载记第六·石季龙上》。）

　　由上所言，黄册之得名，当以第一说"册面黄纸"的理由为充足。倘从现存清故宫所遗留下来的黄册实物的观察，其中有些封皮是用黄绫绸制成的，不专用黄纸。又清代的黄册并不限于户籍所包括的种类，较之明代远为繁杂广泛，可看故宫博物文献馆编的《内阁大库现存清代汉文黄册目录》。

黄册所以用黄色，似与进呈御览有关。按五行家的说法黄是中央的颜色。此时黄色尚非王者所专用，但大约自从唐代以后，黄色便成了御用的颜色。明代的黄册，是需要进呈御览的，故用黄色。

黄册的编造，虽于洪武十四年正月明令全国通行，但其完成之日，各地尚未能一致，如湖广布政司的永州府至洪武十五年黄册始成。洪武《永州府图志》卷首，洪武十六年"胡鉴序"云：

> 本府口洪武九年入籍所报户口钱粮，比较十五年成造黄册之数，大有增益不同。

可见在洪武九年时已有户籍的编制，但至洪武十五年始称黄册。

三　内容与格式

在第一节中我们提到黄册与里甲制度的关系。所谓里甲制，就是以地域相邻接的一百一十户的人家编为一里。在城中曰坊，近城曰厢，在乡、都（即野）曰里。坊、厢、里的户数皆同。每一里之中，有里长十户；其余一百户分为十甲，每甲十户。每十户之中，有一户为甲首。编制里甲的目的，为的是供应政府所需要的徭役。初时仅限于传办公事及催征钱粮两项经常性的劳役，其后征敛日繁，凡祭祀、宴飨、营造、馈送等一切劳务或其代价，皆令里甲人户供应。应役的次序，每年由里长一名，甲首一名，率领一甲十户充当。其余九甲，每年亦各由里长一名，甲首一名，率领一甲十户，轮流服役一次。这样，十年之中，所有一百一十户内的里长、甲首，以至普通的人户，各依次序应役一年。应役之年名曰现年，不须应役之年皆曰排年。十年以内，每甲人户只当"现年"一次，其余九年皆为排年。十年届满，复重新编排，每年仍以一甲应役。故曰"十年一周，周而复始"。

户有等则，普通分为三等九则。等则的编排，根据资产的大小。资产最殷富之户，列为上等一则户。以次，为上等二则、三则户。……最下，为下等三则户。资产的高低，以田地丁口，和其他的不动产如房屋，动产如车船、牛只等合并来计算。其中以丁田两项最为重要。丁多，田多的户，多列为上等。里长，多由此等户中挑出。其余十甲入户，每一甲的资产总数大致与其他各甲的资产总产相差不多。从原则看来，每甲每年的劳苦应当是约略相等的。

里甲制度编排好后，即作户籍登记。户籍普通分为官、民、军、匠四大类。民籍的户数，比较最多，故最重要。每户先记其属于某乡某都某图某籍。然后列记其成丁，不成丁，大口（女），小口，各若干；次载其田地的种类（如官民田之分）及其顷亩之数，如有房屋车船牲口，亦附载其数目于后；最后，登记其应完的夏税秋粮各若干。

每十户一甲，甲有甲首。甲满十户的名曰"全图"；不满十户，仅得四五户或六七户的名曰"半图"。合十甲为一里，每里有里长十户。每里合编一册，名曰"总图"，载列里中丁口税粮的总数。里甲排列的次序，名曰"格眼"。其里中鳏寡孤独之户不胜徭役者，带管于一百一十户之外，列于图后，名曰畸零册。（参看表一：明朝坊厢里甲）

表一															
							明朝坊厢里甲								

县总	坊若干	厢若干	里若干	人户若干	人口若干	夏税若干	秋粮若干								

坊总	丁若干	口若干	税若干	粮若干	某坊	一甲坊长某	二甲坊长某	三甲坊长某	四甲坊长某	五甲坊长某	六甲坊长某	七甲坊长某	八甲坊长某	九甲坊长某	十甲坊长某

续表

厢总	丁若干	口若干	税若干	粮若干	某厢	一甲厢长某	二甲厢长某	三甲厢长某	四甲厢长某	五甲厢长某	六甲厢长某	七甲厢长某	八甲厢长某	九甲厢长某	十甲厢长某
里总	丁若干	口若干	税若干	粮若干	某里	一甲里长某	二甲里长某	三甲里长某	四甲里长某	五甲里长某	六甲里长某	七甲里长某	八甲里长某	九甲里长某	十甲里长某
甲首					某甲里长某	一户甲首某	二户甲首某	三户甲首某	四户甲首某	五户甲首某	六户甲首某	七户甲首某	八户甲首某	九户甲首某	十户甲首某

户籍	官籍匠籍	民籍军籍	一户某某某乡	某都某入某籍	成丁若干	不成丁若干	妇女几口	官田若干	民田若干	夏税若干	秋粮若干	坊厢里甲俱同

录自章潢：《图书编》（《四库》文津阁本）卷九〇第二十三页。

　　里甲每十年重新编定一次，户册亦随之重造一次，名曰"大造"。

　　丁田税粮的额数的记录，分为"旧管""开除""新收""实在"四项。名曰"四柱式"。本届的"旧管"，便是上届的"实在"。"开除"指前届至今届期中人口死亡及出卖田产的数额。"新收"指上造至本造期间人口增加及买入田产的数目。今可列成计算的公式如下：

　　　　　　　　实在＝旧管－开除＋新收。

杨廉《后湖志·序》说："今制黄册所载，人丁，事产（按即财产），其经也；旧管，新收，开除，实在，其纬也。"（黄训辑：《皇明名臣经济录》卷二一）将此中的关系说得很清楚。

关于黄册的格式以至装订之法，洪武二十四年有详细的规定：册本的大小，行款的高低，俱依官颁样册制造。册内字样，照依题本字粗大，俱用真楷书写。各户项下，细开某府州县某坊厢都图军民等籍。册本用厚纸为壳面，用粗大丝索装订，不许用面糊裱背。册内纸张亦不许用粉涂饰，恐惹虫蛀。进呈总册俱要用黄纸为壳面，其余存留册止用青纸为壳面。册面上须写司府州县等衙门并坊乡都里分名目，照式刊印，不许用纸浮贴，以致改换失落，违者治罪。但土官用事，边远顽野之处，里甲不拘定式；余裔夷不编造册。（以上参《后湖志》卷八"正德六年二月二十一日户部题准为赋役黄册事"，及《万历会典》卷二〇。）

四　黄册与鱼鳞图的关系

在本文开始，我们已说及明代田赋制度远较前代完备，因为有了两种较完备的图册作基础。图，是指鱼鳞图；册，即为黄册。关于前者，已详拙著《明代鱼鳞图册考》一文（载《地政月刊》第八期）。本节专就两者之间的关系发挥。鱼鳞图，用简单明了的话来说，就是今所谓的地籍或地亩册，与户籍的黄册是互相为用的。黄册以户为主，详记各户的丁口与产业状况，故凡同属于一业户的坐落不同的土地都登记在黄册中，由此可以明了地权分配的情形。并且，确定了某一业户总共领有土地若干以后，由此可以定科则的高低，赋役的多寡，这是黄册最大的功用。

鱼鳞图册以土地为主，详载土地的形状，性质，等级，及种类，——故凡属于该一地区内所有的土地的状况，均可按图索骥，一目了然。且户口有转移，土地有分割。假如专恃黄册，则于转移分割稍为频繁之时，对于地权状态无法明了且易发生紊乱及弊端。由此可见鱼鳞图册原为补救黄册之不足。万历《武进县志·额赋》云：

> 故按图以稽荒熟，为某人现业，则田土不可隐；按册以稽某家某户占田若干，坐落某处，则税不可逋。又凡质卖田土，则每年有开注。户虽变迁不一，田则一定不移。是之谓以田为母，以户为子，子依乎母，而的的可据，纵欲于田土转移过割之际，为诡寄埋没之举，以图逃避税粮，而不可得，此鱼鳞图册之制然也。

就是这个意思。并且，土地除了发生人事纠葛外，有时亦遭遇自然的变化，如坍没淹冲被灾等情形。各县征收田赋，向例于开征之时，应许人民报灾，政府再派人下乡勘灾，定其被灾的面积与成数。如无鱼鳞图册为根据，绝难达到公平的地步。设有完备的地亩图籍，则某段某丘的情形如何，当能按号查勘，定其减免的成数，转入田赋征册，其手续极为简便。

换言之，黄册很像现代所说的户领丘册，鱼鳞图册则很像丘领户册。若用簿记学的术语来说，黄册的性质近于分类账，鱼鳞册近于日记账。

自行一条鞭法后，摊丁于地，赋役皆从地亩起税，于是黄册在编定赋役的位置上，反不如鱼鳞册的重要。这大约就是嘉靖、隆庆以后，黄册更趋失实的原因。当时多用白册（即一种实征册）去代替黄册。清王庆云《熙朝纪政》卷四记清代自摊丁入地以后的情形，亦可为证：

> 自并丁户以入地粮，罢编审而行保甲，于是黄册积轻，鱼鳞积重。（"纪赋册粮票"条）

同书卷四《纪丁随地起》一条云：

> 照地派丁，即丁随地起之法。其法但以黄册与鱼鳞册相为乘除，即得其实。

所谓"相为乘除",当即谓以黄册中所载的丁则,乘鱼鳞册中的亩数,即得丁赋额数;或以鱼鳞册的亩数,除黄册的丁赋额数,便得到丁则。

由于民田与屯田,分掌于户部及卫所。且由于各州县间有"寄庄"与"寄户"等情形发生,于是一县之中,地籍与户籍的记录往往发生矛盾。如万历广东《顺德县志》卷三《赋役志》所云:

> 屯田籍在卫所。各县之民,附籍顺德,而以田地径入其县者众;邑民亦然。故鱼鳞册与黄册乖异。

总括言之,黄册的主要目的,为征收赋役。洪武二十六年定:"凡各州县田土,必须开豁各户若干,及条段四至。系官田者,照依官田则例起科;系民田者,照依民田则例征敛,务要编入黄册,以凭征收税粮。"又规定:"凡各处户口,每岁取勘明白。分豁:旧管,新收,开除,实在总数。编排里甲,分豁上中下三等人户。遇有差役,以凭点差。"(《万历会典》卷二十《户口二·黄册》)可见黄册与田丁赋役的关系。鱼鳞图册的主要目的,为明了本地的土地状况,附带地要控制土地转移分割的异动。傅维麟《明书》卷六七《土田志》将两者的区别及其相互关系说得甚为明白:

> 而制鱼鳞图册,以土田为主。田各归其都里,履亩而籍之,诸原坂坟衍下隰腴沃瘠卤之故毕具为之经,而土田之讼质焉。制黄册,以户为主。田各归其户,而详其新故移易之数为之纬,而赋役之法从焉。

五　编制与申解的手续

关于编制及申解的手续,洪武年间定:每当大造之年,先由户部查照原定册式,并现今合行事例,刊印榜文册图,差人驰驿赍去各地翻刻，给发所属张挂，晓喻官史里甲人等依式攒造，俱限年终进呈。

各州县有司于奉到户部的榜文图册的式样以后，即将一户的定式誊刻印版，给与坊厢里长并甲首，再分发各户，令其自将本家人丁事产依式开写。各人户供写以后即付与该管甲首，甲首将本甲十户的丁产亲供，送与现役坊厢里长。现役坊厢里长即将十甲的丁产亲供，攒造一处，订作册本，送与本管州县衙门。

州县衙门官吏将各户亲供，仔细查算，如无差错，仍发该里依式誊写完备，再送本管衙门类总。

各里文册既具，州县衙门将其类总，填图完备，仍依定式，将各里人丁事产攒造一处，另造总册一本（亦名类册），其中分豁各乡都人丁事产的总数。正官，首领官吏，躬亲磨算，查对相同，于各里并本州县的总册之后，一律开写年月，书名，画字，用印，解赴本府。

府提调正官，于所属州县文册，躬亲磨对讫，依定式另造总册一本。于内开豁各州县人丁事产总数，并于各州县造到各项册后，一体开写年月，书名，画字，用印。如系直隶府州，就便由本府委官一员率各州县提调造册官，并该史直接亲赍户部。

其布政司所辖府州县解到文册，由本司官史躬亲检阅，磨算相同，依式类造总册一本，于内分豁各府州人丁事产总数，并于各府州所造的总册之后，填写年月、书名、画字、用印。由司委官一员，率各府州县官吏，亲赍户部。俱限年终进呈。若限外未到，行移各处巡按御史，就将各承行官吏俱照取供住俸问罪事例发落。

总括以上所言，由各户按照户部所颁的定式填报本户的丁口财产，交付甲首。甲首汇集本甲十户的“亲供”，送给坊、厢、里长。里长将本里十甲的亲供，订成册子，送给州县衙门。州县汇编县内各里册为县总册，呈报府衙门。府依样地汇报于布政司。司汇报于户部。部类编全国总册，进呈御览。这一级一级的公文旅行，到了布政司的阶段完成时，便由司委官一员率带各府州县的大小喽啰浩浩荡荡地开到京城去。这个旅行团的组织，委实大得可以。

成祖永乐十九年国都北迁，户部遂分南北。英宗天顺五年定，凡司府州县总册，各委官吏亲赍送呈北京户部查考，然后进呈御览。其各里文册，另差官径送南京户部交纳。（以上根据《万历会典》卷二〇《黄册》，卷四二《南京户部》；《后湖志》卷五《事例二》"弘治三年十一月南京吏科给事中邵诚等奏准为黄册事"，卷七《事例四》"正德五年九月南京户科给事中何亮奏准为大造赋役黄册事"，卷八《事例五》"正德六年二月二十一日户部题准为赋役黄册事"。）

各地黄册送到南京后湖的限期，今据《南京户部志》（日本前田侯家尊经阁藏卷五，页二十四）"黄册到湖限期"一条所载，依其日期的长短，排列如下：

> 浙江限二十日　江西二十二日　江西行都司二十二日　河南三十日　山东四十日　北直隶五十八日　福建六十五日　辽东八十五日　广西九十日　湖广九十日　山西九十日　陕西一百零五日　四川一百五十日　贵州一百五十日　福建行都司一百五十日　云南一百八十日　广东（不详）

以上由各地起送至解达后湖的日数，大致是根据距离的远近与交通状况的难易而斟定的。

六　大造及其费用

随着里甲排年的重编，黄册每隔十年重造一次，名曰大造。在十年当中，遇有人口的生死，田地的买卖，都随时分别登记在各户的"新收"或"开除"项下，以为税粮过割的凭据。

凡典卖田土，过割税粮，各州县置簿附写。正官提调收掌之。

随即凭薄推收。每年终通行造册解府。故曰"一岁会比实征，十年攒造黄册"。（参《皇明制书·明令》卷一《史令》，及章潢《图书编》卷九〇《赋役版籍总论》。）

每当大造之年，本县官吏将新册比照上届原造黄册"旧管"额数仔细查算。如十年之内，人口有新增死亡，田粮地亩有开耕、买卖、过割等情形，俱于"新收""开除"及"实在"三项下分别登记作数（即计算）。这种查算比照的工作，名曰："会比"。

黄册虽说是十年一会比，事实上内容变动甚少；因为里甲排年的次序一经编定，便以维持原来的面目，不使有根本的变动为原则的缘故。洪武二十四年定攒造黄册则例：凡各县田地等项，买者从其增添，卖者准令过割，务使不失本县原额。其排年里甲，仍依十年前原定次第应役。如有贫乏，则于百户中选所纳丁粮额多者补充。其上中下三等人户，亦照原定编排，不许更改。果有消乏事故，有司验其丁产，从公定夺。一图内有因事故以至户亡绝者，于畸零户内补凑；如无畸零，方许于邻图多余人户内补凑。上面的原则，明代历朝皆遵行，无非想维持往日编制的完整，且便于政府所要收的税粮有了着落，不至亏空原额。这种办法，当然很难切合实际，也就难以达到公平；所以，在人户方面，或则花分诡寄，或则逃亡流窜，以求脱除重赋重役。这样一来，里甲制度更难以维持，黄册编制愈来愈失实了。

造册的费用，在地方上是一种经常的负担，故需预先筹划，以免临时无着。如山西太原府代州的崞县，其"听差"项下，编定每年黄册银五十两八钱余（嘉靖《崞县志》卷四）。这一笔费用，或由丁田两项分摊，如嘉靖初年武进县（江南常州府属）规定，造册纸张笔墨并解册什物盘缠等项，由每人一丁，每田一亩，各出钱若干文支应（万历《武进县志》卷三《钱谷一·户口》）。湖广巴东县（宜昌府属）攒造军，黄二册，纸劄工食共银八十九两零五分有奇。"初亦科派于小民，至万历间乃议兑于税赎银项内四六兼支。"（明李光前修，旧钞万历三十四年本，《巴东县志》卷三。

参万历《榆次县志》卷三。）

七 造册人员与监造官员

攒造黄册的人员，在里甲长方面是纯粹尽义务的。此外，另有一班在官府领受工食的胥役，为有给职，他们可分为两大类：一为"书手"，专司抄写事官，一为"算手"，专司计算工作。这些胥役人数，在许多地方是有一定的。例如福建泉州府属的德化县，规定每当大造之年，书手一人，贴书（即副书手）二人（嘉靖《德化县志》卷三）。

黄册到了弘治以后，日趋草率，弊端渐多。当时纷纷议立各地方专官，督理攒造，以便责成。孝宗弘治三年十一月南京史科给事中邵诚等奏准，各处大造黄册，俱责成分巡，分守，知府正官。其州县监造官员，则不拘正佐，但推选行止端庄、年力精锐、干办明敏者，专管其事。仍先令里书抄写原本旧管额数，交与监造官收掌。监造官就拘排年里甲亲报似册（即草册）供词，细开人口及税粮消长出入的数，并户籍原由等项。其有旧本宿弊，许自首改正，免罪。监造官参详考订攒造稿册，然后别选谙晓书手，依稿誊写，定限二三月，完送本府。知府亲自磨对，仍拘原供排年里甲覆审明白，申送分巡，分守处辨验，印封类解。（《后湖志》卷五，《万历会典》卷二十。）世宗嘉靖九年又题准，吏部将浙江等十三布政司官，每司各推一员，疏名上请；及行南北直隶巡抚、按察官，会推所属佐贰官；每府、州各推一员，疏名上闻，各提调督理大造黄册，俱不许别项差占。（《后湖志》卷十南京吏科给事中柯相《奏为乞定委专官以救版图极弊事》。）及穆宗隆庆四年三月南京户科等衙门管理黄册给事中等官张焕等《奏为敷陈愚见以慎重图籍事》，其中"专督理以便责成"一款，重申弘治初年邵诚之议。（前书，同卷。）但不论政府如何郑重其事，黄册的颓势已无法挽回了。

八　后湖查册职官人员

明太祖建都金陵，令天下各处所造黄册俱送户部，转送于后湖收架。至成祖迁都北平，诸司庶务，类多随驾而北，但后湖之藏，仍然不动。明时后湖的形势，据说"广周遭四十里，中突数洲，断岸千尺，形势天造地设"。正德八年杨廉作的《后湖志·序》（见黄训辑：《皇明名臣经济录》卷二一）甚至说，"都迁而藏册之所不改，始知太祖高皇帝之远虑灼见"，这种肉麻的鬼话，我们姑不去理他。但由此可以想见当时的后湖，定必为一片荒凉水国，与今日五洲公园的旖旎风光迥乎不同。这种认识，对于我们马上就要谈到的问题的了解颇有用处。

洪武二十四年是明代第二次大造黄册之年。为求记录准确起见，太祖特别大规模地动员国子监学生去担任查册的工作。是年定制：每册完，奏委监察御史二员，户科给事中一员，户部主事四员，并取拨国子监监生一千二百名过湖，在湖歇宿，以旧册逐一比对新册奸弊。事完，一同复命。——及国都北迁，因程途不便，经本湖主管人奏请，户部覆题，止令管册官复命。

据《南雍志》（明黄佐撰，钞本）卷二载："辛未，洪武二十四年八月乙卯朔，初令监生往后湖清查黄册。"这次人数规模之大，是一千二百名。至景帝景泰六年闰六月南京国子监祭酒吴节等奏，因南京钱粮不敷，人民艰难，乃减取监生八百名查理。到了宪宗成化初年，查理监生人数虽仍旧例取八百名过湖，实际上只有二百余名。所以孝宗弘治六年十月，索性奏准实取三百五十名，但以后实际过湖人数仍不过二百余名而已（参看《后湖志》卷四至卷六）。

为什么查理监生总是不足法定的额数呢？因为湖上生活太苦，弱质的大学生们既不愿遵前命往，多设法规避，即便过湖以后，亦有私逃的。弘治十七年祭酒章懋《举本监弊政疏》云：

一，近因户部奏准取拨监生往后湖查册，缘彼处冬月苦寒，夜不灯火（按，此为湖中禁令，以策安全）。夏月盛暑，又多蚊蚋。兼以土地卑湿，水泉污浊。监生到彼，多致疾病而死者。以故畏难而不肯去。往往告求养病，及搬取，毕姻，依亲，就教职等项，以避其差。查得先年查册之时，监中人多，尝拨七百名分作两班，往来替换，犹以为苦。臣窃谓好逸恶劳，人情之常。查册一事，比之其他短差及坐班，委的劳逸相悬，不可不为之所也。如蒙乞敕该部计议，合无将查册一月者，准算坐班两月。使人有所激劝。而忘其劳；或别作区处，以增添监生如先年之数，使得分番更换。庶几公务易完，而人情乐从，此又优恤监生之一事也。（章懋《枫山集》卷一）

关于私逃监生的处罚，是革退为民。《南雍志》卷一五载：

嘉靖十九年本监监生卢林，差拨后湖查册。逃回一十二年，方行捏故起送。南京礼部奏闻，照嘉靖八年奏准事例，不分在监在历，私逃回籍半年之上者，一体革退为民。

一方面，查册的监生人数愈来愈少；他方面，黄册的数目以至其讹误弊漏之处愈来愈多。其结果，使查册事宜壅滞多年，犹不能蒇事。武宗正德十二年四月南京户科等衙门给事中等官易瓒等《题准为清理黄册比例准历以均劳逸事》云：

先年查理黄册，取拨监生八百名。彼时册内弊少易查，人无负累。近年虽取监生三百五十名，其实过湖止二百余名，而册内奸弊有倍于前……况前项文册，已越五年，尚未查完一半，盖由册多人多，卒难完结。（《后湖志》卷九）

又，世宗嘉靖二年十一月，南京吏科等衙门给事中等官彭汝实等

《奏准为申严后湖禁例以重版图事》其第七款说：

> 臣等切见过湖大查，近以册多人少，已经三季过湖。实计十八个月，且尚未得完成南直隶一省。若以北直隶十三省计之，则将不止十年以下，（新册）解且至矣。（《后湖志》卷十）

汝实上面的推算，证以嘉靖五年四月南京户科等衙门给事中等官赵永淳等《题准为清理黄册议处重历以便清查事》中所记，大约是应验了。因为直到嘉靖五年，已经过四年的光景，才将南北两直隶的黄册清查完竣。永淳题道：

> 近年虽取监生三百五十名……其实过湖止有二百余名……人怀疑惧，不愿过湖……切念嘉靖元年天下黄册，即今已过四年，南北直隶黄册方才清查完结。其各处黄册，俱未及查。盖因册多人少故也。况驳造黄册（即驳回再造之册），往返之间，动以岁计。（前书，同卷）

比较迅捷的清查，是在弘治四年开始的那一次。那次，到了弘治九年始告完毕，共用去银不下二万余两，见弘治十四年十月南京户科给事中李瓒等《奏准为清册籍以端本源事》的题本中。该题本又说：

> 照后湖黄册，自洪武以来，至正统年间，始一清查，置立总数底簿。正统以后，首至弘治四年，又清查。俱在四五十年之外。（前书，卷六）

上文"自洪武以来，至正统年间，始一清查"，与前引景泰六年吴节等奏似有抵触。但无论如何，幸而这种查册工作是不常举行的，否则监生们恐怕要累死了。

九　后湖管册职官及晒册人役

管册职官，明初以户部侍郎带管。至宣德八年始设户科给事中一员，及户部广西司主事一员，专管黄册（参《明史》卷七四《职官志三·卷科》）。

以给事中专管册籍，第一任为张祐；以主事专管，第一任为朱信。（《后湖志》卷三《事迹三》"管册职名官职"，邓球《皇明泳化类编》卷八六《赋役》，王圻《续文献通考》。）

管册官员，是一种肥缺，能不受贿赂的，便有资格入传。康熙《常州府志》卷二四《人物三》载：

> 徐常吉，字士彰，武进人……登万历进士。累迁南京户科给事中。户科，故摄后湖黄册，所入不赀，常吉矍然不染，惟用史人录书数百卷而已。

好在吏人有的是闲工夫，活该为清官抄写几百卷书。

《万历会典》卷四二《南京户部》载："洪武初年制，凡各处造到黄册，每年终由后湖主事将查过黄册起数，造册进缴户部。"但据前面看来，洪武初年并没有管册主事一职。故想这一条规定是在宣德间设立管册专员以后。

弘治三年十一月南京史科给事中邵诚等奏请给与印信关防（《后湖志》卷五），至正德十五年始降管理后湖黄册关防（王圻《续文献通考》）。

关于晒晾黄册人役：洪武，永乐，洪熙年间皆定每年于国子监取拨监生五十名晒晾，后废不取，以工匠代之。正统元年（1436）九月十三日户科给事中张祐题准照依旧例，于国子监取拨监生五十名，相兼原有人匠晒晾，其后遂为定例（《后湖志》卷三《事迹三》）。张祐的题本说：

> ……年在库黄册不下四十万本，内多虫蛀浥烂，原定晒晾
> 人匠五十名，近……发到人匠五十名，内有老幼残疾及死亡事
> 故不与金补。黄册数多，人匠数少，实不堪用，中间识字者
> 少，凡遇晒晾堆架，多致错杂。今合无……照依洪武永乐洪熙
> 年间事例，国子监取拨监生五十名，相兼人匠晒晾。（《后湖
> 志》卷四《事例一》）

因为册多人少，所以正德十五年给事中易瓒，及嘉靖四十一年
陆凤仪等先后题请增添晒册人役的名额（详后）。

十　黄册库架与黄册的数目

每届十年造册之期，先期题准行北京工部转行南京工部，预先
盖造册库三十间。每库三十间，编库夫一十名看守晒晾，只于南直
隶应天府属上元江宁高淳等县佥派。库匠每月给工食银六钱。册库
因地势或分东西，或分南北，或分前后。每库一间，面积约十余
檩，为册架四座，每架三层，列以木板，架顶用板盖，以防水渗
漏。当时后湖分为三洲：旧洲册库架，贮洪武十四年、洪武二十四
年、永乐元年、永乐十年、永乐二十年、宣德七年、正统七年、景
泰三年、天顺六年、成化八年、成化十八年，弘治五年等年份的黄
册；中洲（即当时天语亭下龙引洲）册库架，贮弘治十五年、正
德七年、嘉靖元年等年份的黄册；新洲（即莲草洲）册库架，贮
嘉靖十一年、嘉靖二十一年、嘉靖三十一年、嘉靖四十一年等年份
的黄册——以上各年的册库及册架的数目，《后湖志》都有记载。
至嘉靖十一年以后库架的数目不详。计自洪武十四年起，至嘉靖
四十一年止，共存册库五百四十七间，册架二千一百七十四座。
原本每届大造之年，添建册库三十间，每间有册架四座。所以

若核算应有的册库及册架的数目，当不止此。但因为历年久远，库房失修，以至倾倒，故仅得如上数。例如洪武十四年的册库，至嘉靖四十一年时仅存九间，册架共计三十五座——可知已少去册架一座。又永乐元年，南北库共计二十九间，册架一百二十座——这里应又不止每间四座之数，永乐十年，计南北库各十七间，南北小库各七间，共计四十八间，亦超过每届库房三十间之数。以上列举的例外，皆由于后来改建，并非原来的建筑如此。自弘治十五年起，各年份所建皆为库三十，间架一百二十座。

库房的数目：至弘治三年共计存四百余间，至正德七年共计三百八十三间，正德十七年共计四百一十三间，嘉靖四十一年共计五百四十七间，万历十四、十五、十六年间，共六百零七间，万历二十年共九百余间。（以上根据《后湖志》卷二《黄册库架》；卷四《事例一》"正统元年九月十三日户科给事中张祐题准为黄册事"；卷五"弘治四年题准为故违禁例以开弊端事"；卷六"弘治五年六月南京户科给事中杨廉奏准为黄册事"；卷九"正德十五年五月南京户科给事中易瓚题准为量添晒晾人匠以全版籍事"；卷十《事例七》"嘉靖十六年十月给事中曹迈，主事艾希淳等题为圣裁以苏民困以永治安事"；同卷"嘉靖四十一年九月南京户科等衙门管理黄册给事中等官陆凤仪等谨奏为重版图清宿弊以垂久远事"；同卷"万历十六年六月南京户科给事中吴之鹏题为及时修理册库等事"；同卷"万历二十年八月南京户科管理黄册给事中颜文选奏为目击时艰等事"。关于地方政府的黄册库藏事宜，可参看万历三年刻本《东流县志》卷七《署传考》。）

关于黄册的数目；我们首先要检讨各处进呈黄册的衙门的数目。据《后湖志》卷二《进册衙门》云：

> 谨按《大明会典》，国初沿元，以京畿应天等府直隶六部，改行中书省为十二布政使司。永乐十八年革北平布政使司为直隶，添设贵州，云南，交阯三布政使司。宣德十年交阯裁

单。今按后湖黄册，洪武间已有云，贵，而永乐十八年后，无所谓交阯册者，岂此或后之补造，而彼则除其籍也与？然天下进册衙门，国初至今开添不一。……

按《后湖志》说洪武间已有云、贵的黄册，恐是后来的补造，想是不错的。但它以为永乐十八年以后，并没有安南册，恐是在后所开除，则似不确。因为当时安南虽已入中国版图，但一切治理始终未完全就绪。且洪武二十四年曾经规定"裔夷不编册"（参看本文前第一节）。据《后湖志》所载，各处进册衙门，弘治十五年总计一千七百三十一处，嘉靖二十一年总计一千六百八十三处。所包括的衙门，有司、府、州、县、军民府、宣慰司、宣抚司、安抚司、招讨司、长官司、各卫军民指挥使司、千户所、盐运司、盐课提举司、上林苑监、巡检司等。由此（再证以作者读方志所得），可知明代的黄册，亦包括军籍、灶籍……种种在内。或以为仅包括民籍一种者，实误。

其次，再讨论黄册的册数。就每届所造的数目而言，这原本是增减不一的。据《后湖志》卷二《事迹二》"黄册数目"一门所载：洪武初年本库现存之数，共五万三千三百九十三本；弘治十五年奏缴之数，共六万七千四百六十八本；嘉靖二十一年奏缴之数，共六万五千八百五十九本。又据嘉靖二十四年五月南京户科等衙门给事中等官甄成德等《题准为修理册库慎重图籍事》说道：

况每十年一库架，册六万余本。（《后湖志》卷十）

由上可证明每届所造，皆为六万余本。《明书》卷三十九《方域志一》约计南北直隶府二十二，州三十六，县二百一十三，承宣布政使司十有三，领府一百三十八，州一百四十六，县九百四十三。编里六万九千五百五十六。即约为每里各造一册。更就洪武、弘治、嘉靖三届造册的地域作分析，南直隶及浙江布政使司所进的册数最多，皆在一万本以上；江西次之，在八千至一万本以上；贵州最少，洪武初年仅存两本，弘治十五年及嘉靖二十一年亦不过一百数十册；云南册数亦少，洪武初年仅二百一十九本，弘嘉两年份皆在六百四五十本左右；其他各布政使司（除广西，洪武初尚存四百三十一本以外），皆至少在一千本以上。（表二）

表二	洪武、弘治、嘉靖三年全国分区黄册本数		单位：本
分区	洪武初年	弘治十五年	嘉靖二十一年
全国总计	53393	67468	65859
南直隶府州县	10155	13385[(a)]	13174
北直隶府州县	2264[(a)]	3180	3038
浙江布政司	12505	10444	10405
江西布政司	8011	10369	10052
山东布政司	3870	5988	5784
山西布政司	3153	4403	4200
福建布政司	3482	3590	3700
河南布政司	1750	3697	3266
广东布政司	1939	3220	3265
湖广布政司	2737	3148	3023
陕西布政司	2804	2469	2431
四川布政司	1071	1555	1554
广西布政司	431	1204	1179
云南布政司	219	641	655
贵州布政司	2	175	133

注：根据《后湖志》卷二《事迹二》页一至页四作。

（a）本年原属北平布政司。

最后，就历届积存库中的黄册总数言之，正统元年在库黄册四十余万本（《后湖志》卷四"正统元年九月十三日张祐题"）。弘治初年在库黄册通计七十九万二千九百本（前书卷九"弘治三年闰九月户部议处清理后湖黄册事宜"），至正德七年止各库收贮黄册一白万余册（前书同卷《事例六》"正德十五年五月易赞题"），至嘉靖四十一年大造止，各库房收贮黄册已盈二百万册（前书卷十"嘉靖四十一年九月陆凤仪等奏"）。

黄册定每十年一大造。有明一代，共造过二十七次，计为：洪武十四年，洪武二十四年，永乐元年，永乐十年，永乐二十年，宣德七年，正统七年，景泰三年，天顺六年，成化八年，成化十八年，弘治五年，弘治十五年，正德七年，嘉靖元年，嘉靖十一年，嘉靖二十一年，嘉靖三十一年，嘉靖四十一年，隆庆六年，万历十年，万历二十年，万历三十年，万历四十年，天启二年，崇祯五年，崇祯十五年。按第一次攒造在洪武十四年，第二次在洪武二十四年，第三次本应在建文三年，大约因为当时朝廷正在用全力应付"靖难"军事，故未能如期攒造，一直延了两年到永乐元年才继续举行。第四次攒造是在永乐十年，距离上届大造之年仅仅九年。自第四次攒造以后，皆隔十年如期举行一次，终明之世始已。（以上根据《后湖志》全书，及参考《明实录》。）清顺治十三年，巡按福建兼管盐屯监察御史朱克简《题为停造无益之黄册事》中说道：

> 臣等细查科臣移送旧造黄册，系崇祯十五年，竟预造至二十四年，其间户口多寡，皆预定遥度，原非确数。况造册工价诸费烦多。……（《前清内阁大库题本》，原件藏清故宫。）

这预造的崇祯二十四年的黄册，尚未能应用，而明祚已移，由此亦可知当时黄册虚伪情形之一斑。

以上各次攒造，其中以洪武十四年黄册为始祖，及洪武二十四年奏准造册格式，以上两造皆为军匠里甲根源所在。次则，永乐元年之册，亦为重要。自永乐十年以后之册，内容陈陈相因，更改较少（《皇明名臣经济录》卷二一杨廉《奏为黄册事》），嘉靖二年（或三年）十一月南京吏科等衙门给事中等官彭汝实等《奏准为申严后湖禁例以重图籍事》其第五款说道：

誊老册以防磨灭。臣等切见万年黄册，自洪武以下，永乐而上，一应军匠事由，历历可据，凡天下埋侵混争，每奏辩行查者，往往赖此以定。嗣是而下，人心渐俞，法亦渐纵，时愈近而奸愈滋，纸张反多浥烂，实有不足凭者，安得与老册比哉！（《后湖志》卷十）

所以这些老年的册子，亦名曰"铜版册"，盖以其一成而不甚变动之故。（见《后湖志》赵官正德九年跋。）

在本节内我们将黄册库架以及黄册本数作了一番很详细的检讨，其目的在说明后湖所藏的黄册之紊乱，为不可幸免之事。因为库房失修以至倾圮，更因为黄册日积月累愈来愈多，这种种问题无法解决，于是不得不产生种种庋藏上的弊病：第一，清查黄册事宜无法顺利进行，这因为限于经费与人力的缘故，其详我们在第八节里已说过，今再举一例为证。正德九年九月南京刑科给事中史鲁等《题准为通融查册费用以苏民困事》云：

……后湖黄册自洪武十四年起，至正德七年止，大造一十四次。承平日久，弊伪渐滋。中间埋没诡寄，不明违例等项，一次多于一次，十年甚于十年。牛毛茧丝不足以喻其繁，条分缕析不足以语其劳。岁月必须七八年，费用必得万余两。若不通融议处，照旧独累偏苦，则上元，江宁二县之民，靡有孑遗矣。且以一处言之，南直隶一十八府州自正德八年十一月查起至今年五月止，除大寒盛署□□外，实查过一十二个月，驳出人户除误写参错细故小过，不胜驳写外，约有一十四万……且如南直隶府州一处黄册，方及一年已用过一千四百余两，若以北直隶，浙江等十三布政司计之，所费银两，当至万有余两。（《后湖志》卷九）

万历八年七月南京户科等衙门管理黄册给事中等官王蔚等《题为

有司故违钦例擅留驳册罪黥，恳乞圣明充处，以济湖用以重图籍事》内亦说："每查必须五六年，每费必逾一二万"（《后湖志》卷十）。因此清查事宜壅滞不堪。再则，每次清查，遇册内有飞洒埋没诡寄等项，即于此册面上，印一"驳"字，发回原造册处另行改造，原册遂为废册。这种驳回重造之册，名曰"驳册"，或曰"驳语黄册"。原定自驳回改造之日为始，除路上水陆日程不计外，限半年以里造完，用印固封，送赴南京户部转发后湖查对。但事实上驳册往往有违限至三四年以上甚至七八年以上仍未解到部者。所以有时竟至上届驳册未回，而下届新册已到，以致新旧无凭查对。黄册至此当然没法切合实际情形。

　　第二点弊病，是收藏保管方面成了一个严重的问题。或则册库房间不敷分配，万历十四五六年间给事中吴之鹏《题为及时修理册库等事》内说："万一全库俱倾，则此十年架册，六万全本，何从安顿？"或则晒晾不周，以致黄册潮湿，无法保全。正德十五年五月南京户科给事中易瓒《题准为量添晒晾人匠以全版籍事》云：

　　　　每十年大造一次，添盖库房三十间。自洪武十四年计，至正德七年止，已大造过黄册一十四次。现在库房三百八十三间，今照正德十七年该大造之期，又该添盖库房三十间，前后共四百一十三间，各库收贮黄册一百三十余本，每五日一次晒晾，约晒黄册七千五百本。必至二年有余，方才经晒一遍。（《后湖志》卷九）

又嘉靖四十一年九月南京户科等衙门管理黄册给事中等官陆凤仪等《奏为重版图清宿弊以垂久远事》云：

　　　　……量增晒册人役……洪武永乐等年黄册中多烂坏，几于不可披阅；虽近年之册，亦有然者。……查得黄册起于洪武十四年，至今嘉靖四十一年，大造凡一十九次，盖造过库房共五

百四十九间，收贮黄册盈二百万，而在湖库匠止一百一十名。（《后湖志》卷十）

当时后湖鼠患甚剧，明末谈迁说：

> 南京太平门外玄武湖中洲，贮天下黄册，鼠啮衣不啮册，每曝册，发其下，多鼠伏死。（《枣林杂俎·逸典》）

庋藏不易，亦可想见。[《坚瓠续集》载守库毛（猫）老人与鼠的神话，亦可参看。]

十一　清查及保管的费用

明初查册费用，与后湖书手工食以及修理绳壳纸笔诸费，并送册库烧用的柴薪等项，本皆就近由南直隶应天府属上元江宁两县出办。及正德九年九月南京刑科给事中史鲁等见两县独累，题准以驳册赎锾充之，——乃通行天下各司府州县将官吏书手里老人等各项受财作弊及差错违法赃罚银两，类解南京户部，发应天府库收贮，听后湖陆续支用。据万历二十年八月南京户科管理黄册给事中颜文选《奏为目击时艰加意节省议解赎银二万以助军费以效涓滴事》内所开载：

> 自开国以来，十年一造，天下之册，贮之后湖者，迄今二十一次。册库相望，九百余间。于是稽查磨算，有书役之费；番守番晒，有库役之费；虑册之蚀散也，而时加补钉，则有绳壳之费；虑库之倾颓也，而不时修葺，则有砖瓦板木之费；抄誊有纸张笔墨之费；修理有各项工匠之费；奏缴有差役盘缠之费。凡此多费，皆倚办于州县驳册赎银，贮之应天府库，会同户部管理主事支给，年终造册奏缴。迩年以来……种种费用，

俱属滥觞。如开查之时，书手例用三百余名，每日工食五分，两月给银九百〔两〕。歇查，则惟誊驳册，百名足矣，亦至二百名之外，给银五百〔两〕有零。钉晒册籍库役，……旧有库匠二百二十名，两月给银二百二十六两有零，此冗役之当裁也。库多年久，修葺不赀；册多役众，用费浩繁……旧例两月一支，每支至二三百两，甚至四百八十两者，此冗费之当节也。臣……莅任以来……逐一裁减：书手……库役……二项人役，每两月已省银二百四十两矣；修理纸张绳壳等项，每两月止用银七八十两，较之旧费已省银四百余两矣。两月如此，推之一年，所省可积算而计也。开查之时，稽之旧案，每年支银八千，此时裁省之数，虽不可以为例，视往者歇查年份，所省亦多矣。……（《后湖志》卷十）

由上知清查及保管的费用，在万历中叶以前每当开查之年约需银七八千两。

十二　造册不实的科罪

明初对于黄册，异常重视，明初以户籍祭天，已见前引。关于后湖册籍，不许诸人窥伺。凡各处军民户籍不明，解人前来使挨查后湖黄册，不许将概府州县全抄，只许查本户粮田军民丁产来历明白，即便发回，亦不许因而带抄别户，以泄事机，其隆重可知。故当时立法极严，作弊者处死罪。洪武二十四年定：所在有司官吏里甲，敢有团局造册科敛害民，或将各处写到如式并无差错的文册，故行改抹，刁蹬不收者，许老人（乡村自治人员之一）指实，连册绑缚害民官吏里甲赴京具奏，犯人处斩。若顽民装诬排陷者抵罪。若官吏里甲通同人户隐瞒作弊，及将原报在官田地，不行明白推收过割，一概影射减除粮额者，一体处死。隐瞒人户家长处死，人口迁发化外（《万历会典》卷二○）。

按处死罪一条，疑为明初峻令之一，是出于律外的。及至景泰以后，逐改为发口外为民及遥远充军。景泰二年，奏准凡攒造黄册，如有奸民豪户，通同书手，或诡寄田地，飞走税粮，或隐瞒丁口，脱免差徭，或改换户籍，埋没军伍匠役者，或将里甲那移前后应当者，许自首改正入籍，免本罪。其各司府州县提调委官，并书算手人等应从实攒造，如有仍前作弊者，事发问罪充军（《万历会典》卷二〇）。又景泰三年五月初二日《改立皇太子中宫诏》云：

> 各处造攒黄册，务在切实。官吏里书人等不许一毫徇私作弊，指甲为乙以有为无……违者，事发之日，巡抚巡按及按察司拿问解京，并发口外为民。（明傅凤翔辑《皇明诏令》卷一二）

成化二十三年十月初十日《上两宫尊号及立中宫诏》亦载：

> 各处有等主文书算快手……洒派税粮，巡抚巡按二司官访察拿问，发边远充军。（前书卷一七）

至弘治三年又奏准："如经该官吏，不用心查对，里书故将原书改抹，至有丁口增减，田粮飞走，户籍错乱者，本犯发附近卫所充军，里书发口外为民。若干碍监造官员，亦治以枉法重罪。"（《万历会典》卷二〇）似乎处死罪一条已废不用了。

但不论刑罚的轻重如何，黄册的弊窦日盛一日。其详将另撰专文以论之。

（原载《岭南学报》第 10 卷第 2 期，1950 年 6 月）

编选者手记

　　梁方仲教授（1908—1970 年）是我国著名历史学家、经济史专家，毕生致力于中国社会经济史研究，尤致力于明代社会经济史研究，是公认的中国社会经济史学的奠基者之一。梁氏早年毕业于清华，随后入社会调查所（中国社会科学院经济研究所前身）工作，开启其学术生涯。1949 年前，一度代理主持中央研究院社会科学研究所所务。

　　2019 年为中国社会科学院经济研究所建所 90 周年，为缅怀前辈学人之贡献、传承学术之薪火，经济研究所决定推出"经济所人文库"，本书即为其中之一种。

　　本书选文遵循如下原则：其一，只收作者单篇学术论文及相关文献，不收专著中的若干章节文字；其二，主要收录作者 1949 年前后的学术论著，若干经典文献仍予以收录，但对 1949 年前学术著述有所侧重，旨在彰显作者早期及在中央研究院社会科学研究所任职期间之学术成就，以体现作者与中国社会科学院经济研究所之学术渊源。

　　本书选编工作由中国社会科学院经济研究所范建镙副研究员担任，选编过程中曾参考国内多家梁氏文集选本，获益甚多。然选编者学识与学力有限，选编工作容有不当，祈愿学界博雅君子不吝赐正。

范建镙

2020 年 6 月

《经济所人文库》第一辑总目(40种)

（按作者出生年月排序）

《陶孟和集》　　《戴园晨集》

《陈翰笙集》　　《董辅礽集》

《巫宝三集》　　《吴敬琏集》

《许涤新集》　　《孙尚清集》

《梁方仲集》　　《黄范章集》

《骆耕漠集》　　《乌家培集》

《孙冶方集》　　《经君健集》

《严中平集》　　《于祖尧集》

《李文治集》　　《陈廷煊集》

《狄超白集》　　《赵人伟集》

《杨坚白集》　　《张卓元集》

《朱绍文集》　　《桂世镛集》

《顾　准集》　　《冒天启集》

《吴承明集》　　《董志凯集》

《汪敬虞集》　　《刘树成集》

《聂宝璋集》　　《吴太昌集》

《刘国光集》　　《朱　玲集》

《宓汝成集》　　《樊　纲集》

《项启源集》　　《裴长洪集》

《何建章集》　　《高培勇集》